Die Unternehmenskultur im Bankenwesen

Europäische Hochschulschriften

Publications Universitaires Européennes
European University Studies

Reihe V
Volks- und Betriebswirtschaft

Série V Series V
Sciences économiques, gestion d'entreprise
Economics and Management

Bd./Vol. 2956

PETER LANG
Frankfurt am Main · Berlin · Bern · Bruxelles · New York · Oxford · Wien

Patricia Wischerhoff

Die Unternehmenskultur im Bankenwesen

Eine empirische Untersuchung am Beispiel einer Genossenschaftsbank

PETER LANG
Europäischer Verlag der Wissenschaften

Bibliografische Information Der Deutschen Bibliothek
Die Deutsche Bibliothek verzeichnet diese Publikation in der Deutschen Nationalbibliografie; detaillierte bibliografische Daten sind im Internet über <http://dnb.ddb.de> abrufbar.

Zugl.: Duisburg, Univ., Diss., 2001

D 61
ISSN 0531-7339
ISBN 3-631-50682-1

www.peterlang.de

Prolog

Bei der Erstellung dieser Arbeit wurde die Autorin vielfältig unterstützt. An erster Stelle nennen möchte ich meinen Doktorvater Herrn Prof. Dr. Gerhard Bosch und meinen Zweitgutachter Herrn Prof. Dr. Hermann Strasser, denen ich für ihre konstruktiven Anregungen sehr danke. Mein spezieller Dank gilt Herrn Prof. Dr. Heinz-J. Bontrup, der den Entstehungsprozeß dieser Arbeit durch Motivation und freundschaftliche Begleitung erheblich gefördert hat. Schließlich danke ich meinen Eltern und meinen Geschwistern Nicole und Gereon für ihre fortwährende Unterstützung, den „eigenen Weg“ zu gehen, und für die Bestärkung, diese Promotion durchzuführen.

Patricia Wischerhoff

Inhaltsverzeichnis

THEORETISCHER TEIL

A. Einleitung

I. Begründung der Auseinandersetzung mit dem Thema

Wenn Menschen zusammen arbeiten, Gemeinschaften entstehen und die Freiheit des Individuums durch die Gruppe begrenzt wird, entsteht Kultur. Kultur wird durch den Menschen geschaffen und ist in zwischenmenschlichen Beziehungen sichtbar. Das Unternehmen als Begegnungsstätte ist eine Kulturzone. In einem Unternehmen werden nicht nur Güter und Dienstleistungen produziert, es sind auch Macht, Gewohnheiten, Sinngebung, Persönlichkeiten, Beziehungen und Ängste zwischen Menschen allgegenwärtig. „Unter dem Lack technologischer Vernunft verbergen sich atavistische Muster der Deutung und Bewältigung einer undurchschaubaren Wirklichkeit."[1] Ein Unternehmen ist kein plangetreu funktionierendes System, sondern gekennzeichnet durch das Zusammenwirken von Störungen, Reibungen, Innovationen und Irrationalitäten, die sich auf die Unternehmenskultur auswirken können.

Unternehmenskultur macht die Beziehungen zwischen Menschen stabil und vor allem: Man kann nicht einfach aus ihr aussteigen. Eine Mitarbeiterin oder ein Mitarbeiter kann das Unternehmen verlassen und zu einem anderen wechseln, die Unternehmenskultur bleibt jedoch bestehen. Unternehmenskultur verspricht ein Mindestmaß an Beständigkeit, Vertrauen und sozialem Zusammenhalt. Der Einfluß einer Unternehmenskultur auf die Mitarbeiterinnen und Mitarbeiter kann überaus stark sein. Indem sich jemand für ein Unternehmen entscheidet, fügt er sich zugleich in einen Lebensstil ein, denn die Kultur des Unternehmens kann bis in kleinste Einzelheiten des Alltags hinein sich auswirken. Nimmt jemand eine neue Stelle an, kann er trotz größter Anstrengung scheitern, weil er einen „Kulturschock" erleidet und sich in der neuen, fremden Kultur nicht zurechtfindet.

Die heutige Gesellschaft ist zudem durch Individualisierung, veränderte familiäre Lebensmuster und die Erosion tradierter Werte gekennzeichnet. Der Mensch

---

[1] Neuberger, O./Kompa, A., 1987, S. 37.

ist darauf angewiesen, sinnstiftende Orientierungsmuster neu zu definieren. Kultur kann möglicherweise den persönlichen Sinn stiften, der in anderem Umfeld vermißt wird. Diese Bedeutung von Kultur zeigt sich in dem Zugehörigkeitsgefühl, das die Vertreter eines Berufsstandes mit ihresgleichen verbindet.[2] Die durch Individualisierung eingebüßte Orientierungslosigkeit kann also durch dezentrale Sinnstiftung im Unternehmen aufgefangen werden. Vor diesem Hintergrund regen zwei Gründe an, sich mit der Unternehmenskultur im Bankenwesen zu befassen und eine eigene empirische Methode zur Untersuchung von Kultur vorzustellen:

Erstens besteht ein besonderes Defizit an Kulturuntersuchungen im Bankenbereich. Obwohl die Erkenntnisse auf dem Gebiet der Kulturforschung seit Anfang der achtziger Jahre zeitgleich mit den Wettbewerbsveränderungen auf dem Bankensektor einhergingen, liegen bis heute nur wenige empirische Kulturuntersuchungen innerhalb des Bankenwesens vor.[3] Die strukturellen, technischen und vor allem personellen Entwicklungen innerhalb der Bankenbranche haben sich vollzogen, ohne daß spezielle Untersuchungen zur Unternehmenskultur durchgeführt worden sind. Hier will die eigene Arbeit im Hinblick auf den Genossenschaftssektor Abhilfe schaffen.

Zweitens lassen die vorhandenen Untersuchungen zur Unternehmenskultur keine Einheitlichkeit in der empirischen Vorgehensweise der Kulturforscher erkennen. Die Inhomogenität der Methoden hängt neben den unterschiedlichen Interessenlagen der einzelnen Kulturforscher auch damit zusammen, daß trotz der großen Anzahl der bis heute durchgeführten Untersuchungen die Disziplin der Unternehmenskulturforschung noch relativ jung ist. Die Weiterentwicklung empirischer Methoden ist in den letzten zwanzig Jahren vernachlässigt worden. Eine Auswertung der Veröffentlichungen zur Kulturforschung über einen Zeit-

---

[2] Vgl. Durkheim, E., 1977 und van Maanen, J./Barley, S. R., 1984. Unabhängig vom jeweiligen Arbeitgeber können Verkäufer, Buchhalter oder Techniker gleiche Ansichten zu ihrer Arbeit teilen, wie auch Geschäftsführer oder Unternehmensleiter über alle Branchen hinweg sehr ähnliche Anschauungen besitzen.

[3] Als Beispiel für eine Kulturuntersuchung im Bankenbereich kann Schoch genannt werden, der für den Schweizer Raum Unternehmenskultur in Banken untersucht hat. Vgl. Schoch, G., 1987.

raum von 1978 bis 1990[4] läßt die ansteigende Zahl an Veröffentlichungen in diesen Jahren erkennen. Aus dieser Auswertung leiten Prätorius und Tiebler die Schlußfolgerung ab: „Noch im Schatten der hiesigen Unternehmenskulturforschung stehen ... theoriegeleitete Ansätze sowie die Entwicklung empirischer Zugänge zur Thematik."[5] Auch die Veröffentlichungen der neunziger Jahre stehen in einer Fortführung dessen und verlangen die Beschäftigung mit den Methoden zur Untersuchung von Kultur.[6] In dieser Arbeit wird deshalb eine eigene empirische Methode zur Untersuchung von Unternehmenskultur vorgestellt und innerhalb einer Genossenschaftsbank angewandt. Hervorzuheben ist, daß meine Methode übertragbar ist, und zwar nicht nur auf andere Banken, sondern auch auf Unternehmen anderer Branchen.

Letztlich kann ein gesteigertes Bewußtsein - vielleicht sogar ein Selbst-Bewußtsein - um die eigene Kultur als Voraussetzung für die Durchführung einer Kulturuntersuchung angesehen werden. Interessiert sich in einem Unternehmen die Geschäftsführung für die Ausdrucksformen der eigenen Kultur und wird die Frage gestellt *„Wie ist denn eigentlich unsere Unternehmenskultur?"*, ist damit die Initialzündung zu einer mehr oder weniger systematischen Beschäftigung mit dem Thema Kultur gegeben. Grundlage einer Kulturuntersuchung ist also, daß sich ein Bewußtsein von der Bedeutung einer Kultur entwikkelt hat. Indem man sich mit Unternehmenskultur befaßt, wird dann ein evolutionärer Prozeß in Gang gesetzt, der sich nicht auf konkrete Verkaufszahlen oder direkt ablesbare Bilanzverbesserungen bezieht, sondern auf die Zusammenarbeit und Verhaltensweisen der Menschen innerhalb des Unternehmens, über die reflektiert wird und die positiv wie negativ beeinflußt werden können. Untersucht wird damit die von den Mitarbeiterinnen und Mitarbeitern kommunizierte Unternehmenswirklichkeit bzw. die gelebte Ist-Unternehmenskultur.

---

[4] Vgl. Prätorius, G./Tiebler, P., 1993, S. 23-89. Ihre Zeitschriftenrecherche umfaßte insgesamt achtzehn überwiegend deutschsprachige Zeitschriften, darunter vierzehn betriebswirtschaftliche Fachzeitschriften und vier Wirtschafts- oder Managermagazine. Die dort erstellten Tabellen (S. 30-34) geben einen guten Überblick über die ansteigende Zahl an Veröffentlichungen in den achtziger Jahren.

[5] Prätorius, G./Tiebler, P., 1993, S. 34.

[6] Vgl. Dierkes, M./Rosenstiel, L./Steger, U., 1993; Rohrmoser, H., 1997; Krell, G., 1994, 1997; Kadritzke, U., 1997; Schein, E. H., 1995, 1996, 1997; Schmid, C.-H., 1993; Staehle, W. H., 1994.

II. Kulturuntersuchung in einer Genossenschaftsbank

Besonderes Merkmal der Bankenbranche ist ihr konservativer Charakter im Wandel der Zeit. Bestand früher eine behördliche Reglementierung des Bankenwettbewerbs, geprägt durch eine beamtenähnliche Arbeitsmoral und das Bild des *Bankbeamten,* hat sich der Mitarbeiter heute zum kundenorientierten Berater und Verkäufer entwickelt.[7] Der Begriff des Bankbeamten spiegelt die Strenge und das Ansehen wider, die Ende des neunzehnten und weit ins zwanzigste Jahrhundert hinein im Bankbetrieb herrschten. Die einer Maschinerie gleichenden Ordnungsstrukturen der früheren Banken haben sich gewandelt. Die heutigen Banken sind Dienstleistungsunternehmen, die sich in der Art ihrer Produkte nur wenig voneinander unterscheiden. Neben der Austauschbarkeit der Bankleistungen bieten auch die angebotenen Zinssätze und Gebühren geringen Verhandlungsspielraum und weisen innerhalb der Branche fast identische Strukturen auf. Weil eine Differenzierung und Abgrenzung gegenüber Konkurrenzunternehmen kaum über die Bankprodukte stattfinden kann, erlangen die Verhaltensweisen der Mitarbeiterinnen und Mitarbeiter gegenüber dem Kunden und vor dem Kunden, also der Umgang miteinander, die Kultur, eine große Bedeutung.[8] Die Art und Weise des Kunden-Bank*mitarbeiter*-Kontaktes ist wiederum ausschlaggebend für die Befriedigung der Kundenbedürfnisse.[9]

Die deutsche Bankenlandschaft läßt sich in einen privaten, einen öffentlichrechtlichen und einen genossenschaftlichen Sektor gliedern. Mitte des neunzehnten Jahrhunderts als gewerbliche und ländliche Kreditgenossenschaften gegründet, betreiben die heutigen Genossenschaftsbanken als Universalbanken alle Bankgeschäfte. Der genossenschaftliche Bankensektor zeichnet sich durch zunehmende Konzentrationsprozesse aus, um sich an die sich ändernden Wett-

---

[7] Vgl. Rothmayr, A., 1986, S. 17. Frühere Reglementierungen waren beispielsweise das 1967 aufgehobene Zinsbindungsabkommen und die bis 1958 erforderliche Bedürfnisprüfung bei der Errichtung von Zweigstellen.

[8] Dieser Umgang mit dem Kunden wird von Metz als die „personenbezogene Komponente der Bankleistung" oder von Hahn als das „persönliche Element der menschlichen Qualität" bezeichnet. Vgl. Metz, M., 1982, S. 132; Hahn, O., 1982, S. 57 ff.

[9] Vgl. Schneider, G., 1987, S. 29. Zur Verwendung des speziellen Begriffs Bank*mitarbeiter*-Kontakt vgl. Fliegner, M., 1987, S. 33 und Kapitel E.IV.

bewerbsbedingungen anzupassen. Allein in den Jahren 1989 bis 1998 haben im gesamten Bundesgebiet 1417 Fusionen von Bankgenossenschaften stattgefunden. Gleichzeitig ist als Folge der Fusionen die durchschnittliche Bilanzsumme der Kreditgenossenschaften gestiegen.[10] In einer Zeit, in der zahlreiche gesellschaftliche Gruppierungen über Mitgliederschwund klagen, haben die Volksbanken und Raiffeisenbanken in den alten und neuen Bundesländern ihren Mitgliederkreis kontinuierlich weiter ausgebaut. Insgesamt beläuft sich die Zahl der Mitglieder bundesweit auf fast 14,6 Millionen. Dies bedeutet, daß jeder fünfte Erwachsene Miteigentümer einer genossenschaftlichen Bank ist, was als breitestgestreuter Anteilsbesitz einer Unternehmensgruppe weltweit angesehen werden kann. Die Tatsache, daß 1998 weitere 340.000 Menschen Genossenschaftsmitglieder geworden sind, belegt, daß die genossenschaftlichen Werte auch heute noch Inhalte vermitteln können, die dazu führen, Mitglied in einer solchen Bank zu werden.[11]

Die genossenschaftliche Leitidee geht auf die Gründungsväter Raiffeisen und Schulze-Delitzsch zurück, die Mitte des neunzehnten Jahrhunderts den Genossenschaftsgedanken erstmalig verwirklicht haben. Zu diesen originären Genossenschaftsgedanken zählen:[12]

- Dienstleister und Förderer der Genossenschaftsmitglieder: Jedem Genossenschaftsmitglied sollen materielle und immaterielle Vorteile verschafft werden. Sinn und Zweck der Genossenschaftsbank ist die Mitgliederförderung.
- Kollektive Selbsthilfe: Der freiwillige Zusammenschluß ermöglicht, bestimmte Aufgaben gemeinsam zu bewältigen, und soll helfen, Abhängigkeiten eines Mitgliedes zu vermeiden.
- Mitbestimmung durch die Mitglieder (Prinzip der Selbstverwaltung): Die Willensbildung und Kontrolle erfolgen durch die Mitglieder oder durch von ihnen legitimierte Personen in der Vertreterversammlung.

---

[10] Vgl. Bundesverband der Deutschen Volksbanken und Raiffeisenbanken, Bericht und Zahlen 1998, S. 40, 41.

[11] Vgl. Bundesverband der Deutschen Volksbanken und Raiffeisenbanken, Bericht und Zahlen 1998, S. 39, 52.

[12] Vgl. Ringle, G., 1994 und Berkel, K., 1997, S. 69-71.

- Haftungsverpflichtung (Prinzip der Selbstverantwortung): Die Mitglieder stehen auch für die Verbindlichkeiten ihrer Bank ein.
- Genossenschaftliches Zusammengehörigkeitsgefühl: Durch den mehrfachen Bezug eines Mitgliedes zur Bank, als Miteigentümer, als Benutzer der Bankeinrichtungen oder als Empfänger von Förderleistungen, kann eine gemeinsame Identität entstehen.

Innerhalb des genossenschaftlichen Wertekatalogs ist der Förderauftrag der Mitglieder und das damit verbundene Solidaritätsprinzip im Sinne von *Einer für alle und alle für einen* als wichtigste Geschäftsgrundlage in § 1 des Genossenschaftsgesetzes verankert worden.[13] Genossenschaften sind nicht nur Wirtschaftsunternehmen, sondern sie repräsentieren auch eine Gruppe von Menschen, deren gemeinsames Gedankengut einen Gruppengeist entstehen läßt. Nach dieser Auffassung von Draheim aus dem Jahr 1952 sind in jeder Genossenschaft „Kräfte vorhanden, die nicht nur den berechnenden Verstand ansprechen, sondern auch das Gemüt"[14]. Im Mittelpunkt standen also emotionale Bindung und ideelle Werte der Mitglieder.

Bei der Frage nach der Unternehmenskultur einer Genossenschaftsbank ist von Interesse, inwiefern die Grundelemente des frühen Genossenschaftsgedankens in den heutigen *gelebten* Werten einer genossenschaftlichen Unternehmenskultur noch vorhanden sind. Bei der Kulturuntersuchung in der Genossenschaftsbank wird deshalb der Versuch unternommen, Werte dieser gefühlsbestimmten Vision wiederzufinden. Dies erfolgt unter Berücksichtigung der Tatsache, daß bei den genossenschaftlichen Banken eine Verschiebung von der mitgliederorientierten zur kundenorientierten Geschäftspolitik stattgefunden hat, denn die ökonomischen Größen wie Marktanteil, Gewinn und Markterfolg bis zur Kundenzufriedenheit[15] sind genauso ausschlaggebend wie visionäre Werte. Ausgewählt worden ist für die empirische Untersuchung von Unternehmenskultur eine Genossenschaftsbank wegen ihrer besonderen Aufgabenbestimmung innerhalb des Bankenwesens, die bis heute untrennbar mit dem genossenschaftlichen

---

[13] Vgl. Gesetz betreffend die Erwerbs- und Wirtschaftsgenossenschaften (GenG) in der Fassung der Bekanntmachung vom 19.8.1994.

[14] Draheim, G., 1952, S. 44.

[15] Vgl. Münkner, H., 1990, S. 23 ff.

Wertekatalog verbunden ist. Mehr als im Sparkassen- oder Großbankensektor sind unternehmenstypspezifische Werte Grundlage des Geschäftsbetriebes.

III. Aufbau der Arbeit

Die vorliegende Arbeit läßt sich in einen theoretischen und einen empirischen Teil gliedern: Während im theoretischen Teil die theoretischen Grundlagen von Unternehmenskultur aufbereitet werden und die eigene Methode zur Untersuchung von Kultur vorgestellt wird, beinhaltet der anschließende empirische Teil die Ergebnisse meiner Kulturuntersuchung in der Genossenschaftsbank.

Schon bei der Auseinandersetzung mit dem Begriff Unternehmenskultur fällt auf, daß sowohl in der Unternehmenspraxis als auch in der Fachliteratur mehrere Kulturbegriffe nebeneinander verwendet werden, die sich ihrem Inhalt nach erheblich voneinander unterscheiden. Die Arbeit soll hier Klarheit schaffen und eine Arbeitsdefinition von Unternehmenskultur herausfiltern. Als theoretische Konzepte werden das Kulturkonzept von Schein sowie der funktionalistische Ansatz und der interpretative Ansatz von Unternehmenskultur vorgestellt. Hierauf aufbauend können die Elemente von Unternehmenskultur und die Eigenschaften von Kultur beschrieben werden. Anschließend erkläre ich meine Untersuchungsmethode. Entstanden ist diese unter anderem aus der Beschäftigung mit den empirischen Forschungsergebnissen von Deal und Kennedy sowie Peters und Waterman. Durch die Aufbereitung ihrer Untersuchungsergebnisse können (exemplarisch) bisherige Erkenntnisse innerhalb der Kulturforschung erläutert, aber auch Defizite aufgedeckt werden. Zu den Defiziten zählen:

- Keine Transparenz hinsichtlich der verwendeten Methoden,
- ausschließlich qualitative Auswertung der Forschungsergebnisse,
- kein Eingehen auf die Problematik von Subgruppen in einem Unternehmen und
- alleinige Befragung der Geschäftsführungen.

Ich erkläre deshalb, welche Methode ich zur Untersuchung von Unternehmenskultur als besonders geeignet ansehe und innerhalb der Genossenschaftsbank verwende. Mein Methodensatz setzt sich aus einem *Beobachtungsraster* zur

Beobachtung der äußeren Erscheinungsformen von Unternehmenskultur und einem *Fragebogen* für die persönliche Mitarbeiterbefragung zusammen (siehe Anhang). Das Beobachtungsraster führt die beobachtbaren Elemente von Unternehmenskultur in strukturierter Form auf, so daß diese beschrieben und interpretiert werden können. Der Fragebogen besitzt standardisierte und offene Fragen zu den erfragbaren Kulturelementen. Während die Standardisierung hilft, eine methodische Vergleichbarkeit der Einzelergebnisse herzustellen, ermöglichen offene Fragen, die Hintergründe der Unternehmenskultur und Gesamtzusammenhänge zu erfahren. Außerdem befrage ich bei meiner Kulturuntersuchung nicht nur die Geschäftsführung der Genossenschaftsbank, sondern bilde eine Stichprobe zur Befragung der Mitarbeiterinnen und Mitarbeiter über alle Hierarchien und Abteilungen. Die Abteilungen innerhalb der Bank stellen Subgruppen und damit Schichten dar. Die Auswahl der zu befragenden Personen erfolgt als geschichtete Zufallsstichprobe. Auf diese Weise beziehe ich zehn Prozent der Beschäftigten in die Kulturuntersuchung mit ein. Meine Befragungsergebnisse werte ich abschließend sowohl qualitativ als auch quantitativ und hinsichtlich spezieller Subgruppen innerhalb der Bank aus.

Der theoretische Teil schließt mit den kulturrelevanten Besonderheiten des Bankenwesens ab. Das Wesen der Genossenschaftsbanken, ihre Entwicklung in der Vergangenheit und die auf Raiffeisen und Schulze-Delitzsch zurückgehenden Prinzipien der Genossenschaftsbewegung werden erläutert. Da sich der Genossenschaftssektor durch vermehrte Konzentrationsprozesse auszeichnet und auch die untersuchte Bank bereits fusioniert hat, werden die Unternehmenszusammenschlüsse bei Genossenschaftsbanken analysiert. Es wird auf die Merkmale von Bankprodukten und -dienstleistungen und auf die Wettbewerbsveränderungen innerhalb der Branche eingegangen, wobei die Beschreibung der Entwicklung vom Bankbeamten zum kundenorientierten Berater eine zentrale Rolle einnimmt.

Im zweiten großen Bereich dieser Arbeit werden die empirischen Ergebnisse der Untersuchung beschrieben, analysiert und bewertet. Zum Schluß der Arbeit wird resümiert, worin die Erkenntnisse dieser Untersuchung zur Unternehmenskultur liegen - von den Schwierigkeiten, Unternehmenskultur zu erfassen bis hin zu den Grenzen der Veränderbarkeit von Kultur und den möglichen Handlungsimplikationen für die Genossenschaftsbank.

B. Begriffliche Grundlagen von Unternehmenskultur

I. Historische Entwicklung des Kulturbegriffs

Unternehmenskultur ist ein soziales Phänomen, das durch seine Füllmöglichkeit mit vorwissenschaftlichem Verständnis dazu verleitet, keine klare Begriffsbildung entstehen zu lassen. Der lateinische Begriff cultura stammt aus dem Agrarbereich und läßt sich aus colere (drehen, wenden, bebauen, hegen, pflegen, ausbilden) und cultus (angebaut, culta = angebaute Äcker) ableiten. Im römischen Gedankengut wurde die Wortbedeutung neben der Pflege des Bodens noch um die Pflege des Geistes erweitert und in enger Verbindung zu Moral und Sitte gesehen.[16] Aus dem altertümlichen Begriffsverständnis geht bereits hervor, daß Kultur nicht von alleine wächst und gedeiht, sondern sich durch menschliches Handeln entwickelt und aufrecht erhalten wird. Die in den achtziger Jahren wiederentdeckten Ursprünge des Kulturansatzes gehen auf die Grundüberlegungen von Weber, Tönnies sowie Nicklisch zurück.

Weber formulierte das Konzept der *zweckrational konzipierten Organisation*, welches von einer Vielzahl von Organisationswissenschaftlern aufgegriffen wurde, so daß es über Jahrzehnte das Grundverständnis der Unternehmen in Wissenschaft und Praxis beeinflußte. Er beschrieb das Unternehmen als zweckrationales System, in dem bewußt und geplant unter Zugrundelegung des Wirtschaftlichkeitsprinzips Menschen und Mittel einsetzt werden, um ein definiertes Unternehmensziel zu erreichen. Die irrationalen Verhaltensweisen der Menschen wurden weitgehend ausgeblendet oder als Rand- und Begleiterscheinungen erwähnt.[17] Doch bereits noch frühere wissenschaftliche Abhandlungen zum

---

[16] Vgl. Dill, 1987, S. 19; Perpeet, W., 1984, S. 21 und 22. Zur Unklarheit des Begriffs Unternehmenskultur insbesondere Dierkes, M., 1988, S. 556.

[17] Vgl. Weber, Max, Wirtschaft und Gesellschaft, Grundriß der verstehenden Soziologie, 1922 und 1972. Rosenstiel schreibt über die Sicht von Weber: "Zwar war nicht unbekannt, daß Menschen sich gelegentlich in diesem Sinne nicht instrumentieren lassen, daß sie sich vor der Arbeit drücken, von den Regeln des Systems abweichen, den Anweisungen der Vorgesetzten nicht folgen. Es wurde beschrieben, daß sich zwischen ihnen dort von Liebe oder Haß geprägte Beziehungen bilden, wo derartiges im Plan nicht vorgesehen ist. Oder ... daß sie kei-

Menschen sehen das rationale Zweckmodell als nicht allein gültig an und verweisen auf den menschlichen Umgang der Betriebsangehörigen miteinander. Beispielhaft ist eine Publikation aus dem Jahre 1789, in der für die Arbeiter der Königlichen Porzellanmanufaktur in Preußen „eine Verbrüderung der ouvriers in der Manufaktur zur Einführung des in manchem Anbetracht so nützlichen esprit de corps ..."[18] gefordert wird.

Auch der Begriff Gemeinschaft wird im Zusammenhang mit Unternehmenskultur verwandt,[19] wenn von „Sinngemeinschaft"[20] oder „sinnstiftenden und gemeinschaftsbildenden Orientierungsmustern"[21] gesprochen wird. Tönnies beschied im Jahre 1887 mit der Unterscheidung von *Gemeinschaft* und *Gesellschaft* zwei Typen sozialer Verhältnisse. Durch Glaube, Gewohnheiten, Bräuche und Religion entsteht Gemeinschaft als dauerhafte Form des Zusammenlebens, wogegen Gesellschaft etwas ist, das durch Satzungen und Kontrakte konstruiert wird. Erst Gemeinschaft führt zu organischem Zusammenleben.[22]

Die auf Nicklisch zurückgehende *Idee der Betriebsgemeinschaft* ist aus den ethisch-normativen Ansätzen der Betriebswirtschaftslehre Anfang der dreißiger Jahre entstanden, die in der damaligen gesellschaftlichen Forderung nach Gemeinwirtschaft begründet lag.[23] Das Miteinanderleben in einem Unternehmen führt zur Entstehung einer Betriebsgemeinschaft oder Arbeitsgemeinschaft und erzeugt bei den Beteiligten die Vorstellung „subjektiv gefühlter (affektueller oder traditionaler) Zusammengehörigkeit"[24]. Jede Mitarbeitergruppe ist eine Arbeitsgemeinschaft, aber „auch eine Gefühlsgemeinschaft"[25]. Zwischen der

---

neswegs gewillt erscheinen, ihre privaten Gefühle und Wünsche beim Pförtner abzugeben." (Rosenstiel, L., 1993, S. 9.)

[18] Teuteberg, H., Geschichte der industriellen Mitbestimmung in Deutschland, 1961, S. 159. Rosenstiel verweist mit diesem Zitat auf Teuteberg. Vgl. Rosenstiel, L. von, 1993, S. 9, 10. Andere Beispiele sind *Leviathan* von Hobbes („homo homini lupus est") oder *Il Principe* von Machiavelli.

[19] Vgl. Krell, G., 1994, S. 249.

[20] Ulrich, P., 1990, S. 284.

[21] Schreyögg, G., 1985, S. 156.

[22] Vgl. Tönnies, F., 1887/1972.

[23] Vgl. Nicklisch, H., 1928 und 1932; auch Schmalenbach, E., 1928.

[24] Weber, Max, 1922, S. 21.

[25] Vierkandt, A., 1923, S. 201.

früheren Idee der Betriebsgemeinschaft und der heutigen Bedeutung der Unternehmenskultur lassen sich Gemeinsamkeiten feststellen, denn beide legen einen Schwerpunkt auf *Vergemeinschaftung*. Das durch Unternehmenskultur erzeugte Wir-Bewußtsein kann die Durchsetzungsfähigkeit und Widerstandskraft eines Unternehmens gegenüber internen und externen Störfaktoren erhöhen. Die gleichen Hoffnungen waren auch mit der Idee der Betriebsgemeinschaft verbunden, denn Nicklisch sah das Unternehmen als Organismus an, der wiederum Teil eines höheren Ganzen ist.[26]

II. Uneinheitliche Definitionen von Unternehmenskultur

Der Begriff Unternehmenskultur wurde erstmals bei Jaques im Jahre 1951 verwandt, dessen Umschreibungen von Kultur zu einem frühen Definitionsansatz führten.[27] Kroeber und Kluckhohn wiesen 1952 auf die Schwierigkeit hin, den Begriff Kultur zu erfassen, und haben über 170 Definitionen vorrangig aus der anglo-amerikanischen Kulturanthropologie zusammengetragen. Die Autoren klassifizieren in deskriptive, historische, normative, psychologische, strukturalistische und genetische Definitionsansätze.[28] Wegen der Popularität der Kulturthematik und des kontinuierlichen Anwachsens entsprechender Veröffentlichungen kann von einer „Inflation an Begriffsbestimmungen"[29] mit nicht ausbleibender Vagheit gesprochen werden. Die Versuche, den Begriff zu definieren, haben zu unterschiedlichen Umschreibungen geführt:

- Jaques versteht unter Unternehmenskultur bzw. der *Kultur einer Fabrik* „die gewohnte und tradierte Weise des Denkens und Handelns im Unternehmen,

---

[26] „So sehen auch die Vertreter der Privatwirtschaftslehre bei ihrer Arbeit in erster Linie den Menschen und dann das Verhältnis des einzelnen und einzelner Menschengruppen zu einem Ganzen, dessen Beobachtung, Erforschung und Darstellung die höchste ihrer besonderen Aufgaben ist." (Nicklisch, H., 1915/16, S. 103.) Zur ausführlichen Darstellung des Begriffs *Vergemeinschaftung* vgl. Krell, G., 1994 und Krell, G. 1997, S. 47-66.

[27] Vgl. Jaques, E., The changing culture of a factory, 1951, S. 27 ff.

[28] Vgl. Kroeber, A. L./Kluckhohn, C., 1952, S. 43 ff., 62 ff.

[29] Drepper, Ch., 1992, S. 23, 35; auch Hayes, R./Watts, R., 1986, S. 56ff.

wie sie in mehr oder minder starkem Maße von allen Mitgliedern geteilt wird.“[30]

- Zürn sieht Unternehmenskultur als „die Präsenz und Spürbarkeit von Geist”[31] innerhalb des Unternehmens.
- Sackmann definiert Unternehmenskultur als „ein miteinander verflochtenes Netzwerk von Konzepten, die beginnen, den Geist einer Organisation und ihre speziellen Fähigkeiten auszumachen”[32].
- Schuster und Widmer verstehen Unternehmenskultur als „Begriff für jenes untangible, allgegenwärtige und allumfassende Netz im System Unternehmung, das die nicht rationale, jedoch bewußte Seite der Unternehmensführung umfaßt”[33].
- Linton sieht Unternehmenskultur als „das Gesamtgebilde aus erlerntem Verhalten und Verhaltensmustern, dessen einzelne Elemente von den Mitgliedern einer bestimmten Gesellschaft geteilt und weitergegeben werden”[34].
- Schein definiert Unternehmenskultur als „ein Muster gemeinsamer Grundprämissen, das die Gruppe bei der Bewältigung ihrer Probleme externer Anpassung und interner Integration erlernt hat, das sich bewährt hat und somit als bindend gilt; und das daher an neue Mitglieder als rational und emotional korrekter Ansatz für den Umgang mit diesen Problemen weitergegeben wird.”[35]

---

[30] Jaques, E. 1951, S. 251. Im Original: “The culture of a factory is its customary and traditional way of thinking and of doing things, which is shared to a greater or lesser degree by all its members ... Culture in this sense covers a wide range of behavior ...”

[31] Zürn, P., 1985, S. 219.

[32] Sackmann, S. A., 1983, S. 395.

[33] Schuster, L./Widmer, A. W., 1984, S. 489.

[34] Linton, R., 1974, S. 33.

[35] Schein, E. H., 1995, S. 25. Oder im englischen Original: ”Organizational Culture: a pattern of basic assumptions - invented, discovered, or developed by a given group as it learns to cope with its problems of external adaption and internal integration - that has worked well enough to be considered valid and, therefore, to be taught to new members as the correct way to perceive, think, and feel in relation to those problems.” (Schein, E. H., 1985, S. 9).

Mit diesen Begriffsdefinitionen werden die Vielschichtigkeit von Kultur und die Schwierigkeit, eine einheitliche Definition zu finden, deutlich. Aus den vorangegangenen Definitionen läßt sich dennoch ein gemeinsamer Kern herausschälen und für die beabsichtigte Untersuchung nutzbar machen: Grundlage aller ausgewählten Definitionen ist das übereinstimmende Denken und Handeln der Unternehmensmitglieder, welches mit unterschiedlichen Begriffen belegt wird. Verwendet werden die Begriffe „Denken und Handeln im Unternehmen" (von Jaques), „Geist der Organisation" (von Zürn und Sackmann), „allumfassendes Netz im System Unternehmung und verflochtenes Netzwerk" (von Schuster/Widmer und Sackmann), „Gesamtgebilde aus erlerntem Verhalten und Verhaltensmustern, die geteilt und weitervermittelt werden" (von Linton) bis zu einem „Muster gemeinsamer Grundprämissen, das die Gruppe erlernt hat" (von Schein). Außerdem integrieren sowohl Linton als auch Schein menschliches Lernen bzw. das Erlernen von Unternehmenskultur in ihre Definitionen. Zwischenergebnis ist also, daß Unternehmenskultur als das *übereinstimmende Denken und Handeln der Unternehmensmitglieder* angesehen werden kann, welches *erlernt* wird.

Insbesondere Schein hat mit seinem Konzept von Unternehmenskultur Aufmerksamkeit erzeugt. Er entwickelt seine Definition über den Entstehungsprozeß der Gruppe und kollektive Lernprozesse der Gruppenmitglieder (siehe Definition oben). Damit verbindet er die Erkenntnisse der Kulturforschung mit den Prozessen organisationalen Lernens. Durch die Integration der menschlichen Lernprozesse in das Kulturkonzept wird dieses zwar komplexer und erklärungsbedürftiger, bietet aber Ansatzpunkte, wenn ein Weg gefunden werden soll, Unternehmenskultur empirisch zu untersuchen. In diesem Sinne schreibt Wiegand über seine Vorgehensweise: „Das wohl ausgereifteste, aber meines Erachtens/Wissens auch einzige erwähnenswerte Konzept zur Erstentstehung von Organisationskultur stammt von Schein und ist ... ein Lernkonzept."[36] Im folgenden wird auf theoretische Konzepte von Unternehmenskultur eingegangen. Begonnen wird mit dem Kulturkonzept von Schein, dessen Definition von Kultur ich als Arbeitsdefinition für meine Untersuchung zugrundelege. Anschließend erkläre ich das funktionalistische und das interpretative Konzept.

---

[36] Wiegand, M., 1996, S. 433.

III. Theoretische Konzepte zur Unternehmenskultur

1. Kulturkonzept von Schein

Das Kulturkonzept von Schein hilft, die Hintergründe der Kulturentstehung und Kulturveränderung zu verstehen sowie die Bedeutung menschlicher Lernprozesse für die Unternehmenskultur zu erkennen. Für Schein ist der Prozeß der Gruppenbildung gleichzeitig der Prozeß der Kulturentstehung. Die Kultur einer Gruppe entsteht durch die einheitlichen Muster im Denken, Glauben, Fühlen und durch die aus gemeinsamen Lebenserfahrungen entstandenen Werte. „Ohne Gruppe keine Kultur, und wenn nicht zumindest einige wenige gemeinsame Prämissen gelten, die ein Minimum von Kultur ausmachen, dann haben wir es schlicht mit einer Ansammlung von Menschen zu tun, aber nicht mit einer Gruppe."[37] Festzuhalten ist also, daß Kulturentwicklung und Gruppenwachstum untrennbar miteinander verbunden sind. Auf die Entstehung von Kultur durch Gruppenbildung beziehen sich in ähnlicher Weise wie Schein auch Berger und Luckmann: „So unmöglich es dem Menschen ist, sich in völliger Vereinzelung zum Menschen zu entwickeln, so unmöglich ist es ihm auch, in der Vereinzelung eine menschliche Umwelt zu produzieren. Vereinzeltes Menschsein wäre Sein auf animalischem Niveau, das der Mensch selbstverständlich mit anderen Lebewesen gemein hat. ... *Homo sapiens* ist immer und im gleichen Maßstab auch *Homo socius*."[38] Anders ausgedrückt bedeutet dies: Erst die Interaktion in der Gruppe läßt den menschlichen Umgang miteinander und damit Unternehmenskultur entstehen.

Den „lohnenswertesten Denkansatz"[39] von Unternehmenskultur sieht Schein darin, den gesamten Wissensvorrat einer Gruppe von Menschen zu betrachten, der sich auf die *verhaltensmäßigen*, *emotionalen* und *kognitiven* Elemente der psychologischen Arbeitsweise aller Gruppenmitglieder bezieht. Eine gemeinsame Vergangenheit und eine Geschichte gemeinsamer Erfahrungen sind Voraussetzung. Kultur entsteht, indem die gemeinsamen Elemente nach Folgerichtigkeit und Sinn zusammengeführt werden. Die von den Mitgliedern einer

---

[37] Schein, E. H., 1995, S. 62.
[38] Berger, P. L./Luckmann, Th., 1999, S. 54.
[39] Schein, E. H., 1995, S. 23.

Gruppe geteilten kulturellen Vorstellungen und Assoziationen können sich in Arbeitsklima, Denkgewohnheiten, Symbolen, offizieller Philosophie, verwurzelten Talenten, Spielregeln, offiziell bekundeten Werten und wiederkehrenden Verhaltensweisen in der Interaktion äußern. Diese Elemente erlauben Rückschlüsse auf die Kultur der Gruppe, weil sie die gelebten Gemeinsamkeiten der Menschen beschreiben. Sie stehen in engem Zusammenhang mit der Unternehmenskultur und erklären sie auch - sind jedoch keineswegs mit Kultur gleichzusetzen. Der Kulturbegriff erweitert diese Vorstellungen der Gruppe noch durch den tiefen Zusammenhalt der Gruppenmitglieder miteinander, der auch weniger bewußt vorhanden sein kann.[40]

Diesen tiefen Zusammenhalt der Gruppenmitglieder stellt Schein in den Mittelpunkt seiner Kulturdefinition. Führen wir uns seine Definition als Arbeitsdefinition noch einmal vor Augen: Schein sieht Unternehmenskultur als ein Muster gemeinsamer Grundannahmen an, welches eine Gruppe bei der Bewältigung ihrer Probleme externer Anpassung und interner Integration *erlernt* hat.[41] Für Schein ist ausschlaggebend, daß menschliches Verhalten von einer bestimmten kulturellen Prädisposition durch die internalisierten Grundannahmen abhängig ist. Oder anders formuliert: Menschliches Verhalten wird geprägt durch die Erfahrungen der Vergangenheit, die man in ähnlichen Situationen gemacht hat und aus denen man lernt.[42] Während Schein in seinen frühen Veröffentlichungen davon ausgeht, daß der Firmengründer bei der Erstentstehung von Kultur seine Grundannahmen auf die neu zusammengeschlossenen Gruppenmitglieder

---

[40] Vgl. Schein, E. H., 1995, S. 20-25.

[41] Vgl. Schein, E. H., 1995, S. 25.

[42] Im Bereich der Motivationstheorie bezieht sich hierauf konkret McClelland, wenn er das Erlernen von Motiven durch die Verknüpfung von emotionalen Erfahrungen mit den situativen Bedingungen beschreibt. Die Gefühle beim Erleben einer bestimmten Situation sind gedanklich mit den Merkmalen der Situation, in der sie auftreten - den situativen Hinweisreizen (clues) - verbunden. Treten diese Hinweisreize später wieder auf, können sie denselben affektiven Zustand wieder hervorrufen. Je nachdem, ob die Reize ursprünglich ein angenehmes oder unangenehmes Gefühl ausgelöst haben, wird auch die neue Situation beurteilt und positive oder negative Handlungstendenzen auslösen. Vgl. Wischerhoff, P., 2001, S. 202-204; McClelland, D. C., 1985, S. 812-825 und McClelland, D. C./Atkinson, J. W., Clark, R. A./Lowell, E. L., 1953.

überträgt,[43] hält er es später auch für möglich, daß andere einflußreiche Gruppenmitglieder grundlegende Annahmen einbringen.[44] Dieser Prozeß läßt sich als gemeinsames Erfahrungslernen bezeichnen, bei dem erfolgreich angewandte Annahmen von der Gruppe und einzelnen Unternehmensmitgliedern übernommen und ergänzt werden.[45]

Von Bedeutung für die Herausbildung einer Unternehmenskultur sind also *kollektive Lernprozesse*. Menschliches Lernen findet nicht nur auf der Verhaltensebene statt, sondern aufgrund der menschlichen Fähigkeit zur Selbstreflexion auch auf subjektiv abstraktem Niveau. Kultur entwickelt sich durch „gemeinsames Lernen der Organisation und ihrer Mitglieder"[46]. Verfügen die Gruppenmitglieder über ein gemeinsames Kommunikationssystem und besteht eine einheitliche Sprache, kann sich der Lernvorgang auf begrifflicher Ebene abspielen und zu gemeinsamen Konzepten führen. Wenn sich dieses Verhalten für die Lösung interner und externer Gruppenprobleme bewährt, wird es zur Selbstverständlichkeit und die zugrunde liegenden Annahmen werden nicht mehr in Frage gestellt. Unternehmenskulturen entstehen deshalb über Jahre hinweg durch die kontinuierliche Verfestigung von bewährten zwischenmenschlichen Verhaltensweisen.[47] Maßgeblich unterstützt wird menschliches Lernen auch durch das Gesetz der Gewöhnung, dem alles menschliche Tun unterworfen ist. Jede Handlung, die man häufig wiederholt, kann unter Einsparung von Kraft reproduziert werden und dabei vom Handelnden als Modell aufgefaßt werden. Gewöhnung erzeugt damit den Gewinn der begrenzten Auswahl. Durch Gewöhnung wird der einzelne von der Bürde der Entscheidung befreit und psychologisch entlastet. Gleichzeitig werden Energien für andere Gelegenheiten freige-

---

[43] Die Persönlichkeit des Firmengründers spielt eine besondere Rolle, wenn dieser durch seine charismatische Ausstrahlung dazu in der Lage ist, die Ängste der anderen Unternehmensmitglieder zu absorbieren. Vgl. auch Sackmann, S. A., 1983, S. 393 ff.; Boeker, W. P., 1988, S. 33 ff.

[44] Vgl. Schein, E. H., 1992, S. 211 ff.

[45] Vgl. Wiegand, M., 1996, S. 434.

[46] Bosch, G./Kohl, H./Schneider, W., 1995, S. 221.

[47] Vgl. Dierkes, M., 1988, S. 554 ff.; Gagliardi, P., 1986, S. 117 ff. Kultur zeigt sich deshalb auch in langfristig gleichem Verhalten von Menschen in bestimmten Situationen. Vgl. Glücksburg, K./Ochsner, M., 1989, S. 95.

setzt und Freiräume für Ideen und Innovationen geschaffen.[48] Der Entstehung von Kultur gehen also bestimmte Habitualisierungsssprozesse voraus. Schließlich besitzt jedes Unternehmen auf vortheoretischer Ebene einen Bestand an „überliefertem Rezeptwissen“[49], was bedeutet: Wissen, das die institutionseigenen Verhaltensvorschriften mit Inhalt versorgt. Dieses Wissen beeinflußt, welche Verhaltensgebiete institutionalisiert sind und bezeichnet die Situationen, die sich darunter subsumieren lassen. Es werden Rollen geschaffen, die im Kontext der jeweiligen Institution gespielt werden, und es wird Verhalten kontrolliert. Das überlieferte Rezeptwissen schlägt sich in den *gemeinsamen Annahmen* der Unternehmensmitglieder nieder.

Der Prozeß des Kulturlernens kann als Ausprobieren und Bestätigen von neuem, kulturellem Wissen verstanden werden. In diesem Prozeß können aber auch Kulturkonflikte entstehen, wenn die bestehende Kultur als zu selbstverständlich betrachtet wird. Dieses Stadium beginnt, wenn die geltenden Annahmen nicht mehr hinterfragt werden und es für unangenehm gehalten wird, darüber zu sprechen oder andere danach zu befragen. Denn es ist einfacher, bestehende und etablierte Grundannahmen nicht mehr zu überdenken, sie stillschweigend vorauszusetzen und ins Unterbewußtsein zu verdrängen. Schein verwendet zur Erklärung dieses Lernvorgangs noch den Begriff des *Vollmitgliedes* innerhalb einer Gruppe: „Ein Großteil der Kerninhalte einer Kultur kommt in den von Neulingen zu erlernenden Verhaltensregeln nicht zum Vorschein. Die Essenz wird ihnen nur enthüllt, wenn sie den Status eines permanenten Vollmitgliedes erlangen und in die inneren Kreise eingelassen werden, die die Gruppengeheimnisse bewahren.”[50] Hiernach bezeichnet er als Vollmitglied diejenigen Gruppenmitglieder, die sämtliche Elemente von Kultur bereits kennen und damit die Bedeutung der Grundannahmen für sich entschlüsselt haben. Außerdem vermeidet Schein Angaben zur Gruppen- oder Unternehmensgröße, auf die sich sein Konzept anwenden läßt. Es ist auch auf die in einem Unternehmen sich

---

[48] So Berger und Luckmann zu den Ursprüngen der Institutionalisierung. Vgl. Berger, P. L./Luckmann, Th., 1999, S. 56-58, 61.

[49] Terminus nach Schütz. Vgl. Berger, P. L./Luckmann, Th., 1999, S. 70.

[50] Schein, E. H., 1995, S. 25.

herausbildenden Subkulturen anwendbar.[51] Innerhalb einer Gruppe können verschiedene Kulturelemente nebeneinander bestehen, die gegenläufig und widersprüchlich sind, so daß Konflikte und Orientierungsprobleme entstehen, die auf der Gesellschaftsebene zu *Sub-* oder zu *Kontrakulturen* führen können.[52] Auf der Organisationsebene trifft man auf „ ... Kommunikationsprobleme und Mißverständnisse zwischen Gruppenmitgliedern, die bei vernünftigen Leuten eigentlich nicht vorkommen sollten."[53] Auch Lattmann hat darauf aufmerksam gemacht, daß neben übereinstimmenden Grundannahmen unterschiedliche Werte bestehen können, welche der Verschiedenheit der Anliegen ihrer Mitglieder und der ihnen zugewiesenen Rollen entspringen. Dieser Thematik wendet sich Schein insbesondere in einer aktuellen Veröffentlichung zu und weist auf die Existenz mehrerer Subkulturen nebeneinander hin, die vor allem berufsgruppenspezifisch zustande kommen.[54]

Das Kulturkonzept von Schein übernimmt für die eigene Arbeit die Funktion eines *sensitizing concept* oder *orienting concept*.[55] Darüber hinaus helfen die nachfolgend dargestellten Konzepte, ein umfassendes Verständnis von Unternehmenskultur zu gewinnen.

2. Funktionalistischer Ansatz: Ein Unternehmen hat Kultur

Einer der Gründe, warum Unternehmenskulturen in den siebziger Jahren in den Blickpunkt wissenschaftlichen Interesses rückten, war der sich damals abzeichnende Erfolg japanischer Unternehmen im internationalen Wettbewerb, wobei man der „... normativen Innenlenkung und Sozialintegration durch Sinngemein-

---

[51] „Tatsächlich gehört es zum ganz normalen Entwicklungsverlauf, daß eine soziale Großgruppe im Lauf der Zeit Untergruppen hervorbringt, die ihrerseits Subkulturen erzeugen." (Schein, E. H., 1985, S. 27).

[52] Zur Unterscheidung zwischen Sub- und Kontrakulturen vgl. Yinger, J. M., 1978.

[53] Schein, E. H., 1995, S. 19. Auch Martin, J., 1991 und Martin, J./Meyerson, D., 1988.

[54] Mit seiner Veröffentlichung zu dem Thema „Wenn das Lernen in Unternehmen wirklich gelingen soll". Vgl. Schein, E. H., 1997, S. 61-72; sowie Schein, E. H., 1996, S. 236 ff.; Lattmann, C., 1981, S. 455.

[55] Die Begrifflichkeiten als *sensitizing concept* oder *orienting concept* gehen auf Bentner und Beck zurück. Vgl. Bentner, A./Beck, Ch., 1997, S. 42; auch Lamnek, S., 1995, S. 131.

schaft"[56] als möglichem Erfolgsfaktor besondere Aufmerksamkeit schenkte. Ein Vergleich der amerikanischen und japanischen Kulturen führte damals zu der Auffassung, daß die länderspezifischen Unterschiede im Managementstil und Erfolg der Unternehmen auf die *(Landes-)Kulturen* zurückzuführen sind.[57] Von hier aus war es nur ein kleiner Schritt zur Überlegung, daß die Unternehmenskultur eine *gestaltbare Instrumentvariable* des Managements darstellen könnte. Es entstand also der Ansatz, daß Unternehmenskultur zu einer das Funktionieren des Unternehmens gewährleistenden Variablen wird. In diesem Fall *hat* das Unternehmen Kultur. Die *cultural pragmatists* oder „Kulturingenieure"[58] versuchen, Unternehmenskultur zur Führung eines Unternehmens und zur Optimierung ihres Zielerreichungsgrades einzusetzen.[59] Nach der funktionalistischen Sicht ist Unternehmenskultur „... die Gesamtheit von geteilten Normen, Wertvorstellungen und Denkhaltungen, die das Verhalten der Mitarbeiter aller Stufen und somit das Erscheinungsbild des Unternehmens prägen"[60]. Die Funktionalität liegt in der Benutzung von Kultur zur Koordination der Unternehmensaktivitäten und Integration des Unternehmens mit der Intention, das Verhalten der Mitarbeiterinnen und Mitarbeiter richtungsweisend zu prägen. Es wird versucht, Kultur aus Umgangsformen, Sitten und Lebensart herauszufiltern, Kulturtypen oder Dimensionen von Kultur zu erfassen, verbunden mit dem Anspruch, gestaltend einzugreifen.[61] Untersuchungsgegenstand ist also das direkt Sichtbare, Fühlbare und Erfahrbare einer Kultur mit dem Ziel der Verbesserung ihrer Funktionalität.

---

[56] Ulrich, P., 1993, Sp. 4352.

[57] Vgl. Ouchi, W. G., Theory Z, 1981; Pascale, R. T./Athos, A. G., The Art of Japanese Management, 1981.

[58] Steinmann, H./Schreyögg, G., 1991, S. 550.

[59] Vgl. Allaire, Y./Firsirotu, M. E., 1984, S. 197 ff; Dill, P., 1987; Drumm, H. J., 1988, S. 129 ff.; Neuberger, O./Kompa, A., 1987, S. 20, 22; Smircich, L., 1983, S. 344ff; Staehle, W. H., 1994, S. 472 ff. und van Maanen, J., 1979, S. 520-526.

[60] Kobi, J.-M./Wüthrich, H. A., 1986, S. 34.

[61] Vgl. Dierkes, M., 1988, S. 555, 558 ff.; Gagliardi, P., 1986, S. 119; Krulis-Randa, J.S., 1984, S. 361, 367; Kasper, H., 1987, S. 25, 26; Matenaar, D., Organisationskultur, 1983, S. 30; Prätorius, G./Tiebler, P., 1993, S. 59; Rühli, E./Keller, A., 1989, S. 687.

Nach Ansicht der Pragmatiker erhält Unternehmenskultur die Funktion eines „sozialen Klebstoffs“[62], der die interne Koordination und Führung durch die Unternehmensleitung erleichtern soll. Es wird hier eine Vorstellung von der Machbarkeit einer Kultur erweckt, „wie die Geschichte jenes Managers kolportiert, der nach dem Vortrag eines Beraters begeistert ausgerufen haben soll, so eine Organisationskultur sei eine prima Sache, er hätte gern eine bis zum nächsten Montag."[63] Die Pragmatiker verstehen die Kultur einer Organisation also als Patentrezept zur Verbindung und Wiederverbindung von Individuum und Organisation. Neben der Vorstellung, daß Unternehmenskultur aus Bestandteilen wie Normen und Wertvorstellungen besteht, die hergestellt werden könnten wie ein Industrieprodukt, impliziert diese Sicht das Mißverständnis, daß auch *keine Kultur* vorhanden sein kann. Dies ist Ausdruck eines auch durch die Literatur verbreiteten Irrtums, denn in jedem Unternehmen existiert bereits eine spezifische Kultur.

Praktische Erfahrungen auf dem Gebiet des Kulturmanagements brachten jedoch eine gewisse Ernüchterung und erteilten den naiven Vorstellungen von einer beliebigen Gestaltbarkeit von Unternehmenskultur eine Absage. Es wurde deutlich, daß Unternehmenskultur sich weder anordnen noch konstruieren läßt, sondern nur im Rahmen eines kulturellen Lernprozesses finden und entwickeln läßt (so auch das Konzept von Schein). Hierbei werden die Menschen im Unternehmen nicht als Objekte, sondern als Träger des kulturellen Wandels einbezogen. Indem neue Werte und Normen, die sich für die Beschäftigten als gut und richtig erwiesen haben, dauerhaft übernommen werden und auch bei wiederholter Prüfung diesem Anspruch noch gerecht werden, entwickelt sich Kultur evolutionär. Aus der kritischen Befassung mit der funktionalistischen Sichtweise hat sich eine gemäßigte Sichtweise entwickelt, die Voigt als aufgeklärt funktionalistisch bezeichnet. Diese Sichtweise warnt davor, die Entwicklung einer Kultur völlig zu prädestinieren und ein bestimmtes Ergebnis erzwingen zu wollen: „Dies würde die Mitarbeiter zu Statisten in einem bereits völlig festgelegten Ablauf degradieren und einen echten kulturellen Lernprozeß im Keim ersticken.“[64]

---

[62] Siehl, C., 1985, S. 125.
[63] Krell, G., 1991, S. 66, 67.
[64] Voigt, K.-I., 1996, S. 42.

3. Interpretativer Ansatz: Ein Unternehmen ist Kultur

Die Gegenposition der Funktionalisten ist die der *cultural purists*, die die Auffassung vertreten, daß Unternehmen sich keine Kultur aneignen können. Das Unternehmen ist für sie kein objektives Gebilde, sondern *a socially constructed reality*.[65] Das Unternehmensgeschehen *ist* schon Kultur und wird zur kulturellen Wirklichkeit oder als Gesamtheit kultureller Phänomene erlebt. Um ein besseres Verständnis von Organisationen und deren Prozessen zu gewinnen, wird „Kultur als Metapher für Organisationen benutzt"[66]. Synonym für den interpretativen Ansatz werden in der Literatur Begriffe wie social constructionist paradigm, social definition paradigm, interpretative paradigm oder individualistischer Ansatz verwendet.[67]

Ein Kulturmanagement mit dem Ziel der Produktivitätssteigerung wird von den Puristen strikt abgelehnt, da sie die gewachsene Unternehmenskultur als etwas per se zu Schützendes ansehen. Kultur wird als Ausdruck der ureigensten Bedürfnisse der Menschen angesehen. Die Puristen argumentieren, daß die Organisation nur in den Köpfen ihrer Mitglieder als Ideensystem und konstruierte Wirklichkeit existiert. Man könne deshalb nicht von einer als objektiv vorausgesetzten Welt ausgehen.[68] „Kultur ist daher nicht etwas, was eine Organisation *hat*, sondern was eine Organisation *ist*. Kultur wird als *root metaphor* zur erkenntnisleitenden Basisidee."[69] Der Ansatz von Kultur als root metaphor geht davon aus, daß kulturelle Bedeutungsinhalte im sozialen Interaktionsprozeß entstehen und gleichzeitig kontinuierlichen Interpretationen und Veränderungen ausgesetzt sind. Kulturträger und -gestalter sind die Mitarbeiterinnen und Mitarbeiter, durch deren Handlungen und Verhalten die kulturelle Wirklichkeit begründet wird. Dem Ansatz liegt die Erkenntnis zugrunde, daß das Unternehmensgeschehen letztlich auf menschlichen Tätigkeiten beruht, die sich in zwei Gruppen einteilen lassen: auf *Verhalten* als nicht mehr hinterfragte oder bewußt

---

[65] Vgl. Pondy, L./Mitroff, I. J., 1979, S. 28.

[66] Sackmann, S.A., 1990, S. 161.

[67] Vgl. Kasper, H., 1987, S. 66 ff.; Heinen, E., 1997, S. 17-20.

[68] Vgl. Krell, G., 1991, S. 69; Krell, G., 1994, S. 248, Sandner, K., 1988, S. 654.

[69] Sandner, K., 1988, S. 654; Dülfer, E., 1988, S. 6; vgl. auch zum Begriff der *root metaphor* Smircich, L., 1983 und Jelinek, M./Smircich, L./Hirsch, P., 1983, S. 331 ff.

gestaltete Aktivitäten, z.B. Umgangsformen, und auf *Handlungen* als Entscheidungen und deren Ausführung. Während Werte und Normen in dem Verhalten der Mitarbeiterinnen und Mitarbeiter unmittelbar zum Ausdruck kommen können,[70] erfolgt die kulturelle Prägung der Handlungen jedoch erst über den Umweg einer Beeinflussung der Entscheidungsgrundlagen. Von den Vertretern des interpretativen Ansatzes wird die Bedeutung von Symbolen und symbolischen Handlungen als Mittel der Sinngebung hervorgehoben. Beispielsweise dient die Bekleidung nicht nur zum Ausgleich des menschlichen Wärmehaushaltes, sondern kennzeichnet zugleich die Schichtzugehörigkeit, läßt Gruppenidentitäten entstehen und hilft, persönliche Wünsche nach Prestige und Anerkennung zu symbolisieren.[71] Die Verwendung von Metaphern oder Analogien, wodurch bildhafte Vorstellungen über das Unternehmen erzeugt werden können, spielt eine entscheidende Rolle.[72] Im Vordergrund steht die Erfassung des Unternehmens als Sinnsystem, zu dem interpretativ und subjektiv der Zugang angestrebt wird.[73]

Zum interpretativen Ansatz lassen sich auch solche Arbeiten zählen, die Analogien zwischen der Unternehmenskultur heute und bestimmten archaischen Gesellschaftsstrukturen herzustellen versuchen. Hierbei wird argumentiert, daß bei der Entstehung und Ausgestaltung einer Kultur auch unternehmensspezifische Riten, Rituale und Zeremonien (z.B. Beförderungen, offizielle Anerkennungen von Leistungen, Weihnachtsfeiern oder Betriebsfeste) sowie Geschichten, Legenden und Mythen (z.B. über den Firmengründer) eine gewisse Rolle spielen. Es werden also Analogien zu historischen Gesellschaftsformen oder mythisch-

---

[70] Beispielsweise ist ein Manager eines deutschen Großunternehmens im Ausland allein aufgrund seines Verhaltens - noch bevor er das erste Wort gesprochen hat - als Mitglied seines Unternehmens erkannt worden. Vgl. Simon, H., 1990, S. 2.

[71] Vgl. Voigt, K.-I., 1996, S. 42, 43; Greverus, I.-M., 1978, S. 67.

[72] Neuberger und Kompa verweisen auf die Verwendung der Maschinen-, Organismus- oder Theatermetapher. Die Maschinenmetapher beschreibt das Unternehmen als Instrument, mit dem ein bestimmtes Ziel erreicht werden soll, bezieht sich jedoch eher auf die technischen Abteilungen des Unternehmens. Die Organismusmetapher versteht das Unternehmen als Gesamtorganismus, der innerhalb sich ändernder Umweltbedingungen durch Anpassungsprozesse um das Überleben kämpft. Wird das Unternehmen als Theater verstanden, spielen Drehbücher und Maskerade eine entscheidende Rolle. Vgl. Neuberger, O./Kompa, A., 1987, S. 21-23.

[73] Vgl. Sandner, K., 1988, S. 654; Pondy, L. R./Mitroff, I. J., 1979, S. 28; Morgan, G., 1986, S. 126.

rituellen Stammeswelten aufgebaut, um die kulturellen Phänomene in einer modernen Organisation heute zu erklären.[74] Es kann festgehalten werden: Die Vertreter dieses Ansatzes haben ein *explikatives Kulturverständnis* verinnerlicht. Sie streben eine Offenlegung der Wurzeln der Erscheinungsformen von Kultur an und möchten verstehen, *warum* die Unternehmenskultur durch die einzelnen Artefakte zustandegekommen ist. Damit suchen sie die geistigen und normativen Grundlegungen, die die kulturellen Artefakte bedingen.

Hiermit ist deutlich geworden, daß sich der funktionalistische und der interpretative Ansatz sinnvoll ergänzen können, da ersterer die *Möglichkeiten* und letzterer die *Grenzen* eines Kulturmanagements offenlegt. Ich sehe die Mittelposition zwischen beiden Extrempositionen für zweckmäßig an und vertrete diese auch im folgenden für die eigene Kulturuntersuchung.

IV. Elemente von Unternehmenskultur

Um die Elemente von Unternehmenskultur zu erklären, greife ich auf die Drei-Ebenen-Systematik von Schein zurück, mit der er die Kulturelemente nach dem Grad der Sichtbarkeit aufgeteilt hat. Seine Unterscheidung reicht von den Artefakten als direkt sichtbare und offenkundige Erscheinungsformen auf der oberen Ebene bis hin zu den tiefverwurzelten, unbewußten und unsichtbaren Grundannahmen auf der unteren Ebene. In der mittleren Ebene liegen die Werte, die die Mitglieder zur Darstellung ihrer Kultur für sich selbst und gegenüber anderen benutzen. Diese Kategorisierung der Kulturmerkmale auf drei Ebenen hilft, die empirischen Tatsachen innerhalb eines Unternehmens zu erkennen, denn: "It is not the fact upon which we stand, but the conceptual category (or a conceptual property of a category) that was generated from it."[75]

Abbildung 1 zeigt die Kulturebenen mit den dazugehörigen Elementen, die ich bereits um die Kulturelemente ergänzt habe, die ich auch in der ausgewählten Genossenschaftsbank untersuchen werde:

---

[74] Auf ethnologische Aspekte der Unternehmenskultur bezieht sich Novak. Die Struktur des Clans greift insbesondere Krell auf. Vgl. Novak, A., 1994; Krell, G., 1994; auch Ulrich, P., 1993, Sp. 4358.

Abbildung 1: Ebenen der Unternehmenskultur

OBERE EBENE DER ARTEFAKTE

Kulturverdinglichungen	Außenarchitektur, Innenarchitektur, Büroausgestaltung, Kleidungsstil, Publikationen (Festschriften und Geschäftsbericht)
Sprache	Sprache, Kommunikationsformen, Erzählte Positiv- und Negativgeschichten, Anekdoten, Mythen, Witze, Graffitis, Erzählungen über Vorbilder (Helden- und Personenkult), Publikationen
Interaktionen	Gemeinschaftsveranstaltungen (Rituale und Zeremonien) wie Betriebsfest, Abteilungs- oder Jubiläumsfeiern sowie Einführungsmaßnahmen für neue Mitarbeiter

MITTLERE EBENE DER WERTE UND NORMEN

Werte und Normen	Unternehmenseigene Werte Branchentypische Werte Genossenschaftliche Werte

UNTERE EBENE DER GRUNDANNAHMEN

Bewußte und unbewußte Annahmen, Wahrnehmungen, Gedanken und Gefühle

zur Beziehung zur Umwelt
zur Wahrnehmung von Wirklichkeit, Wahrheit, Zeit und Raum
zum Wesen des Menschen

---

[75] Glaser, B. G./Strauss, A. L., 1967, S. 23.

Die obere Ebene im Modell ist die der *Artefakte*. Als Artefakte gelten Kulturverdinglichungen wie die äußere und innere Architektur des Gebäudes, die Büroausgestaltung, der Kleidungsstil und die Unternehmenspublikationen.[76] Zweitens zählt zu den Artefakten die Sprache innerhalb eines Unternehmens. Als sprachliche Ausdrucksform von Kultur kann sich sogar eine spezielle Branchen- bzw. Unternehmenssprache entwickeln. Weitere Informationen über die Unternehmenskultur geben - sprachlich verpackt - Geschichten, Legenden, Anekdoten, Mythen, Witze oder anonyme Graffitis. Drittens werden die Interaktionen innerhalb eines Unternehmens als Artefakte bezeichnet. Interaktionen wie Riten, Rituale und Zeremonien (z.B. Betriebsfeste oder Einführungsrituale für neue Mitarbeiterinnen und Mitarbeiter) verweisen auf unternehmensindividuelle Handlungsgewohnheiten.[77] Artefakte haben, auch wenn sie als passive Ausdrucksformen von Kultur angesehen werden, bei der Vermittlung der Unternehmenskultur eine Symbolwirkung: Man spürt meist schon nach wenigen Minuten, welcher Geist in einer Firma herrscht.[78] Außerdem können sie als Ergebnis bestimmter Entscheidungen und Handlungen im Unternehmen interpretiert werden. Die Ebene der Artefakte läßt sich leicht beobachten, aber nur schwer entschlüsseln, will man sich nicht mit vagen, allgemeingültigen Aussagen zufrieden geben.

Auf der mittleren Kulturebene befinden sich die bekundeten *Werte* und Normen. Werte bieten eine Orientierungsfunktion für alle Mitarbeiterinnen und Mitarbeiter. Sie beeinflussen die Handlungen der Menschen, da sie in den Köpfen als verankerte Präferenzmodelle oder Entscheidungsregeln direkten Einfluß auf Handlungen und Unterlassungen haben.[79] In einem Unternehmen können unternehmenseigene Werte und branchentypische Werte (oder im Falle einer Genossenschaft genossenschaftliche Werte) vorhanden sein. Werte beinhalten

---

[76] Vgl. Raab, S., 1989, S. 51; Schein, E. H., 1995, S. 30, 31. Bentner und Beck nennen als Beispiel den Habitus eines Arztes im Krankenhaus, wenn dieser, unterstützt durch Insignien wie seinen Arztkittel, als „Halbgott in weiß" gegenüber den Patienten und deren Angehörigen auftritt. Vgl. Bentner, A./Beck, Ch., 1997, S. 44

[77] Vgl. Drepper, Ch., 1992, S. 40; Dill, P., 1987, S. 73; Neuberger, O./Kompa, A., 1987, S. 58-142 und 151-188. Für eine spezielle Unternehmenssprache werden auch Begriffe wie *Slang* oder *Jargon* verwandt.

[78] Vgl. Simon, H., 1990, S. 2.

[79] Vgl. Drepper, Ch., 1992, S. 36.

eine „Präferenzfestlegung"[80] und stellen etwas „Gewünschtes"[81] dar. Dill unterscheidet zwischen *desired* und *desirable values*. Während desired sich auf Gegenstände bezieht, sind mit desirable values Werte als Konzeption des Wünschenswerten gemeint, die die Auswahl möglicher Handlungen, Mittel und Ziele vorstrukturieren.[82] Der Begriff umfaßt also sowohl materielle Elemente als „... auch Eigenschaften und Zustände einzelner Individuen und sozialer Systeme bis hin zu ganzen Gesellschaften."[83] Neben Werten unterscheidet man Normen, die der Herstellung von konsistentem Verhalten innerhalb eines Sozialgefüges dienen. Normen besitzen Aufforderungs- bzw. Sollcharakter, Werte eher Wunschcharakter. Die Nichtbeachtung von Normen kann mit negativen Folgen sanktioniert werden.[84] Neben den offiziellen Normen, die von der Unternehmensleitung z.B. im Leitbild oder der Unternehmensphilosophie bekundet und festgeschrieben werden können, existieren informelle, aber nicht weniger wirksame Werte beim einzelnen Menschen. Trotz gemeinsam herausgebildeter Werte können deshalb Differenzen im Wertesystem der in einem Unternehmen arbeitenden Menschen bestehen. Werden in einem Unternehmen als Kleiderordnung Anzug und Krawatte verlangt, zeigen sich darin erst einmal nur die Werte der Unternehmensleitung. Als Norm ist dies auch schnell einführbar. Bisherige Angestellte und neue Bewerberinnen und Bewerber erhalten die Information, daß man in dem Unternehmen diese Kleidung trage. Die neuen Mitarbeiterinnen und Mitarbeiter übernehmen aber diese gewünschte Kleiderordnung keinesfalls automatisch als Wert, vielleicht zunächst nur als etwas Wünschenswertes der Firmenleitung. Der Versuch, die Norm einzuführen, kann opportunistisches Verhalten auslösen, wenn die Norm dem eigenen Wert entgegensteht. Werte befinden sich also im Vergleich zu Normen auf einem höheren Abstraktionsniveau und weisen einen geringeren Zwangscharakter auf.[85] Normen sind dagegen operationalisierte Werthaltungen, die auf das konkrete Verhalten ausgerichtet sind. Empfindet ein Arbeitnehmer einen Widerspruch zwischen den Werten und Normen seines Arbeitgebers und seinen sonstigen Werten, kann er die gegensätzlichen Werte nebeneinander bestehen lassen und sich

---

[80] Kasper, H., 1987, S. 7.

[81] Dill, P., 1987, S. 61.

[82] Vgl. zu diesem Ansatz auch Gabele, E./Kirsch, W./Treffert, J., 1977.

[83] Heinen, E., 1997, S. 22.

[84] Vgl. Dill, P., 1987, S. 64; Kasper, H., 1987, S. 7; Rosenstiel, L. von, 1992, S. 333 ff.

[85] Vgl. auch Kasper, H., 1987.

in verschiedenen Zusammenhängen unterschiedlich verhalten. Er kann aber auch Werte partiell übertragen, indem er z.B. die Verhaltensweisen, die er in der Familie jahrelang praktiziert hat, im Unternehmen anwendet oder aber Unternehmenswerte in seinen Freizeitbereich transferiert.

Die *Grundannahmen* auf der unteren Kulturebene entstehen, wenn sich zur Lösung von Problemen im Unternehmen ein bestimmter Weg bewährt hat. Die Entwicklung im Zeitverlauf bewirkt, daß aus einer Ahnung oder einem Wert Hypothesen entstehen, die schließlich zu Tatsachen werden, weil Menschen zu der Überzeugung gelangen, daß „die Natur der Sache wirklich so funktioniert"[86]. "Norms become a fairly visible manifestation of these assumptions, but it is important to remember that behind the norms lies this deeper taken-for-granted set of assumptions that most members of a culture never question or examine."[87] Die Kenntnis der Grundannahmen kann die Angst des einzelnen verringern, vor unlösbaren Aufgaben zu stehen, und hat die Funktion, das Gleichgewicht innerhalb einer Gruppe von Menschen zu stabilisieren.[88] Grundannahmen bilden sich aus konkreten Erfahrungen in Gruppenprozessen heraus und werden als die Essenz einer Unternehmenskultur angesehen. Diese grundlegenden Annahmen haben Kluckhohn und Strodtbeck bereits in den sechziger Jahren in ihren Kulturuntersuchungen ausfindig machen können.[89] Schein baut auf deren Ergebnissen auf und zählt zu den Grundannahmen einer Unternehmenskultur die Vorstellungen des einzelnen über Wirklichkeit, Wahrheit, Zeit, Raum und die Natur des Menschen oder menschliche Beziehungen. Dies bedeutet im einzelnen:

Wenn Schein von Wirklichkeit und Wahrheit spricht, versteht er darunter das, was im gesellschaftlichen und materiellen Bereich als Wahrheit angenommen wird. Soll die geltende Wirklichkeit innerhalb eines Unternehmens erkannt werden, geht es ihm um die grundlegenden Annahmen einer Kultur in bezug auf

---

[86] Schein, E. H., 1995, S. 33.

[87] Schein, E. H., 1996, S. 236.

[88] Vgl. Rohrmoser, H., 1997, S. 27 ff.; Schein, E. H., 1995, S. 33, 55. Schein lehnt sich letztlich an die Feldtheorie Lewins und an die Theorien kognitiver Dissonanz von Festinger an. Allerdings kann das Drei-Ebenen-Modell nicht erklären, auf welcher Ebene sich ein Gleichgewicht einstellen wird. Vgl. Lewin, K., 1963 und Festinger, L., 1957.

[89] Vgl. Ochsenbauer, Ch./Klofat, B., 1997, S. 97; Kluckhohn, F. R./Strodtbeck, F. L., 1961.

das, „... was wirklich ist und wie man das Wirkliche herausfindet oder entdeckt"[90]. Die Unternehmenswirklichkeit, die Schein hier beschreibt, erfährt ein Mensch als neuer Arbeitnehmer in einem Unternehmen, und zwar durch den Vorgang der *sekundären Sozialisation*. Der Vorgang der sekundären Sozialisation beginnt, wenn die Unternehmenswirklichkeit internalisiert wird. Mit Internalisierung ist die Einverleibung der objektiven Wirklichkeit und das Erfassen und Übernehmen einer Welt, in der andere schon leben, gemeint. Während die *primäre Sozialisation* die erste Phase ist, durch die ein Mensch in seiner Kindheit zum Mitglied der Gesellschaft wird (und in die man hineingeboren wird), ist die sekundäre Sozialisation jeder spätere Vorgang, der bereits sozialisierte Personen in neue Ausschnitte der objektiven Welt einweist (welche man sich selbst gewählt hat).[91] Ein Arbeitnehmer erhält so Einsicht in eine für ihn bisher unbekannte Welt. Ein grundlegender Unterschied besteht jedoch zwischen primärer und sekundärer Sozialisation: Während es ernster Erschütterungen oder Krisen im Leben bedarf, bis die Wirklichkeit, die durch primäre Sozialisation in der frühen Kindheit erworben wurde, auseinanderfällt, läßt sich die durch sekundäre Sozialisation erworbene sekundäre Wirklichkeit viel leichter zerstören.[92] Die Unternehmenswirklichkeit kann also kritisch in Frage gestellt werden, bis hin zu der Konsequenz, daß jemand das Unternehmen wieder verläßt, weil er mit der vorgefundenen Wirklichkeit und den geltenden Annahmen, Werten und Verhaltensnormen des Unternehmens - also der Unternehmenskultur - nicht klar kommt.

Zum gemeinsamen Grundverständnis der Mitarbeiterinnen und Mitarbeiter zählt weiterhin die Festlegung der Kategorie Zeit. Zeit ist kein klares, eindimensionales Konstrukt, sondern eine fundamentale symbolische Kategorie, mit der sich Menschen über die Ordnung des sozialen Lebens verständigen. Schein

---

[90] Schein, E. H., 1995, S. 94.

[91] Subjektive Wirklichkeit kann sich nicht ex nihilo aufbauen. Die erste Welt eines Menschen wird während der Phase der primären Sozialisation von den Eltern konstruiert: „Mit den Eltern, die einem das Schicksal bestimmt hat, muß man sich abfinden. Die eindeutige Folge dieser minder begünstigten Situation des Kindes ist die, daß ihm, obgleich es nicht ganz unbeteiligt und passiv während seiner Sozialisation ist, die Erwachsenen die Spielregeln aufstellen. Es kann gern oder ungern mitspielen, ein anderes Spiel jedenfalls ist nicht zu haben." (Berger, P. L./Luckmann, Th., 1999, S. 140ff., 145, 148).

[92] Vgl. Berger, P. L./Luckmann, Th., 1999, S. 148-153.

weist auf die Unterscheidung zwischen monochronem, polychronem und zyklischem Zeitansatz hin, da der Mensch in der Lage ist, in mehreren Zeitdimensionen zu denken. Die monochrone Zeitauffassung betrachtet Zeit als unendlich teilbares lineares Band, welches durch Termine aufgegliedert werden kann, so daß ein Mensch zu einem Zeitpunkt immer nur eine Sache bewirken kann.[93] Der polychrone Zeitansatz versteht Zeit als Medium, das von dem Erreichen eines Ziels und nicht von festgelegten Zeitabschnitten definiert wird. Noch weiter gefaßt ist der zyklische Zeitansatz, der insbesondere in asiatischen Kulturen vorzufinden ist, wobei das Leben in zirkuläre Phasen eingeteilt wird.[94] Daß unterschiedliche Zeitperspektiven in einem Unternehmen nebeneinander bestehen können, fand neben Schein auch Wiebecke in seiner Kulturuntersuchung heraus.[95]

Neben Grundannahmen zur Zeit kommen in einem Unternehmen auch einheitliche Annahmen über die Verteilung und Bedeutung des Raumes vor. Die Architektur eines Gebäudes und die Gestaltung der Büroräume wirken (als Artefakte) auf den Raum ein, den eine Mitarbeiterin oder ein Mitarbeiter nutzen kann. Durch die Raumaufteilung können Beziehungszusammenhänge beeinflußt werden, die sich dann in dem Grad von Vertrautheit zwischen Kollegen oder der Privatsphäre des einzelnen äußern. Je nach Lage im Gebäude, Größe, Ausstattung oder Aussicht können indirekte Aussagen zum Status der Beschäftigten getroffen werden. Auch durch die Ausgestaltung der Räumlichkeiten mit eigenen Pflanzen oder Bildern kann ein Freiraum für die Persönlichkeit des Arbeitnehmers geschaffen werden. Jede neue Situation setzt sich aus den Dimensio-

---

[93] In Untersuchungen zur Unternehmenskultur konnte diese Auffassung von Zeit als überwiegende Einstellung in der Geschäftsführung amerikanischer Unternehmen gefunden werden. Zeit wird zu einem Gebrauchsartikel, der verschwendet, totgeschlagen oder effektiv genutzt werden kann. Vgl. Hall, E. T., 1977; Dubinskas, F. A., 1988.

[94] Schein verweist hierzu auf Sithi-Amnuai: „Eine Jahreszeit folgt einer anderen, ein Leben mündet in ein nächstes." Schein, E. H., 1995, S. 102; Sithi-Amnuai, P., 1968.

[95] Wiebecke hat Untersuchungen in je einem Schweizer und einem US-amerikanischen Chemieunternehmen durchgeführt und konnte belegen, daß Forschungs- und Marketingabteilungen verschiedener Unternehmen eine ähnlichere Kultur aufweisen als die Forschungs- und Marketingabteilung aus dem gleichen Unternehmen. Diese Ähnlichkeiten betreffen sowohl die Umwelt- und Zeitorientierung, als auch das Konzept von Wirklichkeit und Wahrheit. Vgl. Wiebecke, G., 1989; Wiebecke, G./Tschirky, H./Ulich, E., 1987.

nen Raum und Zeit zusammen. So haben monochrone Zeitprämissen Auswirkungen auf die Organisation eines Raumes. Die Einrichtung von separaten Besprechungsnischen oder die Abtrennung von Schreibtischen in Großraumbüros durch Stellwände kann ein Versuch der Unternehmensleitung sein, Zeitverschwendung ihrer Mitarbeiterinnen und Mitarbeiter zu verhindern. Dagegen erfordert der polychrone Zeitansatz eine räumliche Aufteilung, die das simultane Eintreten mehrerer Ereignisse ermöglicht, so daß es z.B. keinen Rückzug hinter verschlossene Türen gibt und private Zonen nur noch durch Flüstern entstehen können.[96]

Unter Grundannahmen zur Natur des Menschen versteht Schein schließlich die Kerninhalte des menschlichen Daseins und die Grundeigenschaften des Menschen. Hierzu bezieht er sich auf Fragen danach, ob der Mensch letztlich gut oder böse ist und inwieweit er sich vervollkommnen lasse.[97] Weitere Grundannahmen können aus Annahmen zur subjektiven fundamentalen Lebensausrichtung oder zur Festlegung der Grenzen zwischen Arbeit und Freizeit bestehen.[98] Auch Aufteilung von Liebe und Macht, aber auch Kooperation oder Konkurrenz, Individualismus oder Gruppendenken können sich in Grundannahmen widerspiegeln.[99] Die Entscheidungen in einem Unternehmen können in ihrer Ausrichtung pragmatisch oder moralisch motiviert sein, je nachdem, ob sich die Unternehmensleitung eher auf ihre eigenen Erfahrungen oder mehr auf ein moralisches System oder Traditionen verläßt. Unternehmensführung und Mitarbeiterschaft können sich beispielsweise darin unterscheiden, in welchem Ausmaß sie Ambivalenz und Unsicherheit ertragen können.[100] Weil die Grundan-

---

[96] Vgl. Schein, E. H., 1995, S. 106-110.

[97] Weiterhin kann die Frage aufgeworfen werden, ob das Gute oder Schlechte im Menschen *angeboren* ist oder *erlernt* wird. Aktuelle Theorien sehen das Wesen des Menschen als umfassend, formbar und damit auch erlernbar an, da ein Mensch während seines Lebens Wandlungsprozesse durchläuft und sich verändert. Vgl. Kluckhohn, F. R./Strodtbeck, F. L., 1961; Schein, E. H., 1995, S. 113 ff.

[98] Vgl. Schein, E. H., 1995, S. 115-118. Schein unterscheidet zwischen Handlungs-Orientierung, Sein-Orientierung und Entwicklungs-Orientierung.

[99] Menschliche Beziehungen können individualistisch geprägt sein, gruppenkooperativen Charakter besitzen oder traditionelle Strukturen betonen. Vgl. Kluckhohn, F. R./Strodtbeck, F. L., 1961; Havrylyshyn, B., 1980; Schein, E. H., 1995, S. 120.

[100] Deshalb kann für die Analyse von Unternehmenskultur die Aufdeckung von Erscheinungsformen wie Toleranz gegenüber Ambivalenz und Vermeidung von Unsicherheit nützlich sein.

nahmen in ihren tieferen Bedeutungsinhalten die Auffassungen der Menschen zu Wirklichkeit, Wahrheit, Zeit und Raum sowie zum Wesen des Menschen beinhalten, sind sie bei einer Kulturuntersuchung äußerst schwer oder gar nicht ermittelbar.

V. Grundlegende Eigenschaften von Unternehmenskultur

Unabhängig von verschiedenen theoretischen Definitionen, Konzepten und den Elementen von Kultur können die grundlegenden Eigenschaften von Unternehmenskultur zusammenfaßt werden, um sie als Leitthesen für die eigene Untersuchung sichtbar zu machen. Die Kultur eines Unternehmens setzt sich aus kognitiven, emotionalen und verhaltensmäßigen Bestandteilen zusammen und ist „... in den Köpfen und Herzen der Systemmitglieder bewußt und unbewußt verankert"[101]. Unternehmenskultur ist ein soziales Phänomen, ist menschengemacht, wirkt verhaltenssteuernd, ist erlernbar, aber nicht direkt zugänglich, kann Subkulturen beinhalten, ist anpassungs- und wandlungsfähig, ist tradiert und allgemein akzeptiert.[102] Das bedeutet im einzelnen:

- Unternehmenskultur ist eine überindividuelle Erscheinung und wird als *soziales Phänomen* angesehen. Bei der Entstehung von Kultur übernimmt oft eine Führungspersönlichkeit wie der Firmengründer eine kulturprägende Funktion, doch ist Kultur nicht allein an diese Person gebunden. Sie löst sich von den sie tragenden Mitgliedern und überdauert den Wechsel von Menschen in einer Organisation über Generationen hinweg.[103] Kennzeichen ist deshalb ihre *Überindividualität.*

- Unternehmenskultur ist *menschengemacht,* weil durch das Zusammenwirken der Mitarbeiterinnen und Mitarbeiter in einem Unternehmen kulturelle Mu-

---

Vgl. Adorno, T. W., 1973; Hofstede, G., 1980; Davidson, W. H./Davis, S. M., 1991; Pascale, R. T./Athos, A. G., 1982; Peters, T. J., 1988.

[101] Kasper, H., 1987, S. 22.

[102] Vgl. Drepper, Ch., 1992, S. 31 ff.; Kasper, H., 1987, S. 18 ff.; Krulis-Randa, J. S., 1984, S. 360 ff.

[103] Vgl. Kasper, H., 1987, S. 18; Hayes, R./Watts, R., 1986, S. 80 ff.

ster entwickelt werden. Der Mensch ist nicht nur Träger des Produktionsfaktors Arbeit, sondern Begründer von Kultur.[104]

- Unternehmenskultur besitzt die Wirkung, durch die in ihr verankerten Wertvorstellungen die Wahl der Handlungen und Verhaltensweisen der Mitarbeiterinnen und Mitarbeiter zugunsten bestimmter Alternativen zu steuern. Sie wirkt *verhaltenssteuernd* unter Einbeziehung der geltenden Werte, Normen und Einstellungen. Letztlich sind alle Definitionen von Kultur als System gemeinsam geteilter Werte, Normen, Einstellungen, Überzeugungen und Ideale konzipiert:[105] Unternehmenskultur kann als das *übereinstimmende Denken und Handeln der Unternehmensmitglieder* angesehen werden, welches *erlernt* wird.

- Unternehmenskultur ist also auch *erlernbar*. Die Menschen innerhalb einer Gruppe können die Inhalte einer Kultur im Zeitverlauf erlernen, wobei verschiedene Formen des Lernens möglich sind, von Zustimmung über Identifizierung bis zu Internalisierung.[106] „Kultur ist ... kein Lehr-, sondern ein Lernprozeß."[107]

- Durch übereinstimmende gedankliche Muster und Grundüberzeugungen kann sich ein stimmiges System oder eine Ganzheit herausbilden, was jedoch die gleichzeitige Entstehung von *antagonistischen Subkulturen* nicht ausschließt. „Das Verhältnis von der Subkultur einer Subgruppe zur Gesamt-

---

[104] Vgl. Raab, S., 1989, S. 48.

[105] Vgl. Krulis-Randa, J. S., 1984, S. 360; Schein, E. H., New Awareness, 1984, S. 5; Staehle, W. H., 1994, S. 472. Genauso formulieren dies Trice und Beyer: "Cultures are the respositories of what their members agree about." (Trice, H. M./Beyer, J. M., 1993, S. 5)

[106] Den Umfang der Internalisierung beschreiben Berger und Luckmann als: „Immer jedoch verstehe ich bei den komplexen Formen der Internalisierung nicht nur die augenblicklichen subjektiven Vorgänge im anderen, *sondern ich verstehe die Welt, in der er lebt, und diese seine Welt wird meine eigene*." (Berger, P. L./Luckmann, T., 1999, S. 140).

[107] Sandner, K., 1988, S. 659. Dies ist auch der zentrale Inhalt von Scheins Konzept, wenn er vom „komplexen Lernprozeß einer Gruppe" spricht oder den prozessualen Charakter des Lernens betont. Vgl. Schein, E. H., 1995, S. 20, 25, 142ff. Kultur in ihrer Essenz, womit die Grundannahmen gemeint sind, ist nur schwer zu analysieren. Vgl. auch die Auffassungen von Dierkes, M., 1988, S. 565; Krulis-Randa, J. S., 1984, S. 360; Gagliardi, P., 1986, S. 129; Calori, R./Sarnin, P., 1991, S. 50.

kultur der übergeordneten Gruppe bestimmt sich durch Gemeinsamkeiten und Unterschiede auf spezifischen Feldern."[108] Ein Bestandteil jeder Kulturuntersuchung ist deshalb auch die Untersuchung möglicher Sub- und Kontrakulturen innerhalb des Unternehmens.

- Unternehmenskultur ist *anpassungs- und wandlungsfähig*, weil sie menschengemacht ist. Wenn sich die Menschen in einem Unternehmen auf veränderte Umweltbedingungen einstellen, verändert sich auch die Kultur. „Eine Kultur, die aufgehört hat, ihre Tradition fortwährend weiterzuentwickeln und an neue, ökologische, soziologische und psychologische Überlebensbedingungen anzupassen, ist krank wie ein Baum, der aufgehört hat, Jahresringe anzusetzen."[109] Kultur stellt ein stabiles Gebilde dar, obwohl sie sich in ständiger Veränderung befindet.[110] Unternehmenskultur vereint divergierende Elemente: sowohl Konstanz und Kontinuität als auch Veränderungen und Prozesse. Kulturen können sich äußeren Umständen relativ schnell anpassen, doch die Wertvorstellungen und Glaubenssysteme werden sich nur geringfügig und langsam ändern können.

- Da die Wurzeln eines Unternehmens in seiner Vergangenheit liegen und sich im Zeitverlauf zu einem Orientierungsmaßstab des aktuellen Verhaltens entwickelt haben, beinhaltet Unternehmenskultur auch *Tradition*. Unternehmenskultur wird durch den oder die Gründer sowie hervorstechende Persönlichkeiten in der Unternehmensentwicklung geprägt. Eine weitere Eigenschaft von Kultur ist deshalb, daß tradierte Orientierungsschemata selbstverständliche Gültigkeit über die Zeit hinweg erhalten und nur selten auf ihre aktuelle Relevanz hin bewußt überprüft werden.[111]

---

[108] Novak, A., 1994, S. 140; vgl. weiterhin Dierkes, M./Rosenstiel, L. von/Steger, U., 1993, S. 15.

[109] Ulrich, P., 1984, S. 313.

[110] Hierzu bildete sich innerhalb der Ethnologie die Metapher *Kultur als Wolke* heraus, um gerade diesen Gegensatz von „Kontinuität im Wandel" auszudrücken. Zugrundegelegt wird weiterhin eine Open-System-Perspektive des Unternehmens. Vgl. Bentner, A./Beck, Ch., 1997, S. 27; Krulis-Randa, J. S., 1984, S. 360 sowie Helmers, S., Unternehmenskultur, 1993, S. 164, 165, 171.

[111] Vgl. Schein, E. H., New Awareness, 1984, S. 4, 5; Matenaar, D., Organisationskultur, 1983, S. 32; Drepper, Ch., 1992, S. 33.

- Die Menschen handeln nach den geltenden Werten und Vorstellungen bewußt oder unbewußt, und eine Kultur kann sich entwickeln.[112] Unter allgemeiner *Akzeptanz* von Kultur kann schließlich verstanden werden, daß die systematischen und subjektiven Anschauungen der Organisationsmitglieder kontinuierlich wachsend harmonisieren.

---

[112] Vgl. Drepper, Ch., 1992, S. 33; Kasper, H., 1987, S. 20; Schein, E. H., Unternehmenskultur verändern, 1984, S. 37.

C. Empirische Forschungen der achtziger Jahre

Für meine weitere Arbeit greife ich insbesondere die empirischen Forschungen von Deal und Kennedy sowie Peters und Waterman heraus. Durch eine Analyse ihrer Ergebnisse können wichtige Erkenntnisse innerhalb der bisherigen Kulturforschung erläutert, aber auch Defizite aufgedeckt werden. Die Arbeiten von Deal und Kennedy sowie Peters und Waterman sind in den USA Anfang der achtziger Jahre entstanden und wurden „Mitbegründer" einer neuen Unternehmenskulturbewegung. Weitere Kulturuntersuchungen neuer Managementdenker waren damals die von Ouchi, Pascale und Athos.[113] Diese Veröffentlichungen trafen vor allem wegen des Erscheinungszeitpunktes auf großes Interesse: Seit Mitte der siebziger Jahre beschäftigte sich die amerikanische Wissenschaft bereits mit dem „Phänomen Japan", das als Konkurrent zunehmend den US-amerikanischen Binnenmarkt bedrohte. Das japanische Wirtschaftswunder ließ auf amerikanischer Seite das Bedürfnis nach Erklärungen und entsprechenden Gegenmaßnahmen entstehen. In den USA wurde begonnen, die Wettbewerbsnachteile amerikanischer Unternehmen mit einer Produktivitätsschwäche zu erklären, während die japanische Produktivität, insbesondere die Arbeitsproduktivität, als unübertroffen galt. Hierzu schreibt Ouchi: „We know that productivity in Japan has increased at 400 percent the rate in the United States over the postwar years."[114] Empirischer Ausgangspunkt der genannten Veröffentlichungen ist deshalb die Lage der amerikanischen Wirtschaft zu dieser Zeit, ihre Produktivitätsschwäche und die Bedrohung durch die japanische Konkurrenz. Die

---

[113] Vgl. Ouchi, W. G., Theory Z, 1981; Pascale, R. T./Athos, A. G., The Art of Japanese Management, 1981; Deal, T./Kennedy, A. A, Corporate Cultures, The Rites and Rituals of Corporate Life, 1982; Peters, Th. J./Waterman, R. H., In Search of Excellence, Lessons of American´s Best-run Companies, 1982.

[114] Ouchi, W. G., 1982, S.3f. Zur Vorbildfunktion der japanischen Betriebsgemeinschaft für den Unternehmenskulturansatz in westlichen Unternehmen vgl. Krell, G., 1994, S. 206 ff. Krell grenzt die heutigen Strukturen in Japan von der Situation zur Jahrhundertwende ab, als deutsche Japanbesucher nicht vom Fleiß, sondern von der Faulheit der Beschäftigten japanischer Fabriken erzählten. Damals war noch langsames, unstetiges Arbeiten, minderwertige Leistung und mangelndes Verantwortungsgefühl der Arbeiter anzutreffen (vgl. Heber, E. A., 1912, S. 179, 192).

Unternehmenskultur wurde als "deus ex machina"[115] angesehen, um die wirtschaftliche Leistungsfähigkeit von Unternehmen zu verbessern. Die genannten Untersuchungen stellten die Unternehmenskultur in den Mittelpunkt ihres Interesses: Es wurden idealtypische Unternehmenskulturen besprochen (Z-Organisation mit Z-Kultur von Ouchi), ein konzeptionelles Gerüst für den Vergleich Japan/Amerika entworfen (Pascale und Athos), Kulturtypologien entwikkelt (Deal und Kennedy) oder Grundregeln aufgestellt, um die Wirtschaftlichkeit durch Unternehmenskultur zu erhöhen (Peters und Waterman). Zeitgleich setzte die Tendenz zu einer stärkeren Individualisierung der Gesellschaft ein. Der einzelne wurde vermehrt darauf hingewiesen, sinnstiftende Orientierungsmuster neu zu definieren, denn Unternehmenskultur kann möglicherweise den persönlichen Sinn stiften, der in anderem Umfeld vermißt wird. Auswirkung dieser Individualisierung auf Unternehmensseite war, daß auch das Management sich stärker als bisher mit den eigenen Kultursitten befaßt hat. Schließlich wiesen noch die Globalisierungs- und Vereinheitlichungsbestrebungen der Wirtschaft der Unternehmenskultur eine neue Bedeutung zu.

In den letzten Jahren kamen aber auch kritische Stimmen auf: Die bekannten Kulturuntersuchungen „schmeichelten"[116] dem Selbstverständnis der Managerinnen und Manager und verführten zu einer ungeprüften Übernahme ihrer Forschungsergebnisse. Es wurde darauf hingewiesen, daß die Erfolge der Veröffentlichungen auch in dem sich gegenseitig stimulierenden Interesse von Unternehmensführungen, Unternehmensberatern und Wissenschaftlern begründet lagen, die sich trotz unterschiedlicher Motivlagen einen Ausweg aus den Ergebnissen bisheriger Denkweisen versprachen. Bevor ich jedoch zu einer Bewertung der Untersuchungen komme, werden zuvor die grundlegenden Bestandteile und Ergebnisse der Kulturuntersuchungen von Deal und Kennedy und Peters und Waterman dargelegt.

---

[115] Deutschmann, C., 1991, S. 32.

[116] Ebers, M., 1988, S. 29. Das Bestreben oder die Vision, eine verschworene Mitarbeiterschaft durch Unternehmenskultur zu schaffen, haben Neuberger und Kompa mit dem Titel ihrer Veröffentlichung „Wir, die Firma" auf eine griffige Formel gebracht. Sie beschäftigen sich kritisch mit dem Kult um die Unternehmenskultur, leisten allerdings eo ipso selber einen Beitrag dazu. Vgl. Neuberger, O./Kompa, A., 1987.

I. Kulturuntersuchung von Deal und Kennedy

Deal und Kennedy begannen ihre Untersuchungen mit folgender Hypothese: "... the hypothesis that the companies that did best over the long haul were those that *believed* in something."[117] Der Glaube an Werte und die Pflege der zentralen Grundwerte - als Bestandteile einer ausgeprägten Unternehmenskultur - wurden als grundlegend für hervorragende ökonomische Leistungen eines Unternehmens angesehen. Deal und Kennedy führten Befragungen in 80 Unternehmen durch und haben aus ihren Ergebnissen eine Typologie von Unternehmenskulturen entwickelt. In dieser Typologie führen sie vier Grundtypen von Unternehmenskulturen auf, die sie nach Höhe der eingegangenen Marktrisiken und Schnelligkeit des Informationsrückflusses „aus dem Markt" strukturieren (Abbildung 2).

Abbildung 2: Kulturtypologie nach Deal und Kennedy

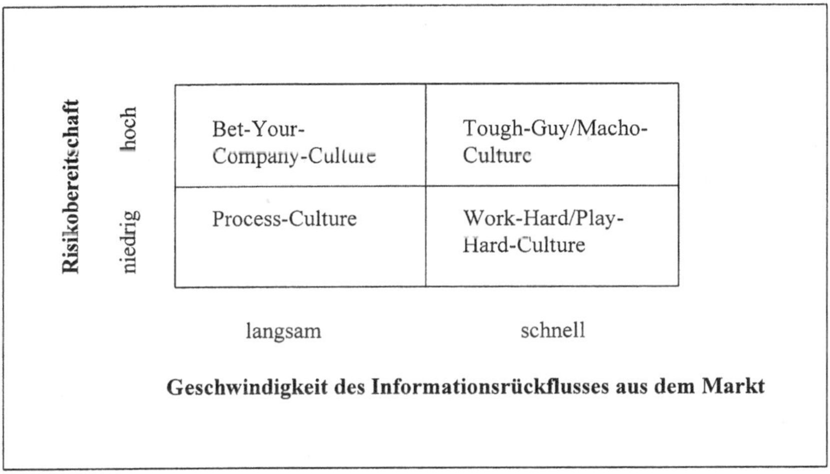

(Vgl. Deal, T./Kennedy, A., 1982, S. 107)

117 Deal, T./Kennedy, A., 1982, S. 6.

Ergänzt man diese Kulturtypen noch um weitere Situationsmerkmale, dann lassen sich die hier genannten Kulturtypen etwa wie folgt beschreiben:

Das Merkmal der „Alles-oder-Nichts-Kultur" (Tough-Guy/Macho-Culture) ist, daß kein hohes Risiko gescheut wird und sich das Unternehmen um ein schnelles Markt-Feedback bemüht. Die Feedback-Zeit beträgt meist unter einem Jahr, häufig auch nur eine Saison oder kürzer. Innerhalb des Unternehmens herrscht ein starker Konkurrenzdruck. Die Mitarbeiterinnen und Mitarbeiter verstehen sich als Individualisten, denn was zählt ist der Erfolg. Die Kultur begünstigt und braucht risikofreudige Spielernaturen und produziert als Helden „Stars", die aber auch schnell wieder verschwinden können. Wegen des hohen Unternehmens- und Einzelrisikos kann ein psychischer Druck auf der Mitarbeiterebene erzeugt werden, so daß die Kooperationsbereitschaft der Mitarbeiter insgesamt schwach ausgeprägt ist. Äußerlich erkennbar sind temporeiches Handeln und unkonventionelle Aufmachung. Als Ausprägung dieses Kulturtyps kann aber auch Aggressivität angesehen werden. Kulturelle Stärken liegen in der Marktorientierung und der Innovationsfähigkeit. Die Schwächen der Kultur liegen in der Kurzfristigkeit und in der mangelnden Kooperation auf der Individualebene, die sich auf das Individuum selbst negativ auswirken können. Diese Kultur ist z.B. für Werbeagenturen, Unternehmensberatungsgesellschaften und Marketingabteilungen, aber auch für die Filmindustrie oder das Zeitungswesen, typisch.[118]

Den zweiten Kulturtyp „Brot-und-Spiele-Kultur" (Bet-Your-Company-Culture) sehen Deal und Kennedy in Kulturen mit hohen Investitionssummen bei gleichzeitigen Ungewißheiten über die Erfolgswirksamkeit der Investitionen vertreten. Werden innerhalb des Unternehmens viele Einzelfallentscheidungen verlangt, die relativ unsicher getroffen werden, erfordert dies ein hohes Maß an Gründlichkeit und Bedächtigkeit der Mitarbeiterinnen und Mitarbeiter. Von Einzelfallentscheidungen über ein Investitionsprojekt kann das Schicksal des gesamten Unternehmens abhängen. In diesem Kulturtyp werden deshalb sorgfältige Personalauswahl- und Personalentwicklungssysteme eingesetzt und besonderer Wert auf die fachliche Kompetenz gelegt. Diese Fachkompetenz zeigt sich in dem Vorbildcharakter, den einzelne Mitarbeiterinnen und Mitarbeiter als

---

[118] Vgl. Deal, T./Kennedy, A., 1982, S. 110-112.

„Helden" einnehmen. In dieser Kultur wird Überlegtheit, Gründlichkeit, Bedächtigkeit und Behutsamkeit gefördert. Ein zentrales Ritual ist die (formale) Besprechung. Als Stärke dieser Kultur beschreiben Deal und Kennedy die Fähigkeit zu Innovationen, als Schwäche die lange Zeitdauer, die oft benötigt wird, um unternehmerische Entscheidungen zu treffen.[119] Wegen ihrer Langfristigkeitsorientierung sind derartige Kulturen anfällig für kurzfristige Konjunkturschwankungen. Weitere Kennzeichen dieses Kulturtyps sind Offenheit gegenüber Umweltveränderungen, Unternehmungsgeist, unkomplizierte Zusammenarbeit in und zwischen den Abteilungen und ein allgemein freundlicher Umgangston. Gemeint sind z.B. Unternehmen der Investitionsgüterbranche oder der Bodenschätzeerschließung.

Der dritte Kulturtyp ist die „Analytische Projektkultur" (Work-Hard/Play-Hard-Culture). Als Kennzeichen dieser benennen Deal und Kennedy einen schnellen Informationsrückfluß innerhalb des Unternehmens, aber nur eine geringe Risikobereitschaft. Das Risiko für Unternehmen und Beschäftigte, das aus einer Verkaufsaktivität resultiert, ist gering; das Feedback des Verkäufers aber rasch. Umweltveränderungen werden hier eher als Bedrohung empfunden und mit Hilfe analytischer Methoden zu antizipieren versucht. Im Inneren dominieren eingefahrene Regeln, Besonnenheit und Hierarchiebewußtsein. Das Unternehmen verfolgt als Zielsetzung eine möglichst umgehende Befriedigung der Kundenwünsche, worin sich auch die Stärke dieses Kulturtyps zeigt. Die Werte dieser Kultur kreisen um Kunden und deren Bedürfnisse; ihre Helden sind Top-Verkäufer: "Success comes with persistence. Go back to the customer one more time ... Make one more telephone-call."[120] Die Stärke dieses Kulturtyps liegt also in der Betonung des Vollzugs. In dieser Kultur zählt Aktivität viel. Mögliche Schwächen ergeben sich, wenn das Handeln in Aktionismus umschlägt, also bei einer Überbetonung kurzfristiger Aktivitäten. Ausschließliches „Volumen"-Denken kann außerdem auf Kosten der Qualität gehen. Diese Kultur findet sich in großen Verkaufsorganisationen: Massenkonsumgüter, Fahrzeugbau, Bürogeräte oder Einzelhandel.

---

119 Vgl. Deal, T./Kennedy, A., 1982, S. 118, 119.

120 Deal, T./Kennedy, A., 1982, S. 113, 115; insgesamt S. 113-116.

Als letzten Kulturtyp filtern sie die „Prozeß-Kultur“ (Process-Culture) als Gegenpol zur „Alles oder Nichts-Kultur“ heraus: geringe Risikoneigung, bürokratisch-langsamer Informationsfluß, Absicherung und Statusdenken sind hier die hervorstechenden Merkmale. Es besteht eine starke Orientierung an betrieblichen Abläufen und Perfektion bei der Durchführung von Tätigkeiten. Das Einzelrisiko einer Aktivität ist gering, das eigentliche Problem dieser Kultur ist das nicht vorhandene Feedback aus der Umwelt: ”... employees here get virtually no feedback ... As a result, they have no idea how effektive they are until someone blames them for something ... This lack of feedback forces employees to focus on *how* they do something, not *what* they do.“[121] Hieran zeigt sich die Angepaßtheit der Kultur an ihre Umwelt: Die Werte orientieren sich hier am perfekten Ablauf. Im positiven führt diese Orientierung zu funktionierenden Abläufen, im negativen zu Bürokratie. Diese künstliche Bürokratiewelt produziert ihre eigenen Helden, ihr Lieblingsritual ist die Reorganisation. Prozeß-Kulturen legen Wert auf eine geschlossene Hierarchie, die sich äußerlich in einer Vielzahl von Titeln und Formalitäten äußern kann. Insgesamt wird die Prozeß-Kultur für ihre nachteiligen Auswüchse bürokratischer Art kritisiert; Deal und Kennedy betrachten sie jedoch auch unter anderen Gesichtspunkten: Sie betonen das hohe Maß an Sicherheit, das dieser Kulturtyp den Mitarbeiterinnen und Mitarbeiter vermittelt. Als Beispiele werden hochregulierte Branchen wie die pharmazeutische Industrie, Öffentliche (Versorgungs-) Unternehmen, die Öffentliche Verwaltung, Rechnungswesenabteilungen, aber auch Banken und Versicherungsunternehmen genannt.

Die von Deal und Kennedy entwickelte Typologie ermöglicht, die „Art“ der im Unternehmen verbreiteten Kultur zu erkennen. Letztlich können als Mischform Elemente aller vier Ausprägungsformen in jedem Unternehmen vorhanden sein, wie auch einzelne Abteilungen unterschiedliche Ausprägungsgrade von Unternehmenskultur oder Subkulturen besitzen können.[122]

---

[121] Deal, T./Kennedy, A., 1982, S. 119; ansonsten S. 119-123.

[122] Vgl. Holleis, W., 1987, S. 251; Allaire, Y./Firsirotu, M.E., 1984, S. 194.

II. Kulturuntersuchung von Peters und Waterman

Die Anfänge der Studie von Peters und Waterman reichen bis ins Jahr 1977 zurück, als die Verfasser im Rahmen ihrer Tätigkeit als Unternehmensberater eine Projektgruppe zum Thema „Leistungsfähigkeit von Organisationen" gründeten.[123] Als Ergebnis dieser ersten Phase entstand das 7-S-Modell (Abbildung 3).

Abbildung 3: Das 7-S-Modell nach Peters und Waterman

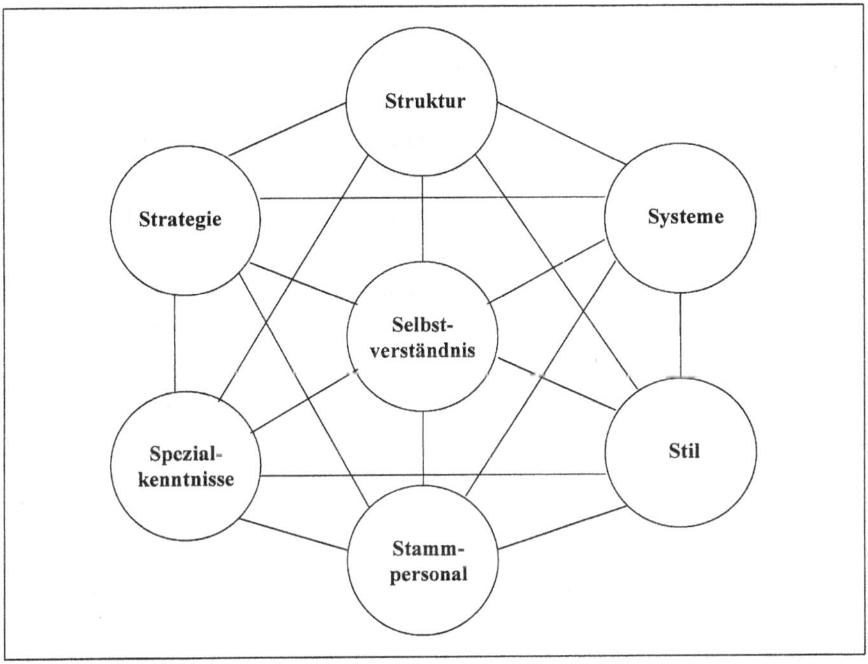

(Vgl. Peters, Th. J./Waterman, R. H., 1984, S. 32)

---

123 Vgl. Peters und Waterman waren damals Mitarbeiter des amerikanischen Beratungsunternehmens McKinsey. Vgl. auch o.V., Corporate Culture, 1989, S. 73 und Holleis, W., 1987, S. 211.

Das Modell richtet seine Aufmerksamkeit auf sieben für den Erfolg eines Unternehmens ausschlaggebende Faktoren. Diese sieben Variablen können bei der organisatorischen Gestaltung instrumentell gehandhabt werden:[124] Als „organisatorische Hardware" dienen die Elemente Unternehmensstrategie, Organisationsstruktur und Managementsysteme (wie z.B. Führungssysteme, Kontrollsysteme, Berichtswesen, Planungssyteme). Die „organisatorische Software" bilden der Führungsstil, die Spezialkenntnisse des Unternehmens, die Mitarbeiterinnen und Mitarbeiter und das Selbstverständnis als Kern der Unternehmenskultur.

Das 7-S-Modell diente dann in der zweiten Projektphase ab 1979 als Mittel zur Strukturierung der Kulturuntersuchung von 62 amerikanischen Unternehmen aus verschiedenen Branchen, von denen 43 als „erfolgreiche" Unternehmen herausgefiltert wurden. Peters und Waterman führten hierzu eine dreistufige Vorauswahl durch: Nach der Erstauswahl aufgrund einer Meinungsfeststellung durch Experten wurden Finanzkennzahlen angewandt (kumulierter Vermögenszuwachs, kumuliertes Eigenkapital, durchschnittliches Verhältnis zwischen Marktwert und Buchwert, durchschnittliche Gesamtkapital-, Eigenkapital- und Umsatzrendite, jeweils berechnet für die Jahre 1961 bis 1980).[125] Abschließend wurde die Innovationskraft der Unternehmen bewertet. Die verbleibenden 43 „erfolgreichen" Unternehmen untersuchten Peters und Waterman mittels Interviews: „Unsere Ausgangsbasis sind die Primärdaten, die in Managementbüchern, wie wir meinen, allzuoft zu kurz kommen: konkrete Einzelbeispiele aus der Unternehmenspraxis."[126] Dies bedeutet, daß ihre Erkenntnisse auf *Einzelfall-Berichten der Geschäftsführer* der befragten Unternehmen beruhen. Ergebnis ihrer Untersuchung ist, daß sie acht Grundtugenden herausgefunden haben, die sie als kennzeichnend für „exzellente" amerikanische Unternehmen ansehen:

1. Primat des Handelns - A Bias for Action

Kein Merkmal der überragenden Unternehmen ist wichtiger als die Aktionsorientierung. Der Drang zur Tat oder das direkte Handeln ist erstrebenswert, auch

---

[124] Vgl. Peters, Th. J./Waterman, R. H., 1984, S. 33.

[125] Vgl. hierzu auch die Erläuterungen von Holleis, W., 1987, S. 211ff.

[126] Zu den untersuchten Unternehmen zählten z.B. aus dem Bankensektor die Citibank und die Chase-Manhattan Bank. Vgl. Peters, Th. J./Waterman, R. H., 1982, S. 22, 43 ff.; Staehle, W. H., 1994, S. 485, 486.

auf die Gefahr hin, Fehler zu machen. Erfolgreiche Unternehmen schaffen es, der Lähmung ihrer Aktivitäten, die bei der Komplexitätsbewältigung üblicherweise in Form von Bürokratie um sich greift, zu entgehen. Es gelingt ihnen, Einzelinitiative, persönliche Einsatzbereitschaft und Spontaneität aufrechtzuerhalten. Schlichtes Ausprobieren wird der langatmigen Analyse vorgezogen. Flexible Organisationsstrukturen ermöglichen eine Vielzahl informeller Kontakte. Beispielsweise schlagen Peters und Waterman die Institutionalisierung von Projektgruppen für spezielle Aufgaben vor, um Möglichkeiten zur Flexibilisierung und zur Verbesserung der persönlichen Beziehungen der Menschen untereinander einzuleiten. Ihr erstes Merkmal fassen sie mit dem Slogan „Do it, try it, fix it.“ zusammen.[127]

2. Nähe zum Kunden - Close to the Customer

Kundennähe wird als eigener, kulturbegründender Wert verstanden, der nicht nur für den Absatzbereich, sondern abteilungsübergreifend und für alle Hierarchiestufen gilt. Peters und Waterman fordern fast eine „... Besessenheit, dem Kunden gute Qualität und guten Service zu liefern”[128]. Den Aufbau stabiler Kundenbeziehungen (durch z.B. After-Sales-Service) und den permanenten Kundenkontakt, der auf Vertrauen und Wertschätzung beruht, halten sie für stabilisierende Elemente. Ein weiteres Merkmal der Nähe zum Kunden ist, daß sie nicht nur für die Mitarbeiterinnen und Mitarbeiter im Verkauf gilt, sondern für Angehörige aller Bereiche und Ebenen des Unternehmens - und besonders für das Management. Die Untersuchung hat gezeigt, daß in den erfolgreichen Unternehmen keine reine Kostenorientierung (nach innen) herrscht, sondern ein hartnäckiges Nutzen-Nischen-Denken, in dem Sinne: Wo können wir es besser machen als die anderen zum Vorteil der Kunden? Peters und Waterman weisen darauf hin, daß der Wert Kundennähe auch Sinn schaffen kann und für die Mitarbeiterschaft Motivationswirkung hat, denn die Beschäftigten können sich mit Kundendienstzielen eher identifizieren als mit Gewinnzielen. „Mit Service als erster Priorität kommt die Rentabilität von selbst.“[129]

---

[127] Vgl. Peters, Th. J./Waterman, R. H., 1984, S. 165 und S. 187.

[128] Neuberger, O./Kompa, A., 1987, S. 13; vgl. auch Dülfer, E., 1988, S. 3.

[129] Peters, Th. J./Waterman, R. H., 1984, S. 199.

3. Freiraum für Unternehmertum - Autonomy and Entrepreneurship

Den exzellenten Unternehmen ist es gelungen, ihre Innovationskraft zu bewahren: Indem sie groß sind, aber gleichzeitig so handeln können, als wären sie klein. Der Schumpetersche Innovator ist als Motor der Unternehmensentwicklung nicht verloren gegangen. Erreicht wird dies durch die Übertragung von Verantwortung und durch Freiräume, eigenständig und innovativ zu handeln. Für das unternehmerische Denken innerhalb einer Organisation hat Pinchot den Begriff Intrapreneurship geprägt:[130] Der aktive, ausdauernde, mißerfolgsresistente Intrapreneur „boxt" ein Produkt von der (oft Zufalls-) Idee bis zur Markteinführung gegen innere und äußere Widerstände durch. Der interne Wettbewerb wirkt hierbei als Motivator. Das Klima der erfolgreichen Unternehmen toleriert Mißerfolge, die bei so einem „unkontrollierten Innovieren" auftreten können. Der Innovationsprozeß wird ganz entscheidend durch die Kommunikation im Unternehmen vorangetrieben. Informalität wird zum Prinzip erhoben und gefördert. Die hohe Kommunikationsdichte wird durch infrastrukturelle Maßnahmen noch angeregt. Kommuniziert wird Unternehmertum durch die Unternehmenskultur: Das Wertesystem - Eigenständigkeit, Innovation, Einzelinitiative - wird von der Unternehmensleitung gepflegt und als Heldengeschichte oder Mythos verbreitet.[131]

4. Produktivität durch Menschen - Productivity through People

Die exzellenten Unternehmen besitzen die Grundeinstellung, daß ihre Mitarbeiterinnen und Mitarbeiter als wichtigstes Kapital zu behandeln sind. Positive Erwartungen an das Individuum, Glaube an den Leistungswillen, Vertrauen, Betonung des Positiven und Vermittlung des Gefühls, wichtig und erfolgreich zu sein, erzeugen ein motivationsförderndes Sinnsystem. Dieser Ansatz des *wholistic relationship* sieht den Menschen als Ganzes, der nach dem Vorbild japanischer Unternehmen mit Leib und Seele in das Unternehmen integriert

---

[130] Vgl. Peters, Th. J./Waterman, R. H., 1984, S. 235; Pinchot, G., 1985.

[131] Ein 3-M-Mythos erzählt z.B. von einem Mitarbeiter, der unablässig versuchte, eine Verwendung für Sandpapierabfälle zu finden. Er wurde entlassen, weil er zuviel Zeit und Aufwand für diese Angelegenheit eingesetzt hatte, kam jedoch einfach weiter zur Arbeit. Im Endergebnis entstand eine neue Division Bedachungsmaterialien und der - einstmals gekündigte - Vater des Gedankens trat später als Vizepräsident in den Ruhestand. Vgl. Holleis, W., 1987, S. 218, 219.

wird.[132] Nach Meinung von Peters und Waterman übernehmen die zentralen Werte eine Steuerungsfunktion (besser als jede formale Leitung) und wirken gleichzeitig als Motivatoren. Für diesen Sinn lohnt es, sich einzusetzen. Sinn und Werte drücken sich über die Unternehmenskultur aus und werden sprachlich durch Redewendungen wie „Familiensinn", „offene Tür" oder „Partner" vermittelt. Unterstützend wirken sich eine offene Informationspolitik, ein ressourcen- und zeitaufwendiges Vorgehen bei Neueinstellungen und die Bildung kleiner organisatorischer Einheiten aus. Kleine Einheiten sind die Hauptquelle für Engagement. Informationen werden möglichst breit gestreut und „Geheimniskrämerei" wird vermieden. Außerdem stellt die offene Informationspolitik auch einen Kontrollmechanismus dar, denn bei der Vielzahl von informellen Gesprächen kommen Vergleiche mit Kollegen zwangsläufig zustande. Peters und Waterman verschweigen aber auch nicht die „Kehrseite" dieser Mitarbeiterorientierung, die sich in einem hohen Anspruchsniveau an die Leistungen der Mitarbeiterschaft ausdrückt.[133]

5. Sichtbar gelebtes Wertesystem - Hands-On, Value-Driven

Die Schaffung, Verbreitung und Pflege eines sinnschaffenden Wertesystems wird von Peters und Waterman als die Mangagementaufgabe schlechthin bezeichnet. Das Wertesystem mit seiner subtilen Steuerungsfunktion vermittelt dem Unternehmen jene Eigenschaften, die es zum exzellenten Unternehmen macht. Von den untersuchten Unternehmen besaßen einige folgende gemeinsame Eigenschaft: Ihre Werte wurden qualitativ und nicht quantitativ formuliert, so daß Inhalte wie „guter Service", „Innovation", „Kundenorientierung", „Qualitätsleidenschaft" im Vordergrund stehen. Peters und Waterman stellen die Vermutung auf, daß Unternehmen mit vorrangig finanziellen Zielen erfolgreich lediglich ihre Führungskräfte motivieren können. „Nur selten jedoch wirken diese Ziele anspornend auf die einfachen Mitarbeiter, jene Zehntausende, die das Produkt herstellen, verkaufen und warten."[134] Diese Erkenntnis führte zur nächsten Eigenschaft: Erfolgreiche Unternehmen zielen auf die Motivation am unteren Ende der Hierarchie innerhalb der Mitarbeiterschaft. Ein abstraktes Fi-

---

[132] Es gelten Gebote wie „Achte den einzelnen", „Laß die Menschen Erfolg haben" oder „Behandle die Menschen als Erwachsene". Vgl. Peters, Th. J./Waterman, R. H., 1984, S. 318; Ouchi, W. G., 1981, S. 46.

[133] Vgl. Peters, Th. J./Waterman, R. H., 1984, S. 278-306.

[134] Peters, Th. J./Waterman, R. H., 1984, S. 323.

nanzziel wird schwerlich für den Außendienstmitarbeiter eine intrinsische Motivation darstellen; das Bewußtsein aber, für das serviceorientierte Unternehmen zu arbeiten und selbst einen Beitrag dazu leisten zu können, wird dies viel eher bewirken. Außerdem können erfolgreiche Unternehmen mit Widersprüchen in ihrem Wertesystem umgehen (z.B. mit Diskrepanzen zwischen Kosten und Service, Tagesgeschäft und Innovation oder Förmlichkeit und Zwanglosigkeit). Zur Motivation der Mitarbeiterinnen und Mitarbeiter sind also nicht die finanzwirtschaftlichen Ziele, sondern die *qualitativen Ziele* des Unternehmens ausschlaggebend.[135]

6. Bindung an das traditionelle Geschäft - Stick to the Knitting

Peters und Waterman weisen auf die möglichen Probleme bei Fusions- und Diversifikationsabsichten hin, wenn Unternehmen sich zusammenschließen und unterschiedliche Kulturen aufeinanderstoßen. Sie kommen zu dem Ergebnis, daß es für eine starke Diversifizierung innerhalb eines Unternehmens so gut wie keine stichhaltige Begründung gibt. Damit stellen sie eine der wesentlichen Aussagen der Portfolio-Selektions-Theorie, nach der zwecks Risikominderung Diversifikation zweckmäßig wäre, in Frage.[136] Zwei Gründe sprechen nach Peters und Waterman gegen eine Diversifikation in unternehmensfremde Arbeitsgebiete: erstens das Fehlen von Know-How und zweitens die Unverträglichkeit mit dem existierenden Wertesystem. Ihrer Meinung nach haben Unverträglichkeiten im Wertesystem weitaus größere Auswirkungen bei Fusionen als fehlendes Spezialwissen der Mitarbeiterschaft. Beispielsweise wirkt es wenig glaubwürdig, wenn der Manager einer Versicherungsgesellschaft in einer Bank über Qualität redet. Wertesysteme sind nur tragbar, wenn sie für die einfachen Mitarbeiterinnen und Mitarbeiter uneingeschränkt glaubwürdig sind: „Diese Glaubwürdigkeit entsteht aber fast ausschließlich durch persönliche Erfahrung. Ohne gefühlsmäßiges Engagement, ohne wirkliches Produktverständnis werden die Zweifel nicht schwinden."[137] Weil das Wertesystem in den erfolgreichen Unternehmen ausgeprägt vorhanden ist, wäre dies ein Kulturhindernis für Di-

---

[135] Qualitative Ziele sind für Peters und Waterman hier gleichbedeutend mit Werten. Vgl. Peters, Th. J./Waterman, R. H., 1982, S. 323. Als Wert in einer Bank sehen Schuster und Widmer z.B. „Innerhalb einer Stunde jede Zahlung in jedes Land der Welt leisten zu können." (Schuster, L./Widmer, A. W., 1984, S. 491).

[136] Vgl. hierzu auch Holleis, W., 1987, S. 224ff.

[137] Peters, Th. J./Waterman, R. H., 1984, S. 336.

versifikationen. Deshalb schlagen Peters und Waterman vor, Diversifikationen auf eng verbundene und verwandte Gebiete zu beschränken. Als Vorgehensweise empfehlen sie hierbei die step-by-step-Methode, die durch langsames Vortasten eine Diversifikation prüft.[138]

7. Einfacher, flexibler Aufbau - Simple Form, Lean Staff
Peters und Waterman wenden sich gegen die Komplexität von Organisationsstrukturen durch „Einfachheit“. Als schlechteste Antwort auf Größe und Komplexität eines Unternehmens sehen sie die Matrix-Organisation an, weil hier keine Prioritäten erklärt, sondern Prioritäten verwässert würden. Eine Matrix-Organisation funktioniert ihrer Meinung nach nur, wenn eine Dimension - entweder das Produkt oder die Funktion - eindeutig den Vorrang hat, um zu klären, wer für was und unter welchen Umständen verantwortlich ist. Als häufigste Organisationsstruktur der exzellenten Unternehmen fanden Peters und Waterman die (Produkt-) Spartenorganisation heraus. Kennzeichen der Spartenorganisation sind große Eigenständigkeit, ständiges Abspalten neuer Sparten bei Erreichen einer gewissen Größe, Richtlinien zur Beurteilung, wann ein neues Geschäftsfeld automatisch zu einer neuen Sparte wird und Job-Rotation der Mitarbeiterinnen und Mitarbeiter zwischen den Sparten. Deshalb empfehlen sie die einfache Spartenorganisation, die um unternehmenskulturelle Elemente ergänzt und fortwährend in ihren Organisationsprinzipien hinsichtlich ihrer Reaktionsfähigkeit auf Veränderungen der Umwelt hin überprüft wird.[139]

8. Zugleich straffe und lockere Führung - Simultaneous Loose-Tight Properties
Hiermit ist ein Nebeneinander von straffer Führung und möglichst großer Selbständigkeit des einzelnen gemeint. Führung in exzellenten Unternehmen heißt einerseits, daß strenge Regeln gelten, von denen kein Abweichen geduldet wird, und daß andererseits Freiräume für Mitarbeiterinnen und Mitarbeiter bestehen, die Selbständigkeit und Experimentierfreude fördern. Derartige Widersprüche können sich durch das gesamte Unternehmensgeschehen ziehen: wie das Nebeneinander von Qualität und Kosten, Größe und Kleinheit, Disziplin und Eigenständigkeit, Außen- und Innenorientierung oder Kurzfristigkeit und Langfristigkeit. Den Erfolg der exzellenten Unternehmen macht das *Management des*

---

[138] Vgl. Peters, Th. J./Waterman, R. H., 1982, S. 336-345.
[139] Vgl. Peters, Th. J./Waterman, R. H., 1984, S. 352-360.

Widerspruchs aus. Nach Peters und Waterman bewerkstelligen die exzellenten Unternehmen diesen Balanceakt durch den *Glauben* an das Wertesystem im Unternehmen. Die Werte schreiben nicht vor, wann eine Mitarbeiterin oder ein Mitarbeiter hinter dem Schreibtisch zu erscheinen hat oder wann jemand Bestellformulare ausfüllen muß. Aber wenn es darauf ankommt, den Kunden nach Geschäftsschluß noch freundlich zu bedienen, sind Werte ausschlaggebend.[140]

In ihren Ausführungen zu den acht Grundtugenden gehen Peters und Waterman wiederholt auf das Vorhandensein von „very strong cultures“ bei ihren exzellenten Unternehmen ein. Der Begriff der starken Kultur ist von Schreyögg ausführlich systematisiert worden. Schreyögg bezeichnet die Unternehmenskultur einer Organisation als stark, sobald *erstens* ein eindeutiges Orientierungsmuster vorhanden ist (womit jedoch noch nichts über dessen inhaltliche Beschreibung und Bewertung gesagt ist), *zweitens* die gedanklichen Muster und Überzeugungen innerhalb der Organisation weit verbreitet sind, so daß statt mehrerer Subkulturen eine einheitlich, von fast allen Mitgliedern geteilte und befolgte Orientierung vorliegt, und *drittens* dieses Muster von allen Gruppenmitgliedern internalisiert worden ist.[141]

III. Kritische Würdigung der empirischen Untersuchungen

Die Kulturuntersuchung von Deal und Kennedy zeichnet sich durch das Bestreben aus, Typologien von Unternehmenskulturen herauszufinden. Mit Hilfe der entwickelten vier Typologien können Kulturausprägungsmerkmale kategorisiert und Kultur handhabbar gemacht werden. Deal und Kennedy begründen hiermit eine anschauliche Systematik, die ermöglicht, die „Art“ der in einem Unterneh-

---

[140] Vgl. Peters, Th. J./Waterman, R. H., 1984, S. 363-366.

[141] Schreyögg hat eine Einteilung in positive und negative Effekte starker Kulturen vorgenommen. *Positive Effekte* sind z.B. ein effizientes Kommunikationsnetz, rasche Informationsverarbeitung und Entscheidungsfindung, hohe Motivation der Mitarbeiterinnen und Mitarbeiter sowie Loyalität und Teamgeist. Als *negative Effekte* fand er z.B. das Denken in Stereotypen oder die Vermeidung von Denken in Alternativen, die Erzwingung von Konformität, die Fixierung auf Erfolgsmuster der Vergangenheit oder die Blockierung neuer Orientierungsmuster heraus. Vgl. Schreyögg, G., 1989, S. 94 ff., S. 98, 106; Krell, G. 1997, S. 47 ff.; o.V. Corporate Culture, 1989, S. 73 und Olbrich, M., 1999, S. 38.

men verbreiteten Unternehmenskultur zu erkennen. Hervorzuheben ist, daß Deal und Kennedy dem Unternehmen Bank einen bestimmten Kulturtyp zuordnen, nämlich ihrer Prozeß-Kultur. Als kennzeichnend für eine typische Bankkultur sehen sie eine starke Orientierung an betrieblichen Abläufen (bürokratisch-langsamer Informationsfluß), Perfektion und Absicherung bei der Durchführung von Tätigkeiten (geringe Risikoneigung) und Statusdenken (Titel und Hierarchien) an. Die eigene Kulturuntersuchung wird zeigen, inwiefern die Unternehmenskulturmerkmale der Genossenschaftsbank hierzu Parallelen aufweisen oder nicht.

Peters und Waterman empfehlen in ihrer Kulturuntersuchung die Anwendung von acht Grundtugenden und versprechen, daß durch deren Einführung die organisationstypischen Merkmale eines „exzellenten" Unternehmens entstehen. Unternehmenskultur wird als Managementinstrument dargestellt, als etwas Machbares, das verordnet und hergestellt werden kann.[142] Peters und Waterman vertreten damit eine funktionalistische Sicht von Kultur. Wiederkehrendes Element in fast allen Grundtugenden sind die Bedeutung der zentralen Werte einer Unternehmenskultur und der Glaube an das Wertesystem. Kritiker ihrer Untersuchung hinterfragen jedoch ihren Optimismus und verweisen auf den Unterhaltungswert, der durch eine Aufzählung von Managernamen und drastischen Beispielen erreicht wird: Die Untersuchung beinhalte „... Geschichten aus dem Nähkästchen, die dem Leser das Gefühl vermitteln, intensiven Einblick in die entrückten Schaltzentralen der Macht marktbeherrschender Unternehmen zu bekommen"[143]. Außerdem kann das ihren Kulturuntersuchungen zugrundeliegende 7-S-Modell auch als „Promotion-Idee" der Consulting-Firma McKinsey angesehen werden, zu dessen Firmenlogo es später stilisiert wurde. Da Peters und Waterman zum Zeitpunkt der Entwicklung des Modells Mitarbeiter der Firma McKinsey waren, ist fragwürdig, inwiefern ihre Ergebnisse als repräsentativ betrachtet werden können. Schließlich waren auch fast alle der untersuchten Unternehmen McKinsey-Kunden.

---

[142] „Vielfach führt das dann zu billigen Kulturattrappen, zur Instant-Nachbildung von irgendwelchen exzellenten Vorbildern, um Mitarbeiter und Kunden anzulocken." (O.V., Corporate Culture, 1989, S. 73).

[143] Neuberger, O./Kompa, A., 1987, S. 12. Eine unkritische Übernahmen ihrer Forschungsergebnisse ist z.B. zu finden bei Rüttinger. Vgl. Rüttinger, R., 1986, S. 143. Im Gegensatz hierzu die kritische Sicht bei Meffert, H., 1994, S. 425 und Drepper, Ch., 1992, S. 52.

Peters und Waterman selbst weisen darauf hin, daß der vergangene Erfolg eines Unternehmens kein Garant für zukünftigen darstellen muß: „Die meisten unserer exzellenten Unternehmen werden wohl nicht immer an der Spitze bleiben. Wir meinen lediglich, daß sie es eine Zeit lang hindurch - viel länger und erfolgreicher als die meisten anderen - geschafft haben.“[144] So berichtet Gurtner darüber, daß einige der exzellenten Unternehmen bereits vom „Pfad des Erfolges“ abgekommen sind.[145] Im Anschluß an die Untersuchung von Peters und Waterman erschienen noch Nachfolgebücher, wozu u.a. "A Passion for Excellence“ zählt. In letzterem reduzieren Peters und Austin die acht Grundtugenden auf lediglich drei: *Kundenorientierung*, *dauernde Innovation* und *Mitarbeiterorientierung*. Eingerahmt sehen sie die drei Faktoren noch durch *leadership*: „Leadership means vision, cheerleading, enthusiasm, love, trust, verve, passion, obsession, consistency, the use of symbols, paying attention as illustrated by the content of one´s calendar, out-and-out drama, and the management thereof, creating heroes at all levels, coaching, effectively wandering around, and numerous other things.“[146] Hauptgrund für diese zweite Veröffentlichung war, sich gegen die Kritiker ihrer ersten Untersuchung zu wenden.

Zur Methode der Untersuchungen von Deal und Kennedy sowie Peters und Waterman läßt sich kritisch zusammenfassen: Die Untersuchungsmethoden werden nicht ausreichend offengelegt. Bei der Arbeit von Deal und Kennedy ist nicht nachvollziehbar, auf welchem Weg sie in den 80 Unternehmen vier Kulturtypen und zwei einflußnehmende Umweltfaktoren herausfiltern konnten. Bei Peters und Waterman werden die ersten drei Schritte im Vorfeld der Untersuchung erklärt, um zu den 43 exzellenten Unternehmen zu kommen; die Auswertung der folgenden Interviews wird jedoch nicht erläutert. Beide Kulturuntersuchungen nehmen eine ausschließlich qualitative Auswertung ihrer Ergebnisse durch Interpretation vor. In beiden Untersuchungen werden Gespräche nur auf Geschäftsführungsebene geführt, so daß fraglich ist, ob nicht idealisierte (Soll-)Kultur-Merkmale erhoben wurden. Es liegen keine Fragebögen vor, die

[144] Peters, Th. J./Waterman, R. H., 1984, S. 139.

[145] Vgl. Gurtner, M. W., 1984, S. 2.

[146] Peters, Th. J./Austin, N., 1985, S. 5f. Ein weiterer Nachfolger ist die Veröffentlichung “Creating Excellence“ von Hickman und Silva, die ebenfalls versuchen, eine Synthese zwischen organisationaler Hardware (Strategie) und Software (Kultur) herzustellen. Vgl. Hickman, C. R./Silva, M. A., 1984.

eine Struktur der Interviews - zum Nachvollzug - bieten könnten. Beide Untersuchungen befassen sich nicht mit unterschiedlichen Berufsgruppen innerhalb eines Unternehmens, und es wird nicht auf mögliche Sub- oder Kontrakulturen eingegangen. Trotz der erkennbaren Mängel in den Vorgehensweisen gelten die beiden Studien als grundlegend und beispielhaft innerhalb der bisherigen Kulturforschung. Ihre Referenzfunktion ist bis heute unbestritten.

Nach diesen Erkenntnissen leite ich für meine Vorgehensweise folgende Merkmale ab, die für die Kulturuntersuchung in der Genossenschaftsbank zugrundegelegt werden:

- Offenlegung meiner Untersuchungsmethode,
- Betrachtung möglicher Subgruppen innerhalb der Bankkultur,
- Einbeziehung von Mitarbeiterinnen und Mitarbeitern über alle Abteilungen/Hierarchien in die Stichprobe der Befragung und
- qualitative und quantitative Auswertung der Fragebogenergebnisse.

Im nächsten Kapitel stelle ich meine Methode zur Kulturuntersuchung ausführlich vor.

D. Eigene Methode zur Untersuchung von Kultur

Bevor meine Methode erklärt wird, begründe ich zu meiner Vorgehensweise zwei Aspekte: Erstens, warum bei meiner Kulturuntersuchung Sub- oder Kontrakulturen miteinbezogen werden, und zweitens, warum für die persönliche Mitarbeiterbefragung eine Stichprobe über alle Abteilungen und Hierarchien der Genossenschaftsbank gebildet wird. Anschließend wird der Aufbau meiner Methode (Beobachtungsraster und Fragebogen) vorgestellt. Ich beschreibe Planungsphase, Stichprobenbildung und Ablauf der Interviews. Abschließend gehe ich auf die Untersuchung der einzelnen Kulturelemente ein.

I. Einbeziehung von Sub- und Kontrakulturen

Viele Kulturforscher sehen eine einheitliche Unternehmenskultur a priori als gegeben an. Es bleibt in diesen Untersuchungen offen, ob Subkulturen vorhanden sind und welchen Einfluß diese auf die Unternehmenskultur nehmen können (so auch bei Deal und Kennedy und Peters und Waterman). Die Unterschlagung der Subkulturproblematik in der überwiegenden Mehrzahl von Untersuchungen über Unternehmenskultur hängt sowohl mit der Managementlastigkeit der Forscher als auch mit der Untauglichkeit der Untersuchungsmethoden zusammen.[147] Mit Managementlastigkeit ist hier gemeint, daß die Intention der Forscher sehr mit den Absichten der Geschäftsführung übereinstimmt, ganz abgesehen von der finanziellen Abhängigkeit, wenn der Unternehmensführung gegen Honorar schnelle Lösungen versprochen worden sind.

Innerhalb eines Unternehmens laufen kontinuierliche Kulturentfaltungsprozesse ab, die die Dynamik im Verhalten der Mitarbeiterinnen und Mitarbeiter widerspiegeln. Je mehr Zeit seit der Gründung eines Unternehmens vergangen ist, desto eigenständigere Subgruppen können sich herauskristallisiert haben. Abnehmende Eigentumsgefühle in den Führungsebenen, weil die erste Managementgeneration bereits abgelöst wurde, ermöglichen eine breitere kulturelle Entwicklung. Das zunehmende Alter eines Unternehmens läßt Strukturen, Ver-

---

[147] Vgl. Novak, A., 1994, S. 138, 140; Kasper, H., 1987, S. 157; Matenaar, D., 1989, S. 333.

fahren, Rituale und Normen immer mehr zur Selbstverständlichkeit werden, wodurch sich Subkulturen herausbilden können. Auch die Aufteilung eines Unternehmens in Abteilungen und Untergruppen läßt Subkulturen entstehen. Auf die funktionsorientierte Herausbildung von Subgruppen ist in den Veröffentlichungen von Aktouf und Schein ausführlich verwiesen worden.[148] Funktionsgebundene Subkulturen entstehen aus der berufsgruppenspezifischen Kultur eines Funktionsbereichs, wenn ein Unternehmen in einer Abteilung Mitarbeiterinnen und Mitarbeiter mit aufgabenspezifischen Fähigkeiten einstellt. Die Herausbildung berufsgruppenspezifischer Unterschiede liegt also in der Befähigung des einzelnen und in seiner Verbundenheit mit der eigenen Berufsgruppe begründet.[149] Neben Aktouf und Schein konnten auch Gregory und Helmers die *Unhaltbarkeit des Glaubens an eine homogene Unternehmenskultur* nachweisen.[150]

Jede Gruppe innerhalb eines Unternehmens trägt durch Arbeitsteilung ihren Anteil dazu bei, das Arbeitsziel zu erreichen.[151] Während die Personalabteilung für die Einstellung und Förderung geeigneter Mitarbeiterinnen und Mitarbeiter sorgt, trägt die Buchhaltung die Verantwortung für die ordnungsgemäße Abwicklung des Zahlungsverkehrs oder die Wertpapierabteilung für korrekte Effektentransaktionen. Eine Abteilung, in der Kreativität und visionäres Denken gefordert sind, kann nicht die gleichen Strukturen und Arbeitszeiten aufweisen wie die Buchhaltung oder Revision. Dabei ist jede Abteilung oder Geschäftsstelle Träger der Ziele des gesamten Unternehmens. Ihr jeweiliger Beitrag und ihre Arbeitsweise sind oft unterschiedlich. Die Beziehungen der Abteilungen zueinander beruhen auf der gegenseitigen Abgrenzung. Dies kann dazu führen, daß die eigene Abteilung in Krisensituationen als viel wichtiger angesehen wird als jede andere. Bekannt ist dieses Phänomen als Abteilungsegoismus, wenn die Initiativen anderer Abteilungen blockiert oder Anträge hinausgezögert werden. Es handelt sich hierbei um die Tendenz einer Gruppe, sich selbst in den Mittel-

---

148 Vgl. Aktouf, O., 1985 und Schein, E. H., 1997. Schein definiert „Subkulturen als diejenigen Kulturen, die in den Geschäftsbereichen, Abteilungen und anderen stabilen Untergruppen des Unternehmens entstehen". (Schein, E. H., 1997, S. 207). Vgl. auch Kapitel B.III.1.

149 Vgl. auch Van Maanen, J./Barley, S. R., 1984.

150 Vgl. Gregory, K. L., 1983, S. 359-376; Helmers, S., Unternehmenskultur, 1993, S. 195 ff.

151 Vgl. Garsten, C., 1991, S. 9.

punkt des Geschehens zu stellen: um „Ethnozentrismus“ (abgeleitet von Ethnie = Gruppe und Zentrum = Mittelpunkt).[152]

Das Konzept der Subkultur wird von Yinger noch erweitert um das der *Kontrakultur*: “I suggest the use of the term contraculture wherever the normative system of a group contains, as a primary element, a theme of conflict with the values of the total society, where personality variables are directly involved in the development and maintenance of the group`s values, and wherever its norms can be understood only by reference to the relationships of the group to a surrounding dominant culture.“[153] Yinger lenkt die Aufmerksamkeit auf die “conflict aspects“ einer Unternehmenskultur und stellt fest: “In a contraculture the conflict element is central.“ Die Werte einer Kontrakultur beschreibt er als noch gegensätzlicher als die einer Subkultur im Verhältnis zu den Werten der Gesamtkultur eines Unternehmens. Subkulturelle und kontrakulturelle Einflüsse können sich also in einem Unternehmen vermischen. Die Abteilungen können in einem Spannungsverhältnis zueinander und zur Gesamtkultur (“surrounding dominant culture“) stehen. Die Eigenidentität und das Eigenwertgefühl der Abteilungen untereinander kann dabei davon abhängen, wie wichtig sich die einzelnen Mitarbeitergruppen für den Gesamtzweck des Unternehmens ansehen. „Im Zentrum zu stehen und mit der eigenen Arbeit auch bei anderen Abteilungen Aktivitäten auszulösen, erscheint schlichtweg als das Kriterium der Wichtigkeit. Die eigene Abteilung stellt sich - metaphorisch gesprochen - wie ein Magnet dar, der durch seine Rotation die außenliegenden anderen Abteilungen in Bewegung versetzt.“[154] Diese Selbstbeschreibung von Gruppen, sich in zentraler Position innerhalb eines Unternehmens vorzufinden, wird besonders häufig bei alten Gruppen geäußert. Ist ein solches Zentrumsgefühl in einer Gruppe entstanden, müssen periphere Gruppen in der Umgebung vorhanden sein. Dieser *Zentrum-Peripherie-Dualismus* von Abteilungen steht auch im Zusammenhang mit Macht und Ohnmacht der Abteilungen, wenn Mitarbeiterinnen und Mitarbeiter Angst bekommen, dieser Macht ausgeliefert zu sein.

---

[152] Vgl. Novak, A., 1994, S. 141, 142. Novak nennt als Beispieläußerungen: „Wenn die da drüben endlich mal umsetzen würden, was wir hier konzeptionell erarbeiten und nicht immer alles boykottieren würden, dann, ja dann wären wir im Markt unschlagbar.“ Oder die andere Sicht: „Aber wir gehören doch auch dazu!“

[153] Yinger, J. M., 1968, S. 61.

[154] Novak, A., 1994, S. 144.

Werden Informationen innerhalb eines Unternehmens in den sprachlichen Formeln und Begriffen bestimmter beruflichen Subkulturen abgefaßt, kann dies zu Verständigungsschwierigkeiten führen, da jedes Unternehmensmitglied seine Annahmen über die anderen Mitarbeiterinnen und Mitarbeiter auf den Informationen aus der eigenen Subkultur stützt. Wenn sich die Gedankenwelten der einzelnen Subgruppen nicht durchdringen und gegensätzlich sind, wird ein fachübergreifendes Team möglicherweise an einen gemeinsamen Konsens glauben, der in Wirklichkeit nicht existiert.[155] Das Nebeneinander von Sub- und Kontrakulturen läßt deshalb auch Kommunikationsschranken innerhalb des Unternehmens entstehen. Dies verdeutlicht, welche integrative und koordinierende Funktion die durchlässige, fachübergreifende Kommunikation in einem Unternehmens haben kann. In meiner Kulturuntersuchung versuche ich deshalb, durch die Analyse der bankinternen Kommunikation Subgruppen aufzudecken.

II. Einbeziehung von Mitarbeiterinnen und Mitarbeitern aller Abteilungen und Hierarchieebenen

Für meine Kulturuntersuchung habe ich abzuwägen, wie sich die Stichprobe der Befragten zusammensetzen soll. Dill geht in seiner Kulturuntersuchung davon aus, daß die Entschlüsselung von Unternehmenskultur durch die Befragung der Personen erfolgen soll, die Kultur gestalten möchten, also durch die Befragung des Managements.[156] Er schlägt damit genau die Vorgehensweise vor, die auch Peters und Waterman sowie Deal und Kennedy gewählt haben, wenn sie die Geschäftsführung der ausgewählten Unternehmen befragt haben. Dabei gilt die Maxime, Kultur lasse sich nur über die Werte, Normen und Einstellungen des höheren Managements analysieren. Es wird unterstellt, daß die Sinnkonstruktionen der Unternehmensleitung repräsentativ für die Werte aller Unternehmensmitglieder seien. Diese Vorgehensweise entspricht der Überzeugung vieler

---

[155] Der Begriff „Gedankenwelt" wird von Doughtery und Douglas aufgegriffen. Vgl. Doughtery, D., 1990, Douglas, M., 1991. Beispielsweise können Angehörige der Konstruktionsabteilung dazu neigen, der Produktion Trägheit und Phantasielosigkeit zu unterstellen, während letztere möglicherweise den Ingenieuren fehlendes Realitäts- und Kostenbewußtsein vorwerfen. Vgl. Schein, E. H., 1995, S. 209.

[156] Vgl. Dill, P., 1987, S. 253 ff.

Managerinnnen oder Manager, nur der Chef selbst könne das System und auch die Mitarbeiterinnen und Mitarbeiter wirklich verstehen. Die Geschäftsführer glauben, ihr Unternehmen heimlich auskundschaften zu können, „wie es der Kalif von Bagdad tat, der sich in Bettlerkleidung unter die Leute mischte, um herauszufinden, was sie wirklich dachten"[157]. Folgt man diesem Ansatz, könnte eine alleinige Befragung der Geschäftsführungen von Unternehmen ausreichend sein. Als Untersuchung im Bankenbereich verfolgt die Arbeit von Schoch, der die Geschäftsführungen von dreizehn schweizerischen Banken zu ihrer Kultur befragt hat,[158] diese Methode. Dies sehe ich anders: Möchte man nicht die idealisierte Soll-Kultur eines Unternehmens erhalten, sondern die Ist-Kultur, sind die Mitarbeiterinnen und Mitarbeiter aller Abteilungen und Hierarchien zu berücksichtigen.

Auch Aktouf konnte mit seinen Untersuchungen in einer algerischen und in einer kanadischen Brauerei grundlegend unterschiedliche Vorstellungssysteme und Erlebniswelten bei Arbeitern und Managern belegen. „Der Hauptgrund dafür liegt ... darin, daß die Manager ihre Vorstellungen sehr stark ausgehend von vorgefertigten technisch-ideologischen Systemen entwickeln, die vor allem dazu dienen, die Hierarchie innerhalb des Betriebs und ihre eigenen Privilegien zu rechtfertigen. Die Arbeiter dagegen ... bauen ihre Vorstellungen auf der Dialektik und der Diachronie des Vorgegebenen auf, aus den konkreten Elementen ihres Alltags".[159] Das von der Unternehmensleitung propagierte Bild einer einträchtigen Familie entsprach kaum den realen Verhältnissen. Daß Differenzen zwischen dem Wunschbild der Geschäftsführer und den Vorstellungen des

---

[157] Schein, E. H., 1997, S. 71.

[158] Vgl. Schoch, G., 1987. Schoch führt Gespräche u.a. mit den Direktoren der schweizerischen Volksbank, des Schweizer Verbandes der Raiffeisenkassen, der Spar- und Leihkasse Bern oder des schweizerischen Bankvereins, und benennt diese als Fallstudien. Es ist fraglich, ob Schoch die *Ist*-Unternehmenskultur oder nicht eher die von der Geschäftsführung gewünschte *Soll*-Kultur veröffentlicht hat.

[159] Aktouf, O., 1985, S. 45. Seine Kulturuntersuchungen gestaltet Aktouf als teilnehmender Beobachter und Interviewer über einen Zeitraum von 85 Tagen. Sein Ansatz zur kulturvergleichenden Managementforschung sollte nationale Kulturunterschiede aufdecken, hat jedoch weniger Länderunterschiede als *innerbetriebliche (Sub-) Kulturen* feststellen können.

Großteils der Mitarbeiterinnen und Mitarbeiter bestehen, haben weiterhin Mitchell und O'Toole in ihren Analysen herausgefunden.[160]

Diese Ansicht vertritt darüber hinaus Schein in seinen aktuellen Veröffentlichungen, in denen er seinen Kulturansatz erweitert und differenziert dargestellt hat, warum in manchen Unternehmen Lernprozesse nur schleppend durchgeführt werden. Als Grund gibt er die Existenz dreier Kulturen nebeneinander an: die Kultur der Arbeiter (the operators), die Kultur der Firmenchefs (the executives) und die Kultur der Techniker (the engineers).[161] Diese drei Kulturen können nebeneinander bestehen und das ganze Unternehmen durchziehen. In ihren Wurzeln gehen sie auf berufsständische Gemeinschaften oder Berufsgemeinschaften zurück, womit die Verbundenheit von Angehörigen einer bestimmten Branche über das Unternehmen hinaus gemeint ist.[162] Werden interdisziplinäre Projektteams gebildet, kann es schwierig sein, diese zu guter Zusammenarbeit zu bewegen, weil die Mitglieder ihre funktionalen Kulturen in das Projekt einbringen und Kommunikationsprobleme entstehen.[163] Das Nebeneinander der Subkulturen kann zu Reibungen führen, die ernsthafte Konflikte hervorrufen können, z.B. wenn innerhalb des Unternehmens bestimmte Reorganisationen anstehen. Diese können erst dann gelöst werden, wenn allen die Existenz dieser Kulturen mit ihren spezifischen Eigenheiten *bewußt* wird, noch bevor ein kulturübergreifender Dialog beginnt.

Das Vorhandensein unterschiedlicher unternehmenskultureller Ansichten in den Köpfen der Menschen bedeutet für meine Kulturuntersuchung, daß die Befra-

---

[160] Mitchell kam zu dem Ergebnis, daß aus Mitarbeitersicht nur 21 der hundert besten Unternehmen zu Peters und Watermans Exzellenten zählten. Vergleichbare Ergebnisse erhielt auch O'Toole durch ergänzende Befragung von Verwandten, Freunden, Beratern oder Hochschullehrern. Vgl. Mitchell, T. R., 1985, O'Toole, J., 1985.

[161] Vgl. Schein, E. H., 1997, S. 63 und auch Schein, E. H., 1996, S. 236-239.

[162] Siehe van Maanen, J./Barley, S. R., 1984. Als Berufsgemeinschaften bringen z.B. Fischer, Bergleute oder die Beschäftigten einer Branche eine bestimmte Weltsicht hervor. Diese leitet sich aus einer gemeinsamen Berufsausbildung und den spezifischen Anforderungen ihrer Berufstätigkeit ab. Unabhängig vom jeweiligen Arbeitgeber können Verkäufer, Buchhalter, Fließbandarbeiter oder Techniker gleiche Ansichten zu ihrer Arbeit teilen, wie auch Geschäftsführer über alle Branchen hinweg sehr ähnliche Anschauungen besitzen.

[163] Vgl. Schein, E. H., 1997, S. 64.

gung von Mitarbeiterinnen und Mitarbeitern über alle Hierarchien und Berufsgruppen, sowohl in kundennahen und auch -fernen Abteilungen, vorgesehen ist. Meiner Befragung in der Genossenschaftsbank liegt also eine geschichtete Stichprobe über die Hauptstelle und die Filialen der Bank zugrunde.

III. Aufbau meiner Untersuchungsmethode

Für meine Kulturuntersuchung lege ich das Kulturkonzept von Schein als theoretische Basis zugrunde: Zum einen greife ich den Grundgedanken des Drei-Ebenen-Modells auf. Ich orientiere mich an der Einteilung in Artefakte, Werte bzw. Normen und Grundannahmen, um meine Untersuchungsmethode in *Beobachtung* und *Befragung* zu strukturieren. Zum anderen verwende ich Scheins Definition von Kultur als Arbeitsdefinition. Schein versteht Unternehmenskultur als ein Muster gemeinsamer Grundprämissen, das die Gruppe bei der Bewältigung ihrer Probleme externer Anpassung und interner Integration erlernt hat, das sich bewährt hat und somit als bindend gilt; außerdem wird es an neue Mitarbeiterinnen und Mitarbeiter als rational und emotional korrekter Ansatz für den Umgang mit diesen Problemen weitergegeben.[164] Unternehmenskultur wird also erlernt. Es finden innerhalb eines Unternehmens kollektive Lernprozesse statt - Lernen des einzelnen und der Gruppe. Als Essenz einer Kultur gelten die Grundannahmen auf der unteren Kulturebene oder anders ausgedrückt: *Unternehmenskultur ist das übereinstimmende Denken und Handeln der Unternehmensmitglieder, welches erlernt wird.* Dies war der gemeinsame Kern der aufgeführten Kulturdefinitionen. Diese Arbeitsdefinition wird im Schlußteil meiner Arbeit noch einmal bedeutsam sein, wenn ich versuchen werde, Handlungsmaßnahmen für die Genossenschaftsbank aufzuzeigen, und auf die Möglichkeiten und Grenzen der Veränderung von Unternehmenskultur eingehe.

Zur Verdeutlichung meiner Vorgehensweise erfolgt in Abbildung 4 eine Zuordnung zwischen Methode (Beobachtung und Befragung), Kulturelementen und Kulturebenen.

---

[164] Vgl. Schein, E. H., 1995, S. 25 und Kapitel B.II.

Abbildung 4: Zuordnung von Methode, Kulturelementen und Kulturebenen

Beobachtungsraster („Beobachtung“)		
Unternehmenspublikationen Außenarchitektur Innenarchitektur Kleidungsstil	→	**Ebene der Artefakte**

Fragebogen („Befragung“)		
Unternehmensspezifische Sprache Kommunikation zwischen Subgruppen Geschichten, Anekdoten und Mythen, Personen mit Vorbildcharakter Graffiti und Witze Gemeinschaftsveranstaltungen (Riten, Rituale, Zeremonien) Einführungsmaßnahmen für neue Mitarbeiterinnen und Mitarbeiter Mitarbeiterförderung	→	**Ebene der Artefakte**
Unternehmenseigene, branchenspezifische, genossenschaftliche Werte	→	**Ebene der Werte**
Bewußte Grundprämissen der Kultur	→	**Ebene der Grundprämissen**

(Vgl. detailliert Beobachtungsraster und Fragebogen im Anhang)

Meine Kulturuntersuchung ist zweigeteilt. Sie besteht erstens aus der Beobachtung der Kulturelemente anhand eines Beobachtungsrasters, und zweitens aus der persönlichen Befragung der Mitarbeiterinnen und Mitarbeitern anhand eines Fragebogens (siehe Anhang). Diese Schritte werden in Abbildung 5 verdeutlicht:

Abbildung 5: Methode der Kulturuntersuchung in der Genossenschaftsbank

ERSTER SCHRITT

↓

Beobachtungsraster

↓

Beobachtung und Interpretation von
Unternehmenspublikationen (Festschriften und Geschäftsbericht),
Außen- und Innenarchitektur der Bank und
Kleidungsstil der Mitarbeiterinnen und Mitarbeiter

↓

ZWEITER SCHRITT

↓

Fragebogen

↓

Persönliche Befragung
von Mitarbeiterinnen und Mitarbeitern
über alle Hierarchien und Abteilungen der Bank

Erfragung und Analyse der genossenschaftlichen Werte,
des Werteprofils, bankspezifischer Sprache,
Kommunikationsformen, Mitarbeiterförderung,
Außenwirkung, Gemeinschaftsveranstaltungen, Vorbildern,
Ereignissen in der Vergangenheit, Positiv- und
Negativgeschichten und bewußten Grundprämissen

↓

ERGEBNIS

↓

Ist-Unternehmenskultur der Genossenschaftsbank

Im ersten Schritt werde ich anhand des Beobachtungsrasters die Beschreibung der Artefakte der Bank durchführen. Die durch Beobachtung gewonnenen Informationen zu den Kulturelementen werden interpretiert, um den Code der Unternehmenskultur zu entschlüsseln. Wegen ihrer Symbolhaftigkeit sind alle beobachteten Manifestationen von Kultur mehrdeutig und interpretationsbedürftig.[165] Das Beobachtungsraster hat die Funktion einer Checkliste. Im zweiten Schritt werde ich die Mitarbeiterinnen und Mitarbeiter der Genossenschaftsbank anhand eines standardisierten Fragebogens interviewen. Die Mitarbeiterschaft wird aufgefordert, subjektive Bewertungen vorzunehmen, damit die tatsächliche - d.h. die von den Mitarbeiterinnen und Mitarbeitern empfundene - Ist-Kultur innerhalb der Bank identifiziert werden kann. Hiermit vermeide ich, daß lediglich unternehmerische Wunschvorstellungen zum Vorschein kommen, also nur die vom Management gewünschte Soll-Kultur erhoben wird.

IV. Vorstellung von Beobachtungsraster und Fragebogen

Das Beobachtungsraster führt die beobachtbaren Einzelkriterien der Unternehmenskultur auf (siehe Anhang). Hierzu zählen die Unternehmenspublikationen, die Außenarchitektur, die Innenarchitektur und der Kleidungsstil der Mitarbeiterinnen und Mitarbeiter. Die vier Kriterien sind im Beobachtungsraster weiter untergliedert, so daß eine detaillierte Beschreibung und Interpretation der Kulturelemente nach diesem Schema möglich wird. In meinen Fragebogen habe ich die durch Befragung erfahrbaren Kulturelemente aufgenommen (siehe Anhang). Mein Ziel ist die qualitative und quantitative Auswertung der Befragungsergebnisse.[166] Mit den durch die Stichprobe ausgewählten Mitarbeiterinnen und Mitarbeitern führe ich eine strukturierte Befragung anhand des Fragebogens durch. Der Fragebogen ist standardisiert. Ein standardisierter Fragebogen hat den

---

[165] Vgl. Neuberger, O./Kompa, A., 1987, S. 54, 57; Stelzner, W.-D., 1991, S. 70-71; Drepper, Ch., 1992, S. 57, 58; Schein, E. H., 1995, S. 155.

[166] Scheuch beschreibt das quantitative Interviews als „planmäßiges Vorgehen mit wissenschaftlicher Zielsetzung, bei dem die Versuchsperson durch eine Reihe von gezielten Fragen oder mitgeteilter Stimuli zu verbalen Informationen veranlaßt werden soll" (Scheuch, E. K., 1967, S. 70) zitiert bei Lamnek, S., 1995, S. 392. Das rein qualitative Interview verzichtet dagegen auf einen Fragebogen und ein Frageschema; der Interviewer ist in der Fragenformulierung völlig frei.

Vorteil, daß die Ergebnisse innerhalb der Stichprobe vergleichbar sind. Kulturforscher, die keinen Fragebogen zugrundelegen und die Befragten ausschließlich frei erzählen lassen (narrative Interviews), müssen mit Transskriptionsverlusten bei der Übertragung und fehlender Vergleichbarkeit der Befragungsergebnisse rechnen.[167] Der überwiegende Teil meines Fragebogens besteht aus geschlossenen Fragen, bei denen die Befragten innerhalb des vorgegebenen Antwortrahmens reagieren können. Darüber hinaus ist ein Teil der geschlossenen Fragen durch offene Antwortmöglichkeiten ergänzt worden, so daß ich während der Interviews auf spontane Reaktionen der Befragten eingehen kann. Diese zusätzlichen, beim Interview vermerkten Äußerungen werden bei der Auswertung des Fragebogens entsprechenden Kategorien zugeordnet und interpretiert.[168] Bei den geschlossenen Fragen verwende ich zum einen eine fünfpolige Rating-Skala, innerhalb der von „gering ausgeprägt" (Wert 1) bis „stark ausgeprägt" (Wert 5) Bewertungen möglich sind. Diese Skala bietet den Beteiligten den Spielraum, ihre Werte, Meinungen, Gefühle oder Handlungen in ihrer subjektiv empfundenen Intensität und Häufigkeit zu äußern. Aus den Bewertungen lassen sich anschließend Mittelwerte berechnen, um den Ausprägungsgrad einzelner Kulturmerkmale zu beschreiben.[169] Mittels Rating-Skalen können auf unkomplizierte Weise direkt intervallskalierte Urteile erzeugt werden (rating = Einschätzung).[170] Die Skala besitzt folgende Struktur:

---

[167] Vgl. Mayntz, R./Holm, K./Hübner, P., 1978, S. 103-105; Lamnek, S., 1995, S. 392; Ebers, M., 1985, S. 117 ff.; Osterloh, M., 1988, S. 143; Drepper, Ch., 1992, S. 51 ff.

[168] Vgl. Atteslander, P., 1995, S. 180-183 und Atteslander, P./Fürstenau, U./Maurer, A., 1993, S. 1-20.

[169] Vgl. Atteslander, P., 1995, S. 303. Der Mittelwert errechnet sich als arithmetisches Mittel (als Summe aller Meßwerte dividiert durch die Anzahl der eingehenden Werte): $\bar{x} = (x_1 + x_2 + \ldots + x_n) : n = \frac{1}{n}\sum_{i=1}^{n} x_i$.

[170] Bei einer ungeraden Rating-Skala könnten die Befragten die Mitte auch bei Indifferenz wählen. Mit diesem Fehler ist jedoch nur zu rechnen, wenn die zu beurteilenden Objekte dem Urteiler wenig bekannt sind. Dies konnte bereits in den Testbefragungen widerlegt werden. Bei der Auswertung der Fragebögen hat sich außerdem ergeben, daß sämtliche Standardabweichungen (Streuungen) klein ausfallen. Zugunsten der Übersichtlichkeit wird auf eine grafische Darstellung dieser Werte neben den Mittelwerten verzichtet. Vgl. hierzu auch Bortz, J./Döring, N., 1995, S. 163-170, 620; Diekmann, A., 1997, S. 404 ff.

gering ausgeprägt				stark ausgeprägt
1	2	3	4	5
( )	( )	( )	( )	( )

Als weitere Form der Antwortvorgabe bei den geschlossenen Fragen nutze ich die Antwortdichotomie Ja/Nein. Hierbei wird zusätzlich die Kategorie „Weiß nicht" aufgeführt, um jede Reaktion der Befragten festhalten zu können. Neben den geschlossenen Fragen verwende ich einige offene Fragen. Der grundsätzliche Unterschied zwischen offenen und geschlossenen Fragen liegt darin, daß offene Fragen auffordern, sich an Zusammenhänge zu *erinnern*, während geschlossene Fragen nur verlangen, etwas *wiederzuerkennen*.[171] Bei offenen Fragen können die Antworten möglicherweise ausbleiben. Andererseits besteht bei geschlossenen Fragen die Gefahr der Suggestivwirkung, wenn der Befragte sich über einen Gegenstand keine eigene Meinung gemacht hatte und ihm vorgefertigte Antwortmöglichkeiten angeboten werden. Durch die Kombination beider Fragetypen möchte ich eine einseitige Erfragung der Mitarbeitermeinung vermeiden. Außerdem bietet die offene Frage dem Antwortenden den nötigen Raum, um von herausragenden Ereignissen in der Vergangenheit der Bank, von gewohnheitsmäßigen Gesetzen bis hin zu Positiv- und Negativgeschichten mit eigenen Worten zu berichten.

Zu Beginn des Fragebogens interessiert mich, ob bei den Befragten ein Vorverständnis des Begriffs Unternehmenskultur vorhanden ist. Mein Fragebogen beginnt also mit einer offenen Frage nach der Bedeutung des Begriffs Unternehmenskultur. Die Frage soll als „Eisbrecherfrage"[172] oder *warming up* in das Thema der Befragung einführen. Anschließend wird das Interview mit geschlossenen Fragen zur Bedeutung des Genossenschaftsgedankens bzw. den genossenschaftlichen Werten in der heutigen Zeit fortgesetzt. Im nächsten Themenblock werden achtzehn Aussagen in der *Ich-Form* zu individuellen Verhaltensweisen und Gefühlen während der Arbeit gestellt, um Rückschlüsse auf den Ausprägungsgrad von Werten innerhalb der Bank zu ermöglichen. Die Mitarbeiterinnen und Mitarbeiter können ihr Verhalten und Empfinden jeweils nach Zutreffenheit und Intensität bewerten. Das direkte Abfragen von Werten in

---

[171] Vgl. Mayntz, R./Holm, K./Hübner, P., 1978, S. 108, 109.

[172] Diekmann, A., 1998, S. 414.

Form von Substantiven sehe ich als ungeeignet an, da eine Mitarbeiterin oder ein Mitarbeiter von den Zielvorgaben der Geschäftsführung beeinflußt sein kann, so daß die gewünschten Soll-Werte und nicht die *gelebten* Werte benannt würden.[173] Die Werte der Unternehmenskultur werden also indirekt erhoben. Anhand der subjektiven Bewertungen der Befragten kann ich später ein *Werteprofil* für die Unternehmenskultur der Genossenschaftsbank erstellen.

Um die sprachlichen Elemente der Bankkultur zu erfassen, nehme ich geschlossene Fragen zu banktypischen Witzen und Graffitis auf (Ja/Nein), die einen offenen Zusatzteil für die Erzählung von Witzen bzw. Graffiti aufweisen. In gleicher Form erfrage ich die Verwendung einer bankspezifische Sprache durch die Mitarbeiterschaft. Ich möchte erfahren, ob innerhalb der Genossenschaftsbank Fachausdrücke benutzt werden, die für Kunden und Außenstehende unverständlich sind, und - falls dies zutrifft - warum diese verwendet werden (Ja/Nein und Zusatzteil für Beispiele). Außerdem möchte ich die Kommunikation innerhalb der Genossenschaftsbank erfahrbar machen: Welche Kommunikationswege üblich sind und ob persönlich, telefonisch, schriftlich oder per Fax kommuniziert wird. Mich interessiert die Qualität der Kommunikation zwischen den Subgruppen Hauptstelle und Zweigstellen und den Subgruppen mit und ohne Kundenkontakt. Für aussagefähig halte ich weiterhin noch, wie die Befragten die Qualität der Kommunikation in ihrer eigenen Abteilung empfinden.

Anschließend erfrage ich die angebotenen Schulungs- und Weiterbildungsmaßnahmen (Fachschulungen/Persönlichen Schulungen) durch die Genossenschaftsbank. Es folgt die Frage nach Einarbeitungsmaßnahmen an den ersten Arbeitstagen: Nach einem Einführungsseminar, Schulungen, Unterstützung durch einen Mentor oder Paten, Einweisung durch Kollegen und learning by doing. Zusätzlich können die Befragten bewerten, welche dieser Einarbeitungsmöglichkeiten sie für „besonders geeignet für ihr Unternehmen" halten. Um die Abhaltung von Zeremonien innerhalb der Bank zu erfassen, erfrage ich, wie regelmäßig jemand an den Gemeinschaftsveranstaltungen der Bank teilge-

---

[173] Vgl. Dill, P., 1987, S. 64; Kasper, H., 1987, S. 7; Rosenstiel, L. von, 1992, S. 333 ff. Je nachdem in welcher Person die Fragen formuliert werden (ob mit *Sie*, *Du*, dem unpersönlichen *man* oder in der *Ich-Form*), wird man damit rechnen müssen, andere Ergebnisse zu bekommen.

nommen hat (Betriebsfest/Jubiläumsfeiern) und welchen Stellenwert die Veranstaltungen für den einzelnen besitzen (Pflichtveranstaltung/Freiwillige Teilnahme). Die Aktivitäten der Genossenschaftsbank in der Öffentlichkeit werden über die Frage nach der Mitgliedschaft in Verbänden, der Förderung regionaler Künstler und nach Hilfsaktionen transparent gemacht. Hier soll die Außenwirkung der Unternehmenskultur aus Mitarbeitersicht bewertet werden (geschlossene Frage und Zusatzantwort möglich).

Bevor die abschließenden offenen Fragen gestellt werden, erfrage ich das Vorhandensein von Vorbildern innerhalb der Genossenschaftsbank. Es wird eine geschlossene Frage (Ja/Nein) zum Vorhandensein einer Person mit Vorbildcharakter heute und früher eingebaut. Die offenen Fragen am Ende der Befragung führen hin zu „gewohnheitsmäßigen Gesetzen" innerhalb der Bank, um die bewußten Grundprämissen der Kultur zu erfahren (z.B. „Das machen wir immer so ..." oder „Bei uns ist es üblich, daß ..."), zu besonderen Ereignissen in der Geschichte der Bank (z.B. Fusion) oder zu kursierenden, positiv oder negativ ausgeschmückten Geschichten. Bei den offenen Fragen können die Befragten ohne vorgegebene Antwortkategorien frei erzählen.

Ausgehend von den Artefakten der Kultur versuche ich, zu Werten und Normen zu gelangen und möglichst zu den zugrunde liegenden Basisannahmen. Die unbewußten Überzeugungen bleiben jedoch schwer ermittelbar und sind - wenn überhaupt - nur indirekt und interpretativ zu erschließen. In meiner Mitarbeiterbefragung kann ich nur die bewußten Grundannahmen der Genossenschaftskultur direkt erfragen.

V. Planungsphase, Stichprobenbildung und Ablauf der Interviews

In der Planungsphase meiner Kulturuntersuchung haben mehrere Vorgespräche mit dem Vorstand der Genossenschaftsbank stattgefunden, in denen ich meine Konzeption erläutert habe. Es wurde beschlossen, daß den Befragten *Anonymität* zugesichert werde und keine Detailergebnisse mit Namen an den Vorstand oder andere Vorgesetzte weitergegeben werden. Die Aufnahme der soziodemographischen Daten der Befragten (Name, Funktion und Abteilung) diente ausschließlich meiner Auswertung und Interpretation. Darüber hinaus habe ich während der Planungsphase mit fünf Mitarbeiterinnen und Mitarbeitern der Bank *Testbefragungen* durchgeführt, um den inhaltlichen und strukturellen Aufbau meines Fragebogens zu überprüfen.[174] Es sollte herausgefunden werden, wie verständlich die Fragen für die Testpersonen sind und welche durchschnittliche Zeit für ein Interview benötigt wird. Nach geringfügigen Modifikationen, welche die Integration typischer Besonderheiten der Genossenschaftsbank in den Fragebogen umfaßten, konnte die Untersuchung beginnen.

Die Stichprobe meiner Befragung umfaßt zehn Prozent der 400 Beschäftigten der Genossenschaftsbank, also 40 Mitarbeiterinnen und Mitarbeiter. Die Befragten habe ich durch eine *geschichtete Zufallsstichprobe* (stratified sample) über alle Abteilungen und Hierarchien ausgewählt. Für eine geschichtete Stichprobe wird die Grundgesamtheit in möglichst homogene Schichten (strata) bzw. Subgruppen eingeteilt, um aus diesen Schichten dann jeweils Zufallsstichproben zu ziehen. Die Zufallsauswahl erfolgte anhand des Organisationsplanes der Bank proportional zur Größe jedes Organisationsbereiches (*proportional geschichtete Stichprobe*). Hiermit sollte Repräsentanz hergestellt werden. Eine Stichprobe und die auf ihrer Grundlage gewonnenen Ergebnisse sind in dem Maße für die Gesamtheit, aus der sie entnommen wurde, repräsentativ, in dem sie sich auf die Gesamtheit verallgemeinern lassen.[175] Die zahlenmäßige Zusammensetzung der Stichprobe ist nachfolgend dargestellt (Abbildung 6):

---

[174] Zur Notwendigkeit von Testbefragungen vgl. die Ausführungen von Diekmann, A., 1998, S. 415-416.

[175] Vgl. Bortz, J./Döring, N., 1995, S. 616; Mayntz, R./Holm, K./Hübner, P., 1978, S. 69 und 76ff. Voraussetzung, um eine geschichtete Zufallsstichprobe durchzuführen ist, daß der Umfang jeder Schicht bekannt und jede Schicht physisch oder symbolisch gegenwärtig und manipulierbar ist.

Abbildung 6: Zusammensetzung der Stichprobe der Befragung

Mitarbeiterinnen und Mitarbeiter aus den Organisationsbereichen	**Summe 40**
Kundenverkehr Hauptstelle	8
Kundenverkehr Zweigstellen	11
Kassierer	2
Auszubildende	2
Außenhandel	1
Organisation	1
Marketing	1
Rechnungswesen	2
Elektronische Bankdienstleistungen	1
Controlling	1
Innenrevision	1
Kreditsachbearbeitung	4
Kreditberatung	2
Telefonzentrale	1
Vorstandssekretariat	1
Vorstand	1

In der Stichprobe befinden sich sowohl Mitarbeiterinnen und Mitarbeiter der Hauptstelle, der Zweigstellen und der Abteilungen mit und ohne Kundenkontakt. Zur Stichprobe zählen Angestellte im Kundenverkehr am Schalter, darunter Gruppen- und Zweigstellenleiter, Kassierer, Auszubildende, Mitarbeiterinnen und Mitarbeiter der Außenhandels-, Organisations- und Marketingabteilung, des Rechnungswesens, der Abteilung Elektronische Bankdienstleistungen, des Controlling, der Innenrevision, der Kreditsachbearbeitung, der Kreditberatung, der Telefonzentrale, des Vorstandssekretariats und des Vorstands.

Zur Durchführung der Interviews wurde mir in der Hauptstelle und in den Zweigstellen jeweils ein eigener Raum zur Verfügung gestellt, in dem die Gespräche ungestört von der Präsenz anderer Mitarbeiter oder von Kunden ablaufen konnten. Kein Kollege konnte das Einzelinterview verfolgen. Die Befangenheit der Befragten hätte möglicherweise zu sozial erwünschten Antworten („Social-Desirability-Response-Set") geführt - insbesondere, wenn ein Vorgesetzter hätte mithören können. Der separate Raum war außerdem förderlich für das Entstehen einer vertraulichen Atmosphäre.[176] Die Zeitdauer eines Interviews betrug im Durchschnitt 45 Minuten. Die Interviews wurden über einen Zeitraum von acht Wochen verteilt durchgeführt.

VI. Vorgehensweise bei der Untersuchung der Kulturelemente

1. Untersuchung von Publikationen, Architektur und Kleidungsstil

Die Unternehmenspublikationen, die Außen- und Innenarchitektur des Gebäudes und der Kleidungsstil der Mitarbeiterinnen und Mitarbeiter zählen zu den beobachtbaren Artefakten einer Kultur und sind in mein Beobachtungsraster aufgenommen worden. Diese Elemente liegen auf der oberen der drei Kulturebenen. Publikationen wie Festschriften oder Geschäftsberichte informieren über die Tradition bzw. die wirtschaftliche Entwicklung eines Unternehmens in der Vergangenheit. Sie werden zur sprachlich ausgefeilten Selbstdarstellung des Unternehmens nach außen verwandt. Sowohl die Regelmäßigkeit, mit der bestimmte Themen aufgegriffen und publiziert werden,[177] als auch die äußere Form eines Geschäftsberichtes übermitteln Informationen zur Unternehmenskultur. Unterschiede liegen darin, wie Druck und Layout gestaltet werden, ob Öko- oder Hochglanzpapier ausgesucht werden. Die „Wahrheit" über ein Unternehmen oder einen Firmengründer kann jedoch nicht nur in der Firmenbroschüre oder in der veröffentlichten Biographie des Gründers zu finden sein. Werden in Publikationen Kulturelemente angesprochen, handelt es sich um die proklamierte *Soll-Kultur* und die *Wunschvorstellungen* der Unternehmenslei-

---

[176] Auf die *Verzerrung der Antwortreaktionen* durch die Anwesenheit Dritter bei persönlichen Interviews weisen besonders Mohr und Diekmann hin. Vgl. Mohr, H.-M., 1986; Diekmann, A., 1998, S. 401. Zur *Abgabe sozial erwünschter Antworten* vgl. Schnell, R./Hill, P. B./Esser, E., 1999, S. 330, 331.

[177] Unternehmen können öffentlich über ihren Personalaufwand, ihre Sozialleistungen, die Arbeitsbedingungen oder das Betriebsklima berichten, um Grundwerte wie Menschlichkeit, Offenheit und Transparenz nach außen darzustellen. Vgl. Dierkes, M./Hoff, A., 1982, S. 679-720.

tung. Es kann ein erheblicher Unterschied zwischen dem Schein, den ein Unternehmen nach außen hinsichtlich seiner Unternehmenskultur erzeugt, und der innerbetrieblichen Wirklichkeit bestehen.[178] Die Interpretation der Publikationen läßt das nach außen erzeugte Bild einer Unternehmenskultur erkennen.

Die Entwicklung spezieller Werbeslogans dient ebenfalls dazu, unternehmenskulturelle Inhalte an die breite Öffentlichkeit weiterzugeben. Sie werden durch Anzeigen in der Presse veröffentlicht und sind wegen ihrer plakativen Struktur leicht erinnerbar. Eine Reduzierung unternehmenskultureller Inhalte auf Slogans birgt jedoch in sich die Gefahr der „Platitüde, Verkürzung oder der entlarvenden Euphemismenbildung"[179]. Ob ein Slogan die tatsächlichen unternehmenskulturellen Inhalte widerspiegelt, hängt davon ab, inwieweit die Verhaltensweisen der Mitarbeiterinnen und Mitarbeiter Ausdruck bereits internalisierter Grundannahmen einer Kultur sind, die in dem Slogan verbalisiert worden sind. Zusätzlich kann ein Unternehmen publizistisch aufbereiten, wenn es als Veranstalter von Konzerten und Kunstausstellungen fungiert oder sich als öffentlicher Sponsor betätigt. Auch die Anmietung von Freizeitanlagen (Sporthalle) für die Mitarbeiterinnen und Mitarbeiter oder die Gründung einer Kinderbetreuungseinrichtung können weitere Ausprägungsformen von Unternehmenskultur sein.[180]

Zur Außenarchitektur eines Gebäudes gehören Fassadengestaltung, Farbgebung, Stockwerkzahl und kunsthistorische Bedeutsamkeit. Innenarchitektonisch ausschlaggebend ist z.B. die Konzeption der Schalterhalle einer Bank, in der

---

[178] Vgl. auch o.V., Corporate Culture, 1989, S. 74; Raab, S., 1989, S. 51. Zu den Artefakten können auch die Technologie von Produkten und das Produktdesign gezählt werden. Zum Design von Produkten vgl. Bitsch, H.-U., 1990, S. 94-102.

[179] Drepper, Ch., 1992, S. 42. Slogans aus dem Bankenbereich sind „Wir machen den Weg frei - Volks- und Raiffeisenbanken", „Das grüne Band der Sympathie" der Dresdner Bank oder „Eine Bank - ein Wort" der Hypo-Bank.

[180] Krell sieht die heutigen Betriebskindergärten in der Chronologie früherer Werkskindergärten. Sie berichtet über *Versuche der Total-Erziehung* durch Werkskindergärten in den zwanziger Jahren. Die Beinflussung der Beziehung beginne zwar noch nicht im Mutterleib, aber kurze Zeit später, im Kindergartenalter, wenn der Werkskindergarten der vielbeschäftigten Arbeiter*frau* - nicht der Arbeiterin - ihre Kinder abnimmt. Dieser Typus des Werkskindergartens versuche, soziale Kontrolle durch Vergemeinschaftung zu erreichen. Vgl. auch den Verweis auf Osthold, P., Der Kampf um die Seele unseres Arbeiters, 1926, S. 26 ff.

durch die Anordnung des Mobiliars eine für Kunden einladende oder abwehrende Atmosphäre geschaffen werden kann.[181] Weitere Untersuchungskriterien sind die Einrichtung von Großraumbüros oder Einzelräumen, die Ausgestaltung der Erholungs- und Pausenräume und die Ausstattung von Wasch- und Toilettenräumen. Die spezielle Arbeitsplatzausstattung einer Mitarbeiterin oder eines Mitarbeiters gibt Auskunft über die Stellung innerhalb der Organisation, je nach bereitgestelltem Raum, ergonomischer Ausgestaltung, Fensterzahl und Vorzimmer. Die Qualität von Tischen, Schränken und Bestuhlung, die Integration eigener Bilder und Pflanzen oder angebrachte Türschilder informieren über ihren Inhaber. Die Raumausgestaltung umfaßt alle sichtbaren Kennzeichen des Unternehmens, die jedem Mitarbeiter und jedem Kunden begegnen. Die aus der Architektur abgeleiteten Botschaften können die Grundannahmen der Unternehmensführung verstärken, jedoch nur, wenn sie in die architektonische Planung miteinbezogen wurden. Falls keine inhaltliche oder intentionale Abstimmung zwischen dem Vorstand und dem Architekten stattgefunden hat, indem die Unternehmensleitung die beabsichtigte Aussage ihrer Architektur beschrieben hat, können die Räumlichkeiten auch die Auffassung des Architekten widerspiegeln oder andere subkulturelle Annahmen beinhalten. Durch die Beschreibung der architektonischen Merkmale erschließt sich ein weiterer Teil der Unternehmenskultur.

Darüber hinaus gibt es noch zahlreiche andere Insignien von Macht und Status: der eigene Parkplatz, der verliehene Titel oder die Tintenfarbe, mit der eine Person unterschreiben darf. Das Regularium kann bis zur vorgeschriebenen Ordnerfarbe reichen. Verstöße gegen das normierte Erscheinungsbild werden in manchen Unternehmen sogar autoritär geahndet.[182] Werden Unternehmensmitgliedern zusätzlich Firmenwagen zur Verfügung gestellt, geben Modell, Baujahr und ggf. die Bereitstellung eines Chauffeurs Auskunft über die Position desjenigen, der diese Vergünstigung erlangt. Außerdem können leistungsirrelevante Statussymbole der Demonstration der eigenen Einflußmöglichkeiten und Überlegenheit dienen. Sie befriedigen das Selbstdarstellungsbedürfnis, motivieren den Begünstigten und grenzen gegenüber Kollegen ab. Versuche, sie abzubauen, werden meist wegen ihrer universellen Existenz und umfassenden Wir-

---

[181] Vgl. Müller-Gebel, K., 1994, S. 74.

[182] Vgl. Krell, G., 1994, S. 261; Nagel, G., 1991, S. 160.

kung scheitern. „Werden sie in einem bestimmten Bereich offiziell abgeschafft, so sprießen in gleichem Umfang an anderen Stellen und auf andere Weise - für Insider aber unübersehbar - neue Differenzierungen, die aber bloß die Funktionen der alten übernehmen, denn das Trägheitsgesetz (oder die Weisheit der Tradition) gilt auch hier."[183]

Ein weiterer Ausdruck von Unternehmenskultur ist der Kleidungsstil der Mitarbeiterinnen und Mitarbeiter. Die äußere Erscheinung des Arbeitnehmers kann je nach Branche differieren: durch spezielle Arbeitskleidung (Montageanzug, Blaumann, Uniform), Straßenkleidung (elegant, sportlich oder leger) oder Sakko- und Krawattenzwang bis hin zum vorgeschriebenen Haarschnitt, der Barttracht und dem Tragen von Namensschildern. Menschen sind durch ihre Kleidung identifizierbar und unterscheidbar. Durch Arbeitskleidung können aus Individuen Unternehmensangehörige gemacht werden.[184] Durch die Analyse des Kleidungsstils können die geltenden Kleidungssitten überprüft werden. In meiner Kulturuntersuchung gehe ich besonders auf den vorwiegend konservativen Kleidungsstil innerhalb der Bankenbranche ein.

2. Untersuchung von unternehmensspezifischer Sprache, Kommunikation, Witzen und Graffiti

Um Unternehmenskultur zu diagnostizieren, können die Sprachproduktionen innerhalb eines Unternehmens zusammengestellt und ausgewertet werden. „Wie in My Fair Lady das Blumenmädchen an ihrem Dialekt erkannt wird und es sehr mühselig ist, sie zur Lady umzufunktionieren"[185], lassen sich auch die Menschen innerhalb des Unternehmens an ihrer Sprache erkennen. Die Weltsicht eines Menschen ist durch seine Sprache geprägt. Der Mensch lernt durch sprachliche Elemente und eignet sich durch sie die Grundlagen soziokultureller Errungenschaften an. Durch Sprache treten die Menschen miteinander in Kontakt, verständigen sich und lernen, sich selbst zu erkennen und zu verstehen.

---

183 Neuberger, O./Kompa, A., 1987, S. 193.

184 Vgl. Krell, G., 1994, S. 255. Krell zitiert Wallraff, der seine Einkleidung bei Mc Donalds beschreibt als „(So) bekomme auch ich ... eine (xy)-Verpackung verpaßt: Papierhut, dünnes Hemdchen und eine Hose. Überall steht „xy" drauf ..." (Wallraff, G., 1985, S. 28 ff.).

185 Neuberger, O./Kompa, A., 1987, S. 118.

Eine gemeinsame Sprache verbindet und symbolisiert die Gemeinschaft. Ein Mensch kann die ihn in seiner Welt umgebenden Objekte nur unterscheiden, wenn er über das notwendige sprachliche Ausdrucksvermögen verfügt.[186] Sprache ist der Speicher angehäufter Erfahrungen und Bedeutungen, die übermittelt werden sollen. Komplexe Sinnzusammenhänge können zu signifikanten Symbolen zusammengefaßt werden. Sprache hilft, auch Abstraktes wie Werte oder Normen zu vermitteln.[187]

In einem Unternehmen können unterschiedliche Sprachwelten nebeneinander bestehen. Dies fand auch Aktouf in seinen Kulturuntersuchungen bestätigt und filterte passend zu der jeweiligen Subkultur vier Sprachwelten heraus: Die sprachlichen Elemente des Managements, der Vorarbeiter, der Betriebsgewerkschaft und der Arbeiter. Die Sprache der Arbeiter stand den anderen drei Sprachwelten sogar durch besonders unterschiedliche Sprachelemente „eins zu drei“ gegenüber. Als kennzeichnend für die unterschiedlichen Positionen der Mitarbeiterinnen und Mitarbeiter entdeckte er, daß die Gruppen voneinander in der dritten Person sprechen.[188] Die Verwendung unternehmensspezifischer Wortschöpfungen statt des allgemeinen Begriffs Personal kann Gemeinschaft und Identifikation mit dem eigenen Unternehmen symbolisieren.[189] Außerdem kann eine unternehmenseigene Sprache gegenüber Dritten eine trennende Wirkung entwickeln, besonders wenn sie sich zu einem Jargon entwickelt hat. Als Jargon ausgeformt erleichtert die Sprache die internen Beziehungen der Menschen innerhalb des Unternehmens und stellt Distanz zur Umwelt des Unter-

---

[186] Über ein differenziertes Sprachsystem verfügen beispielsweise die Eskimos zur Unterscheidung von Schnee oder die Bewohner der Samoa-Inseln zur Klassifikation von Kokusnüssen. Es bestehen unterschiedliche regionale Sprachsysteme, die nur von den in dieser Welt lebenden Menschen gelernt und verwandt werden. Vgl. Lindesmith, A. R./Strauss, A. L., 1974, S. 205-206.

[187] Vgl. Berger, P. L./Luckmann, Th., 1999, S. 39; Pfeffer, J., 1981, S. 24.

[188] Vgl. Aktouf, O., 1985, S. 35, 36. Bezeichnungen wie „wir“ oder „die“ werden verwandt - und nicht Neuberger und Kompas „Wir, die Firma“. Die Vision von Einheitlichkeit sprechen Neuberger und Kompa schon durch die Wahl des Titels ihrer Veröffentlichung an. Vgl. Neuberger, O./Kompa, A., 198 und Kapitel D.II.

[189] Hierzu gehören Bezeichnungen wie *Kruppianer* oder *Henkelianer*. Durch die sprachliche Umschreibung *Eine große Familie* bei Ikea oder *Mitglieder einer Mannschaft* bei Mc Donalds erfolgt Sinnvermittlung durch Sprache. Vgl. Jacobsen, E. P., 1990, S. 239; Krell, G., 1994, S. 254.

nehmens her.[190] Die verbergende Funktion von Sprachregelungen richtet sich gegen Außenstehende, denn Eingeweihte verständigen sich reibungslos. Eine hohe Stufe der Vertrautheit ist erreicht, wenn mit Reizwörtern sogar verfremdend umgegangen wird und eine Subsprache generiert wird.[191] Mitarbeiterinnen und Mitarbeiter werden innerhalb des Unternehmens akzeptiert, wenn sie es verstehen, diese Jargonsprache mitzusprechen.

In einem Unternehmen bestehen sprachliche Tabubereiche, wenn z.B. über Fehlentscheidungen, Verluste oder Alkoholismus offiziell nicht geredet und geschrieben werden darf. Im sprachlichen Umgang mit diesen Themen werden Äquivalente entwickelt, um das eigentliche Wort nicht aussprechen zu müssen.[192] Während Unternehmensgrundsätze, Führungsleitsätze oder Firmenphilosophien offiziell veröffentlicht werden, muß sich die „protestierende Subkultur" andere Wege suchen und sich subversiver Techniken bedienen, wie Witze oder Graffiti, um Verhältnisse bloßzustellen. Seitdem es schriftliche Aufzeichnungen gibt, existieren auch Graffiti. Graffiti werden auf Hausfassaden gesprüht und an Toilettenwände gekritzelt als „Belege von Kreativität und Frust des kleinen Mannes"[193], unterstützt durch allgemeine Kommerzialisierungserscheinungen wie Poster oder Autoaufkleber.[194] Es kann unterschieden werden zwischen offenkundig zu identifizierenden und dem Ersteller klar zurechenbaren und anonymen Graffiti. Orte anonymer Graffiti sind Aufzüge, Waschräume oder Anschlagbretter. Oft beinhalten Graffiti gar keine neuen Entdeckungen, sondern enthüllen verschleierte Sachverhalte. Mittels Verschiebung und Verdichtung werden tabuisierte Themen in verkleideter Form angesprochen. Ein weiteres Instrumentarium, derer sich Graffitischreiber bedienen, ist die „Rollendi-

---

[190] Vgl. Drepper, Ch., 1992, S. 40; Pettigrew, A. M., 1979, S. 575; Pfeffer, J., 1981, S. 18 ff.; Dill, P., 1987, S. 73.

[191] Ein Beispiel ist die Verwendung des Begriffs Assassination-Center (also Ermordungs-Center) statt Assessment-Center. Vgl. Neuberger, O./Kompa, A., 1987, S. 119.

[192] Statt Kündigung können Begriffe wie Freisetzung, Personalanpassung, Outplacement, dem Arbeitsmarkt überstellen oder aber Entsorgung, Abschießen, zur Strecke bringen verwendet werden. Vgl. Neuberger, O./Kompa, A., 1987, S. 117.

[193] Neuberger, O./Kompa, A., 1987, S. 123.

[194] Vgl. die Veröffentlichungen von Baumgarten, F., 1956; Sölter, A., 1973.

stanz"[195]. Der Schreiber ironisiert sich selbst und offenbart mit fast masochistischer Vorgehensweise die eigene Situation, bevor er zuläßt, daß andere ihn ausnutzen oder erniedrigen. Wenn in einem Unternehmen keine Graffiti zu sehen sind, bedeutet dies noch nicht, daß keine Probleme bestehen, sondern daß sich niemand traut oder es für nötig hält, diese Darstellungsform zu wählen. Schon wenn nur ein einziges Graffiti im Unternehmen auftaucht, ist das aufschlußreich. Dieses darf jedoch nicht zu vorschnellen Verallgemeinerungen führen und kann nur sehr allgemein interpretiert werden.

Ein weiterer Indikator für die Stimmung innerhalb des Unternehmens kann die ritualisierte Heiterkeit in Begrüßungsfloskeln oder die fassadenhafte Freundlichkeit in bestimmten Alltagssituationen sein. Neben Rollenzuweisungen, wie den Gruppenclown, können Scherzbeziehungen auf verbaler oder nonverbaler Ebene bestehen, bei der eine bestimmte Person zum Ziel von Spott oder aggressiven Scherzen wird. Bei der Erzählung von Witzen handelt es sich um „Fertigware, die sich bei einmaligem Genuß schon verschleißt"[196]. Witze können darüber berichten, ob eine Atmosphäre der Heiterkeit, Gelöstheit, Fröhlichkeit und des Optimismus oder der Bedrücktheit, Beklommenheit, Nüchternheit, Ernsthaftigkeit oder Verschwiegenheit herrscht. Witze bieten dem Erzähler die Möglichkeit, sich als geistreich oder schlagfertig darzustellen. Sie besitzen insgesamt mehrere Funktionen, wie soziale Integration oder Distanzierung, Normenverankerung oder die Vorführung der Labilität bestimmter sozialer Situationen.[197] Deshalb halte ich eine Analyse der in einem Unternehmen kursierenden Witze und Graffiti für eine weitere Möglichkeit, etwas über die Kultur zu erfahren.

Die Analyse der unternehmensspezifischen Sprache ermöglicht also, Informationen über die Unternehmenskultur zu gewinnen. In meiner Kulturuntersu-

---

[195] Neuberger, O./Kompa, A., 1987, S. 125. Ein Kulturforscher befindet sich bei der Interpretation von Graffiti in einer „kontextfreien Situation" (Neuberger, O./Kompa, A., 1987, S. 127), weil er die Sprüche ohne Bezug zu ihrem Begründer betrachtet.

[196] Neuberger, O./Kompa, A., 1987, S. 142. In der anthropologischen Literatur werden solche Verhaltensweisen als *joking relationships* bezeichnet. Unterschieden werden können z.B. Chefwitze, Widerstandswitze oder berufsgruppenspezifische Witze.

[197] Vgl. Neuberger, O./Kompa, A., 1987, S. 151.

chung versuche ich, die sprachlichen Ausdrucksformen der Unternehmenskultur (als Artefakte auf der oberen Ebene) durch Befragung zu erhalten.

3. Untersuchung von Geschichten, Anekdoten, Mythen und Vorbildern

Als sprachliche Ausdrucksformen von Kultur gelten weiterhin die Geschichten und Anekdoten, die innerhalb eines Unternehmens erzählt werden. Sprachlich kommunizierte Geschichten beinhalten ausgeschmückte Ereignisse aus der Vergangenheit des Unternehmens oder beschreiben besondere Taten einzelner exponierter Persönlichkeiten. Die Geschichten können auf die Hintergründe unternehmerischer Maßnahmen hinweisen, denn sie informieren den einzelnen über Verhaltensregeln bis hin zu Rivalitäten, Seilschaften oder Animositäten.[198] Sie können überall innerhalb des Unternehmens erzählt werden, auf dem Gang, am Kopierer oder am Schreibtisch. Neben aktuellen Geschichten gibt es ein Standardrepertoire, durch das neu hinzugekommene Gruppenmitglieder auf unterhaltsame und indirekte Weise Orientierungshilfen für ihre Eingewöhnung innerhalb der Organisation erhalten.[199] Für neue Mitarbeiterinnen und Mitarbeiter kann es schwer sein, die eigentlichen Bedeutungen scheinbar selbstverständlicher Formulierungen zu entschlüsseln. Es sind Transferleistungen erforderlich, um eine Aussage richtig zu deuten.[200] Geschichten unterstützen und helfen, diese Sprachregelungen zu erkennen. Anekdoten beinhalten positiv überhöht dargestellte Ereignisse, die zu einer Glorifizierung innerbetrieblicher Zustände führen.

Neben den Geschichten mit positiven Inhalten können aber auch *subversive Erzählungen* kursieren, in denen die *Schattenseiten* des Unternehmens dargestellt werden. Mögliche Themen sind Bürokratismus, Schikanen, Eitelkeit von Vorgesetzten oder Personalabbau unter dem Vorwand von Rationalisierungen. Der

---

[198] Vgl. Martin, J./Feldman, S./Hatch, J. M./Sitkin, S. B., 1983, S. 439.

[199] Vgl. Kasper, H., 1987, S. 51. Den besonderen Unterhaltungswert von Firmengeschichten betont auch Peters, T. J., 1988.

[200] Wenn der Vorgesetzte sagt „Kommen Sie doch bei Gelegenheit mal vorbei" kann das bedeuten, daß die Mitarbeiterin oder der Mitarbeiter „sofort anzutanzen hat". Erst wenn der einzelne die Bedeutung solcher Aussagen richtig interpretiert, wird er auch die Kulturelemente internalisieren können. Vgl. Neuberger, O./Kompa, A., 1987, S. 120, 121.

Zweck dieser Geschichten liegt ebenfalls in der anschaulichen Übersetzung von Handlungen, die helfen, das Überleben des einzelnen im Unternehmen zu sichern.[201] Soll die Unternehmenskultur vollständig beschrieben werden, müssen auch Negativ-Geschichten in die Analyse einbezogen werden. „Es ist überraschend zu sehen, daß die amerikanischen Erfolgsbücher der Unternehmenskulturwelle praktisch kaum Gegenkulturgeschichten bringen, als ob die herrschende Kultur allein die Kultur der Herrschenden wäre. Eine vollständige Erfassung der Unternehmenskultur verlangt aber, daß nicht nur Heldenstories und Erfolgsmärchen analysiert werden, sondern auch Schauergeschichten, in denen es um Diskriminierung, Ausnutzung, Benachteiligung, Arroganz oder Trittbettfahrerei geht, über die man nichts in der Werkszeitung oder den Glanzpapierbroschüren der Presseabteilung lesen kann."[202] Außerdem können heldenhafte Personen als Symbolträger auch gezielt geschaffen worden sein, wenn Mitarbeiterinnen oder Mitarbeiter durch inszenierte Anlässe zu Helden hochstilisiert werden.[203] Andererseits steht das Vorhandensein von *Personen mit Vorbildcharakter* für Akzeptanz und Identifikation mit diesen Menschen.

Der Zweck erzählter Unternehmensmythen ist, Verhaltensweisen und Handlungen zu legitimieren, das Eintreffen negativer Sanktionen vorzubereiten und das Wert- und Normengefüge des Unternehmens zu unterstützen. Der Terminus Mythos bezieht sich auf die vor- bzw. nichtrationale Gestalt unternehmenskultureller Elemente. Mythen sind weniger mit Wissen verbunden als mit Glauben und unhinterfragter Geltung. Mythen wirken nicht durch Erklärung, sondern durch Verklärung und Verschleierung. Sie helfen, eine sinnvolle Orientierung zu finden, Unsicherheiten zu verringern und schlecht durchschaubare Situationen handhabbar zu machen. Die Orientierungsleistung wird jedoch mit Rationalitätsverzicht erkauft. Da Mythen unerklärliche Vorfälle herausfiltern, statten sie die Welt des Unternehmens mit einem gegen Verunsicherungen immuni-

---

[201] Geschichten aus der Subkultur können Botschaften beinhalten wie: „Du brauchst gar nicht erst zu protestieren, denn Du ziehst doch den Kürzeren!" oder „Andere haben sich auch getraut, dagegen etwas zu unternehmen. Versuche Du es auch!" Vgl. Neuberger, O./Kompa, A., 1987, S. 106.

[202] Neuberger, O./Kompa, A., 1987, S. 106.

[203] Vgl. Deal, T./Kennedy, A., 1987, S. 106-112.

sierten Sinn aus.[204] Mythen vermitteln Handlungen und Vorstellungen, die weitererzählt werden und im Zeitverlauf überdauern. Der nichtrationale Charakter von Mythen zeigt sich beispielsweise durch die Hervorhebung von Einzeltaten bestimmter Führungspersönlichkeiten, wenn deren bemerkenswerte Reaktionen in bestimmten Krisensituationen ausgeschmückt erzählt werden. Innerhalb einer Organisation kann die Legitimation des eigenen Handelns durch Rückgriff auf Mythen und allgemeine Handlungsprinzipien eine wichtige Rolle spielen. Bestimmte Werte, die in einem Unternehmen nebeneinander gelten, können in einem Mythos zusammengeführt werden.[205] Mythen haben doppelte Bedeutung, indem sie zum einen Geschichten erzählen, zum anderen die in diesen verborgenen Grundannahmen sichtbar machen. Mythen können selektieren, kategorisieren, modellieren und rechtfertigen. Innerhalb eines Unternehmens können auch mehrere Mythen konfliktfrei nebeneinander bestehen, wenn sie abstrakt formuliert werden.[206] Probleme entstehen erst, wenn versucht wird, aus allgemeinen Grundsätzen konkrete Handlungsempfehlungen abzuleiten. Die Verbreitung von Geschichten mit positivem Inhalt und positiver Wirkung kann auch zum Gegenteil des gewünschten Resultats führen, wenn nämlich durch die Erzählungen Widersprüche und Konflikte innerhalb des Unternehmens aufgedeckt und dem einzelnen bewußt gemacht werden. Die Frage nach Anekdoten und Geschichten einschließlich Negativgeschichten sowie nach dem Vorhandensein von Personen mit Vorbildcharakter ist ein weiterer Schritt, die Unternehmenskultur zu entschlüsseln.

4. Untersuchung von Gemeinschaftsveranstaltungen

Neben den sprachlichen Elementen von Kultur untersuche ich zwischenmenschliche Interaktionen. Die Interaktionen in einem Unternehmen können in instrumentelle und expressive Verhaltensweisen unterschieden werden. Streben

---

[204] Vgl. Drepper, Ch., 1992, S. 41; Dill, P., 1987, S. 79; Kubicek, H., 1984, S. 16; Schreyögg, G., 1985, S. 156.

[205] So kann z.B. der Mythos „Wir sitzen alle in einem Boot“ mit den dahinterliegenden Werten Kooperation, Offenheit, Menschlichkeit und Gleichheit verbunden werden. Vgl. Neuberger, O./Kompa, A., 1987, S. 103.

[206] Die Schweden Sjöstrand und Westerlund haben über 40 Organisationsmythen beschrieben. Vgl. Westerlund, G./Sjöstrand, S.-E., 1981.

Menschen effiziente Problemlösungen und eng definierte Zielsetzungen durch ökonomische und rationale Handlungen an, ist ihr Verhalten instrumentell geprägt. Expressive Verhaltensweisen liegen dagegen vor, wenn der Zweck einer Handlung *in sich* liegt, wie es beim Vorgang des Spielens, Liebens oder Trauerns der Fall ist. Die organisationale Wirklichkeit ist durch das Zusammenspiel beider Typen von Verhaltensweisen gekennzeichnet. Expressive Inhalte befriedigen die emotionalen Bedürfnisse der Gruppenmitglieder, während instrumentelle Inhalte der unternehmerischen Zielsetzung direkt dienen. Beide Ansätze verhalten sich komplementär zueinander.[207] Durch die Interpretation von Interaktionen können Hintergründe erschlossen werden, warum sich Menschen in einer bestimmten Weise expressiv verhalten.

In einem Unternehmen existieren hinter der Fassade technischer Rationalität Riten, Rituale und Zeremonien. Allgemeine Aufgabe von Riten ist, die Sozialisierung und Integration neuer Unternehmensmitglieder zu erleichtern, denn sie können der Konfliktreduzierung und der Identifikation mit den Werten und Zielen des Unternehmens dienen. Riten sind „invariante und standardisierte Verfahrensabläufe"[208], zu denen ein festgelegter Rahmen aus bestimmten Orten, Zeiten und Rollenverteilungen der Beteiligten gehört. Sobald Riten einen größeren Formalisierungsgrad erreichen, werden sie zu Ritualen. Sie werden zu stilisierten und reproduzierbaren Interaktionsmechanismen, die durch die Verwendung von Symbolen soziale Relationen widerspiegeln. Rituale können damit eine werterhaltende Funktion auf das Macht- und Wertgefüge eines Unternehmens ausüben.[209] Beispiele für Rituale sind der morgendliche Rundgang des Unternehmensleiters durch das Unternehmen, alljährlich abgehaltene Fördergespräche oder eine spezielle Art und Weise, in der Konferenzen oder Arbeitsessen gestaltet werden.

Zeremonien setzen zusätzlich Emotionen frei, obwohl sie genauso konventionalisiert und institutionalisiert sind wie Rituale. Viele Unternehmen haben bei

---

[207] Daft veranschaulicht dieses komplementäre Verhältnis durch ein Kontinuum, auf dem er symbolische Elemente anordnet. Er unterscheidet zwischen hohem und niedrigem Expressivitätsgrad sowie hohem und geringem instrumentellen Gehalt. Vgl. Daft, R. L., 1983, S. 199-206.

[208] Drepper, Ch., 1992, S. 42.

[209] Vgl. Kasper, H., 1987, S. 54; Sackmann, S. A., 1983, S. 402.

der Abhaltung von Zeremonien „keine Angst, zuviel Tamtam zu machen"[210]. Als Zeremonien gelten Veranstaltungen, die das Gemeinschaftsgefühl stärken, wie Betriebsfeste, Jubiläumsveranstaltungen oder Weihnachtsfeiern. Im scheinbar hierarchiefreien Raum besteht die Möglichkeit der abteilungsübergreifenden, informellen Kontaktaufnahme. Kennzeichen ist, daß während einer Zeremonie bestimmte Interaktionsregeln bewußt außer Kraft gesetzt werden können, um bestehende Strukturen zu festigen.[211] Rosen beschreibt anhand einer Weihnachtsfeier, wie das Status- und Regelsystem eines Unternehmens durch diese Veranstaltung reflektiert, bestätigt und bekräftigt wird.[212] In besonderem Maße geschieht dies durch die Auflösung und Umkehrung des Normalen. Was im Unternehmensalltag nicht gewünscht oder verboten ist, wie beispielsweise Alkoholgenuß oder Kritik an Vorgesetzten, ist während einer zeremoniellen Veranstaltung möglich. Die Bestärkung des Bestehenden erfolgt also durch *zeitweise kanalisierte Umkehrung des Bestehenden.* Als zentraler Grund für die Abhaltung von Zeremonien kann abschließend der im Wirtschaftsbereich vernachlässigte Spieltrieb des *homo ludens* genannt werden, denn der einzelne Mensch erfährt im Rahmen einer Zeremonie, wie das Spielerische neu in die Arbeit integriert wird. Die Abhaltung überzogener Zeremonien sollte jedoch wegen der starken Beeinflussung durch die bewußte Freisetzung von Gefühlen in Frage gestellt werden.[213] In meine Mitarbeiterbefragung habe ich deshalb Fragen nach Ritualen und Zeremonien, nach der Teilnahme an Betriebsfesten und Jubiläumsfeiern, miteingebaut.

---

[210] Peters, Th. J./Waterman, R. H., 1984, S. 278. Krell verweist auf das Unternehmen Tupperware, bei dem die Topmanager 30 Tage pro Jahr auf dem Jubiläumsfest verbringen, um die erfolgreichsten Verkäufer und Manager zu feiern. Vgl. Krell, G., 1991, S. 68.

[211] Vgl. Drepper, Ch., 1992, S. 43; Kasper, H., 1987, S. 55 ff.; Dill, P., 1987, S. 85.

[212] Vgl. Rosen, M., 1988, S. 463 ff. zitiert bei Helmers, S., Unternehmenskultur, 1993, S. 153.

[213] Vgl. Breisig, Th., 1990, S. 98. "Lack of ceremony can contribute to the sterility of work and, in work` s isolation from the rest of our activity, a reduction in personal satisfaction from work per se." (Dandridge, Th. C., 1986, S. 160). Auch die Tarifverhandlungen zwischen Gewerkschaften und Arbeitgeberseite sind in ihrem Ablauf zeremoniell fixiert, wenn die Dramaturgie erfordert, daß Scheinkämpfe in tage- und nächtelangen Verhandlungen geführt werden. Vgl. WSI-Tarifhandbuch 1998, S. 259 ff.

5. Untersuchung von Einführungsmaßnahmen und Mitarbeiterförderung

Neben den beschriebenen zeremoniellen Veranstaltungen erfrage ich noch spezielle Einführungsmaßnahmen für neue Mitarbeiterinnen und Mitarbeiter. Um Einführungsmaßnahmen zu kategorisieren, ist die Einteilung Hubers hilfreich, der zwischen den Dimensionen Einarbeitung und Eingliederung unterscheidet.[214] Während bei der Einarbeitung die fachliche Qualifizierung im Vordergrund steht, herrscht bei der Eingliederung der Aspekt der Sozialisation und Entkulturation von bisherigen Überzeugungen vor. Der Begriff der Eingliederung spielt im Zusammenhang mit den Konzepten der Vergemeinschaftung eine entscheidende Rolle.[215] Die neuen Gruppenmitglieder sollen die Werte und Normen des Unternehmens vermittelt bekommen, so daß ein Identifikationsprozeß in Gang gesetzt wird und ein Wir-Gefühl entsteht. Die Eingliederung neuer Mitarbeiterinnen und Mitarbeiter kann durch viele Maßnahmen, „rites of passages"[216], unterstützt werden. Mit der Durchführung von Seminaren wird versucht, die Neulinge auf die bestehende Kultur einzuschwören. Eingliederungsmaßnahmen dürfen nicht unkritisch betrachtet werden, denn mit dem Eintritt in das Unternehmen beginnt auch der *Prozeß der Entkulturation* von bisherigen Gewohnheiten und Überzeugungen. Gesteigerte Anpassungsbestrebungen liegen beispielsweise vor, wenn verlangt wird, daß die neue Mitarbeiterin oder der neue Mitarbeiter eine zeremonielle Unterschrift unter eine Urkunde mit Verhaltensvorschriften leistet. Indem die Neuzugänge schriftliche Anweisungen erhalten, wie ihre Kleidung, ihr Haarschnitt und ihre Haarlänge, ihre Schuhe, ihr Make-up und ihr Schmuck erwartungsgemäß auszusehen haben,[217] wird versucht, die Menschen in die neue Kultur einzubinden. Das bisherige Aussehen wird entkulturiert.

Beispielsweise berichten Deal und Kennedy in ihren Kulturuntersuchungen von einem Hochschulabsolventen, der bewußt in ein neues Unternehmen eingeglie-

---

[214] Vgl. Huber, K. H., 1992, Sp. 768.

[215] Zur kritischen Analyse des Themas *Vergemeinschaftung* vgl. Krell, G., 1994, S. 43 und S. 253; sowie Nagel, G., 1991, S. 141.

[216] Trice, H. M./Beyer, J. M., 1984, S. 657.

dert wird. Diesem wird am ersten Arbeitstag aufgetragen, mit seinem schwarzem Anzug den Boden zu kehren. Das Unternehmen erzwingt die Anpassungsbereitschaft des Neulings, dies auch zu tun. Die Botschaft dieses Schinderritus ist offensichtlich: „Du weißt vielleicht eine Menge, aber hier muß zu deinen umfangreichen theoretischen Kenntnissen auch eine gründliche Vertrautheit mit der Firma kommen - von ganz unten an."[218] Auch Schoch entdeckt in seiner Kulturuntersuchung eine Schweizer Bank, bei der neue Unternehmensmitglieder einen über die Kultur der Bank informierenden „zweitägigen Einführungskurs" durchlaufen müssen.[219] Über Einführungsmaßnahmen bei der Einstellung japanischer Bankangestellter berichtete bereits in den siebziger Jahren Rohlen.[220] Indem die neuen Mitarbeiterinnen und Mitarbeiter die Firmenhymne singen oder die Firmenprinzipien (wie Freundlichkeit, Harmonie, Aufrichtigkeit) rezitieren, wird der Formungsprozeß in Gang gesetzt. Die Teilnahme an firmeneigenen Trainingslagern soll integrationsfördernd wirken. Es wird also ein bewußt gesteuerter Gruppenintegrationsprozeß eingeleitet, der prägend auf die Herausbildung eines Unternehmensbewußtseins wirken und die Mitarbeiterinnen und Mitarbeiter an die bestehende Kultur anpassen soll. Ein ausgedehntes Gemeinschaftsleben wird gefördert, welches dazu führt, daß die Privatzeit so verplant wird, „daß Sozialkontakte weitgehend auf die Mitglieder der Betriebsgemeinschaft beschränkt bleiben"[221]. Die gemeinsamen Freizeitaktivitäten führen zu einer Vergemeinschaftung der Beschäftigten. Die „Maschinerie" der menschlichen Beziehungen wird durch vorgeplante Freizeitaktivitäten „geölt", die quasi-obligatorischen Charakter besitzen. Der einzelne Beschäftigte erfährt Rundumbetreuung, die einer Freizeitverwaltung gleichkommt.[222]

---

[217] Ein Beispielunternehmen ist Disney, in dem für neue Mitarbeiterinnen und Mitarbeiter derartige Anweisungen ausgegeben werden. Vgl. Drennan, D., 1993, S. 117.

[218] Deal, T./Kennedy, A. A, 1987, S. 127. Das Unternehmen war hier General Electric.

[219] Vgl. Schoch, G., 1987, S. 386. Gesprächsprotokoll mit dem Vorsitzenden der Geschäftsleitung der Bank Vontobel in Zürich vom 12.5.1986.

[220] Vgl. Rohlen, T. P., 1974, S. 35 ff.

[221] Krell, G., 1994, S. 233; auch Fürstenberg, F., 1981, S. 89.

[222] Vgl. Deutschmann, C., 1987, S. 79, 117, 122; Eswein, M., 1988, S. 68 ff. Es werden Sportanlagen, Firmenwohnungen, firmeneigene Banken bis hin zu eigens für Firmenangehörige und ihre Kunden reservierten Hostessen in Nachtclubs zur Verfügung gestellt.

Diese Eingliederungsbestrebungen eines Unternehmens zeigen sich in der Formulierung eines Personalleiters, der für sein Unternehmen neue Mitarbeiterinnen oder Mitarbeiter sucht, „deren charakterbedingte Persönlichkeitsmerkmale zur Unternehmenskultur des Instituts *passen*"[223]. Indem die neuen Mitarbeiter bei der Einarbeitung individuell betreut werden, erfahren sie schneller und direkter, welche offiziellen und inoffiziellen Regeln in dem Unternehmen vorhanden sind. Je reibungsloser sich der einzelne eingliedern läßt, desto einfacher hat es die Unternehmensleitung. Werden neue Mitarbeiterinnen und Mitarbeiter außerdem bis zur Grenze ihrer Leistungsfähigkeit mit Arbeit überhäuft, können sie in eine Krise geraten, die sie den Kollegen näher bringt und sie empfänglicher für die Normen und Werte der Gemeinschaft macht. Oft werden keine Mühen gescheut, sogar den Lebenspartner des neuen Mitarbeiters miteinzubeziehen. „Damit die Lebenspartner der Anfänger nicht störend in diesen Entkulturationsprozeß eingreifen, werden diese bereits mit zum Vorstellungsgespräch gebeten, um ihr Einverständnis mit den anstehenden Belastungen sicherzustellen."[224] Gleichwohl sind diese Integrationsbestrebungen eines Unternehmens differenziert zu sehen und nicht nur negativ zu bewerten. Bei meiner Kulturuntersuchung in der Genossenschaftsbank interessieren mich die Einbindung der Mitarbeiterschaft durch Einführungsmaßnahmen und das Angebot von Fördermaßnahmen (Fachschulungen und Persönlichkeitstraining).

6. Untersuchung von Werten, Normen und bewußten Grundannahmen

Neben den Artefakten untersuche ich die Werte und Normen der mittleren Kulturebene und - soweit wie möglich - die grundlegenden Annahmen der unteren Kulturebene. Kulturelle Werte beeinflussen die Handlungen aller Mitarbeiterinnen und Mitarbeiter, denn es handelt sich bei ihnen um eine angenommene „Präferenzfestlegung"[225] innerhalb des Unternehmens. Die geltenden Werte und Normen können sprachlich formuliert werden, um sie an neue Mitarbeiterinnen und Mitarbeiter weiterzugeben. Eine gemeinsame kulturelle Sichtweise setzt voraus, daß die Menschen miteinander reden, damit neben der individuellen Wahrnehmung eine einheitliche Basis mit allgemein gültigen Wahrnehmungs-,

---

[223] Weber, Marcus, 1992, S. 171.

[224] Krell, G., 1994, S. 253, 254 mit Verweis auf Rüttinger, R., 1989, S. 221.

Denk- und Bewertungsmustern entstehen kann.[226] Außerdem bewegen sich Werte innerhalb von Wertepolaritäten und besitzen eine zweidimensionale Ausrichtung. In einem Unternehmen können gegensätzliche Ausprägungsgrade von Werten vorhanden sein, wenn auf der einen Seite Eigenschaften wie Ausdauer und Hartnäckigkeit erwünscht sind und gleichzeitig die Bereitschaft zur Unterordnung gefordert wird. Andere Beispiele für Wertepolaritäten sind Ordnung und Improvisation, Menschlichkeit und Sachlichkeit, Kooperation und Individualismus.[227] Von besonderem Interesse für meine Kulturuntersuchung sind die unternehmenseigenen Werte, die die Menschen innerhalb der Genossenschaftsbank miteinander verbinden. Weiterhin interessieren mich branchentypische Werte, wie z.B. Verschwiegenheit oder Seriosität in der Bankenbranche. Weil meine Untersuchung in einer Genossenschaftsbank stattfindet, soll schließlich noch die Bedeutung der genossenschaftlichen Werte für die Mitarbeiterinnen und Mitarbeiter heute herausgefunden werden.

Bei dem Versuch, die Grundannahmen - also die Essenz einer Unternehmenskultur auf der unteren Kulturebene - zu ermitteln, besteht das Problem festzulegen, welche der unterschiedlichen Dimensionen von Kultur berücksichtigt werden sollen. Eine vollständige Erfassung aller Dimensionen von Wahrheit, Zeit und Raum oder Wesen, Handlungsweise und Beziehungen der Menschen ist nicht möglich. Selbst wenn ich in einer Kulturbefragung viele Dimensionen anspreche, steht immer noch nicht fest, welche der Dimensionen für die Mitarbeiterinnen und Mitarbeiter im Hinblick auf bestimmte Probleme relevant sind. Die Befragten können aus ihrer Sicht ehrlich antworten, aber vielleicht dennoch die wirklich relevanten Abläufe im Unternehmen nicht erkennen. Da die Grundannahmen einer Kultur selten bewußt, sondern größtenteils unbewußt vorhanden sind, können die Mitarbeiterinnen und Mitarbeiter diese auch nur selten verbalisieren.[228] Erfragen lassen sich im Rahmen meiner Mitarbeiterbefragung deshalb lediglich die *bewußten* Grundannahmen der Unternehmenskultur.

---

[225] Kasper, H., 1987, S. 7.

[226] Sprache ist die Voraussetzung für die ablaufenden Lernvorgänge auf begrifflicher Ebene, wodurch sich in Prozessen der internen Integration und externen Anpassung gemeinsame Grundannahmen als die Essenz einer Unternehmenskultur herausbilden können. Vgl. Schein, E. H., 1995, S. 24, 25.

[227] Vgl. Neuberger, O./Kompa, A., 1987, Übersicht auf S. 94-96.

[228] Vgl. Helmers, S., Ethnologie der Arbeitswelt, 1993, S. 195-227.

E. Kulturrelevante Besonderheiten des Bankenwesens

Nachdem meine Methode zur Kulturuntersuchung vorgestellt worden ist, soll im letzten Kapitel des theoretischen Teils auf die kulturrelevanten Besonderheiten des Bankenwesen eingegangen werden. Weil Kultur in einer Genossenschaftsbank untersucht wird, wird aufbereitet, welche Wettbewerbsbedingungen heute in der Branche herrschen, was die Entwicklung vom Bankbeamten zum kundenorientierten Berater für die Unternehmenskultur einer Bank bedeuten kann und welche Besonderheiten der Bankentypus Genossenschaftsbank in seiner Aufgabenbestimmung aufweist. Diese abschließenden Erkenntnisse sensibilisieren für den Praxisteil der Arbeit.

I. Veränderte Wettbewerbssituation im Bankgewerbe

Die Wettbewerbssituation im Bankenwesen hat sich verändert. Die Mitte des letzten Jahrhunderts einer Maschinerie gleichenden Ordnungsstrukturen der Banken haben sich gewandelt. Entstanden sind Dienstleistungsunternehmen, die durch ihre Mitarbeiterinnen und Mitarbeiter Produkte und Dienstleistungen aktiv anbieten. Die individuelle Beratung der Bankkunden steht heute im Mittelpunkt des Bankgeschäftes. Die neuen sozialen und wettbewerbsbeeinflussenden Umweltfaktoren innerhalb der Branche machen es notwendig, den Verkauf von Bankprodukten und Serviceleistungen neu zu gestalten.[229] Durch die Deregulierung und Liberalisierung der Finanzmärkte ist auch banknahen Unternehmen (Post, Versicherungen oder Leasinggesellschaften) und Nichtbanken (Versandhäusern oder Automobilherstellern) ermöglicht worden, in das typische Finanzgeschäft einzutreten und ihre Leistungen konkurrierend anzubieten. Versuchten die Banken früher, ihren Marktanteil über ein quantitatives Wachstum, also durch Akquisition von Neukunden, auszuweiten, verfolgen sie heute vermehrt die Strategie des qualitativen Wachstums, um sich zu profilieren.[230]

---

[229] Vgl. Hiltrop, J.-M., 1993, S. 424; Masemann, H., 1990, S. 24.

[230] Vgl. Rischar, K., 1989, S. 8; Deysson, C., 1994, S. 107; Körting, M., 1989, S. 98, 99; Jentjes, S., 1997, S. 72.

Die technische Entwicklung und zunehmende Internationalisierung eröffnen den Banken die Möglichkeit, Bankgeschäfte rund um die Uhr anzubieten. Die Internationalisierung wirkt sich besonders im Firmenkundengeschäft wettbewerbsverschärfend aus, da diese Kunden als potentielle Anleger an ausländischen Kapitalmärkten besonders interessiert sind. Markante Fortschritte in der Entwicklung des Privatkundengeschäfts waren die Einführung der bargeldlosen Lohn- und Gehaltszahlungen, des Dauerauftrages und des Eurocheque-Systems in den sechziger Jahren. Weitere Impulse kamen durch die gesetzliche Unterstützung der Sparförderung.[231]

Um die Kundenzufriedenheit zu verbessern, haben die Banken neue Produktangebote und Produktkonzepte entwickelt. Die bereits in der Mitte des zwanzigsten Jahrhunderts aufgekommene „Allfinanz-Idee"[232] fand in den achtziger Jahren Eingang in die produktpolitischen Konzepte von Kreditinstituten. „Mit dem Angebot aufeinander abgestimmter Bank-, Versicherungs-, Bauspar- und anderer Finanzdienstleistungen soll der Erosion der Bank-Kunden-Beziehung vorgebeugt werden, die im Firmenkundengeschäft durch den Wandel vom *relationship banking* zum *transactional banking* evident geworden ist."[233] Eine Folge des zunehmenden Angebots von Allfinanz-Konzepten ist die Hinwendung zu kundenbedürfnisorientierten Angeboten. Diese Bedürfnisorientierung berücksichtigt die Kundenbedürfnisse nach Sicherheit, Unabhängigkeit, Vorsorge oder Lebensstandard, die sich im Zeitablauf je nach Lebensphase individuell verändern können. Viele Banken haben lebensphasenorientierte Angebotspakete in ihr Leistungsspektrum aufgenommen, beispielsweise für Berufseinsteiger oder für Rentner.[234] Büschgen betont die „offenkundige Insuffizienz der staatlichen Altersversorgung"[235] und verweist damit auf die Notwendigkeit des einzelnen, eine zusätzliche private Absicherung einzugehen. Dies bedeutet, daß Vorsorgemotive einen großen Einfluß auf die Anlageentscheidung von Bankkunden erlangen. Wegen der gestiegenen Lebenserwartung und des im Vergleich zu

---

[231] Vgl. Betsch, O., FAZ vom 11.1.1999, S. 25. Staatliche Unterstützung kam durch das über die Gewährung von Sparprämien (1959) und die Vermögensbildungsgesetze von 1960, 1970 und 1984.

[232] Niedereichholz, Ch., 1989, S. 14.

[233] Weber, Marcus, 1992, S. 70.

[234] Vgl. Händel, W./Patterson, A., 1990, S. 159; Krupp, G., 1990.

[235] Büschgen, H. E., 1989, S. 355, 356.

früheren Generationen niedrigeren Alters beim Eintritt in den Ruhestand hat sich die zu erwartende Lebensspanne der Bevölkerung nach der Pensionierung deutlich verlängert.[236] Die demographische Entwicklung zeigt, daß der Anteil der älteren Bevölkerung mit ihren Versorgungsansprüchen zu Lasten des Anteils der jungen Beitragszahler fortwährend ansteigt. Als neue Kundengruppe tritt die Erbengeneration in Deutschland hinzu, die über ein durch Erbschaft erworbenes Vermögen und deshalb erhöhten Beratungsbedarf verfügt.[237] Neben der veränderten Wettbewerbssituation in der Branche hat sich auch das Bild des Bankmitarbeiters vom früheren „Bankbeamten" zum heutigen Kundenberater gewandelt.

II. Entwicklung vom Bankbeamten zum kundenorientierten Berater

Mitte der fünfziger Jahre waren die Banken noch durch ihr konservatives Bild in der Öffentlichkeit geprägt, in dessen Mittelpunkt der solide und integere Bankier stand. „Tätig sind *Bankbeamte* in Schalterhallen, die von den Kunden durch breite Tresen (Anmerkung: oder sogar Glasscheiben) getrennt werden."[238] Damals war die Mehrzahl der Mitarbeiterinnen und Mitarbeiter mit Aufgaben ohne Kundenkontakt betreut, und die buchhalterischen Tätigkeiten standen im Vordergrund. Der Kunde hatte hauptsächlich Kontakt mit dem Kassierer der Bank, der als „personifizierte Visitenkarte" der Bank galt. Für die damalige Situation ist die Maschinenmetapher charakterisierend, denn die Mitarbeiterinnen und Mitarbeiter hatten sich „wie selbstverständlich in das gut funktionierende

---

[236] Ein 60jähriger Mann hat noch eine durchschnittliche Lebenserwartung von 17 Jahren; eine Frau gleichen Alters weitere 20,5 Jahre. Vgl. Hey, H., 1988, S. 25. Auch hat der Anteil des Vermögenseinkommens am gesamten verfügbaren Einkommen durch Zinsen, Dividenden oder fällige Lebensversicherungen kontinuierlich zugenommen. Vgl. Büschgen, H. E., 1984, S. 110.

[237] Vgl. Schwaab, M.-O., 1991, S. 20; Neuber, F., 1990, S. 80; Jentjes, S., 1997, S. 73; Forndran, H., 1987, S. 322, 323. Für die Mitte der 90er Jahre wurde der Anteil dieser Gruppe am Privatkundenmarkt auf 25-30 Prozent geschätzt. Vgl. Benölken, H./Winkelmann, A., 1988, S. 439; Zügel, W., 1987, S. 428.

[238] Müller-Gebel, K., 1994, S. 64.

Getriebe des Bankgeschäftes“[239] einzufügen. Als Werte galten die preußischen Tugenden Zuverlässigkeit, Ordnungssinn, Genauigkeit und Disziplin. Die Strenge, Zucht und Ordnung innerhalb der Banken zeigen sich anschaulich in dem Ausmaß, mit dem die Arbeitgeber noch Anfang des zwanzigsten Jahrhunderts Einfluß auf das Privatleben ihrer Mitarbeiterinnen und Mitarbeiter genommen haben (verdeutlicht durch eine Anordnung der Geschäftsleitung der Commerz- und Disconto-Bank von 1903):

„Angesichts der Tatsache, daß sich in letzter Zeit einige unserer Beamten verheirathet haben, deren Einnahmen bei weitem nicht ausreichen dürften, ihre Familien ihrem Stande entsprechend zu ernähren, geschweige denn, sich und denselben eine sorgenfreie Zukunft zu sichern, halten wir uns für verpflichtet, hiermit zu erklären, daß wir unseren Beamten nur dann gestatten, sich zu verheirathen, wenn sie uns eine Mindesteinnahme von M 2500 per Jahr, sei es an Gehalt, sei es durch Einkünfte anderer Art, nachweisen. Zugleich bestimmen wir, daß jeder Beamte unserer Bank uns von einer beabsichtigten Verheirathung wenigstens drei Monate vorher Mittheilung zu machen hat. Verstöße gegen diese Vorschrift haben für den betreffenden Beamten Entlassung aus dem Dienste ... zur Folge.“[240]

Der Arbeitgeber übte also direkten Einfluß auf die Lebensumstände aus, bis hin zu der Tatsache, daß im Falle einer Scheidung das Scheidungsurteil mit Begründung zu den Personalakten zu nehmen war und daß „bei weiblichen Angestellten, die sich verheiratet haben, das Dienstverhältnis im allgemeinen zu lösen“[241] war. Aus heutiger Sicht erscheinen diese Regelungen unverständlich. Und doch können Parallelen zu den Anpassungsbestrebungen der neunziger Jahre gesehen werden. Nur daß heute der Anpassungsdruck subtilerer Art ist, wenn bei neu im Unternehmen eingestellten Menschen durch ritualisierte Einarbeitungsmaßnahmen die Übernahme bestimmter kultureller Normen erzwungen wird und der Arbeitgeber indirekt zu verstehen gibt, welche Verhaltensregeln er für wünschenswert hält.

---

[239] Müller-Gebel, K., 1994, S. 74.

[240] Müller Gebel, K., 1994, S. 73.

[241] Müller-Gebel, K., 1994, S. 74. Müller-Gebel zitiert einen Auszug aus den Richtlinien für den Betrieb in den Geschäftsstellen der Commerzbank AG aus dem Jahr 1939.

Das frühere Anforderungsprofil eines Bankbeamten umfaßte mathematische Kenntnisse wie Kopfrechnen mit Zinseszins- und Zinstageberechnungen oder Charaktereigenschaften wie Ehrlichkeit, Diskretion und vornehme Zurückhaltung. Heute werden dagegen neben Fachkompetenz auf einem bestimmten Gebiet insbesondere soziale Kompetenz, Methodenkompetenz oder unternehmerische Kompetenz gefordert.[242] Soziale Kompetenz kann sich in der Bereitschaft zu Kooperation und Kommunikation sowie Einfühlungsvermögen, Teamfähigkeit, Integrationsfähigkeit und Selbstkontrolle zeigen. Zur Methodenkompetenz zählt z.B. methodisch-planerisches Denkvermögen, das sich in der Anwendung geeigneter Problemlösungsstrategien und Arbeitstechniken ausdrückt. Unter unternehmerischem Denken können kostenbewußtes Denken, Verantwortungsbewußtsein, das über die eigene Abteilung hinausgeht, ganzheitliches Denken und Entscheidungsfreudigkeit verstanden werden. Außerdem wird eine stärkere Kundenorientierung der Mitarbeiterinnen und Mitarbeiter mit Human-Touch-Elementen[243] angestrebt. Unter dem bereits im Jahr 1965 von Schultze geprägten Begriff der Human-Touch-Orientierung kann die Förderung der persönlichen Beziehung zwischen Kunden und Mitarbeiterschaft verstanden werden, wodurch eine gemeinsame Vertrauensbasis entstehen kann. „Menschen werden einsamer und beziehungsärmer. Deshalb wächst ihr Bedarf an menschlicher Zuwendung, der auch durch persönliche Beratung im Bereich der Finanzdienstleistungen befriedigt werden kann."[244]

Die neunziger Jahre sind geprägt durch technische Innovationen, die in immer kürzer werdenden Zeitabständen auf den Markt gekommen sind. Das Angebot einer Bank umfaßt heute Electronic-Banking, Cash-Management, Transaktionen per Bildschirmtext, beleglosen Datenträgeraustausch, computerunterstützte Liquiditäts- und Finanzplanung oder datenbankgestützte Geschäftspartnervermittlung.[245] Neueste Forschungen im Bankenbereich befassen sich mit der Einrichtung von Video-Beratungsstationen, in denen der Kunde neben Selbstbedienungsfunktionen wie Kontoabfrage und Geldauszahlung sich live per Videokonferenz mit einem menschlichen Gegenüber als Berater für Kredite, Bauspa-

---

[242] Vgl. Siebel, U. R., 1986, S. 861 ff.; Schönenberg, U., 1989, S. 456.

[243] Begriff nach Schultze. Vgl. Schultze, J., 1965, S. 193.

[244] Schneider, G., 1987, S. 29.

[245] Weitere Beispiele vgl. o.V., Die Bank, 1989, S. 9.

ren, Lebensversicherungen, Immobilien oder Anlagen verbinden lassen kann.[246] Auch die Neugründung spezieller 24-Stunden-Banken wurde mit der unternehmerischen Zielsetzung intendiert, den Bankkunden eine Rundumbetreuung anbieten zu können.[247] Gleichzeitig sind die Anforderungen an das technologische Wissen der den Kunden betreuenden Mitarbeiterinnen und Mitarbeiter gestiegen. Nicht allein die verfügbare Technik ist wettbewerbsentscheidend, sondern das technische Verständnis der Mitarbeiter und ihre Fähigkeit, die vorhandene Technik den Kunden verfügbar zu machen.[248] Die Akzeptanz eines Kreditinstituts bei seinen Kunden bestimmt sich auch nach der Schnelligkeit, dem Umfang und der Verwendbarkeit der angebotenen Informationen. Mitarbeiterinnen und Mitarbeiter übernehmen die Funktion eines „Informationsbrokers"[249], wenn beispielsweise im Bereich Wertpapiere auf Kundenanfrage hin aktuelle Kurse übermittelt werden.

Durch die zunehmende Verbreitung von Selbstbedienungsterminals (electronic cash), Geldautomaten, Kontoauszugsdruckern oder die Einführung des Homebanking ist es zu einer teilweisen oder vollständigen Automatisierung der Bank-Kunden-Beziehung - oder genauer: Bank*mitarbeiter*-Kunden-Beziehung[250] - gekommen. Die Automatisierungstendenzen haben damit in den letzten Jahren neben dem Back-Office-Bereich (Abteilungen ohne Kundenkontakt) auch den Front-Office-Bereich (Abteilungen mit Kundenkontakt) erfaßt. Diese Entwicklung hat den Wunsch nach persönlicher Betreuung und Beratung auf Kundenseite neu entstehen lassen. Kennzeichnend für die Situation im Bankgewerbe

---

[246] Vgl. Salmony, M./Denck, M. A., 1999, S. 68.

[247] Als Bank der dritten Generation wurde beispielsweise 1996 die Advance Bank gegründet. Seit Januar 1998 ist sie eine hundertprozentige Tochter der Dresdner Bank und in ihrer Geschäftstätigkeit als Direktbank tätig. Vgl. Steeger, O., 1998, S. 152 ff.; und Raab, H.-J., 1996, S. 280 ff. über die Kultur der Advance-Bank. Ein anderes Beispiel ist die Bank 24 als Tochterunternehmen der Deutschen Bank.

[248] Vgl. Cramer, J. E., 1989, S. 19.

[249] Zelewski, St., 1987, S. 739.

[250] Eigentlich müßte der Begriff Bank*mitarbeiter*-Kunden-Beziehung genannt werden. Die Bank ist nur eine künstlich geschaffene Gesamtheit zahlreicher Elemente und tritt dem Kunden durch Artefakte in Form von Architektur, Mobiliar, technischer Ausstattung, Formularen und vor allem durch Menschen gegenüber. Erst wenn von einer Bankmitarbeiter-Kunden-Beziehung gesprochen wird, werden Individualität, Vertrauensbasis und Diskretion geschaffen. Vgl. Fliegner, M., 1987, S. 33.

steht die Äußerung, daß für die überwiegende Mehrheit der Kunden das reine Bankgeschäft heutzutage *kein positives emotionales Erlebnis* mehr darstellt. Forderungen nach der „... Überwindung der Distanz, die Kreditinstitute seit Generationen zu ihren Kunden aufgebaut haben"[251], werden thematisiert. Hierunter ist die Aufrechterhaltung eines persönlichen Kunden-Mitarbeiter-Kontaktes zu verstehen, also die Erhaltung des Live-Banking gegenüber dem virtuellen Banking. Kundenumfragen der Deutschen Genossenschaftsbank, dem Dachinstitut der deutschen Genossenschaftsorganisation, haben ergeben, daß den Kunden der Volks- und Raiffeisenbanken die physische Nähe ihrer Bank genauso wichtig ist wie die Möglichkeit, mittels Computer oder Telefon rund um die Uhr Zugriff auf das eigene Konto zu haben.[252] Hierunter fällt auch die Nachfrage nach einem flächendeckenden Filialnetz[253], wie es bei den Genossenschaftsbanken bisher noch vorhanden ist, um einen persönlichen Kontakt zu ermöglichen.

Obwohl sich die Arbeitsanforderungen in den letzten Jahrzehnten nachhaltig verändert haben, drängt sich die Frage auf, ob die zunehmende Technisierung den Menschen als Gegenüber jemals wird vollständig ersetzen können.[254] Aus dem Bankbeamten von früher hat sich der kundenorientierte Berater von heute entwickelt. Dem Begriff beamtenhaft steht die Branche selbst heute kritisch gegenüber, wohlwissend, daß in ihrer Vergangenheit dieses Verständnis des Bankmitarbeiters einmal üblich war. Vor diesem Hintergrund sollen die Ergebnisse der Mitarbeiterbefragung zur Unternehmenskultur in der Genossenschaftsbank analysiert werden, denn falls heute noch ausgeprägte Beamten-

---

[251] Betsch, O., FAZ vom 11.1.1999, S. 25.

[252] Vgl. Salmony, M./Denck, M. A., 1999, S. 74.

[253] Zu diesem vertritt der Bundesverband der Volks- und Raiffeisenbanken die Meinung: „Die genossenschaftliche Bankengruppe ist und bleibt eine dezentrale Organisation. Ihr Herzstück und traditioneller Wettbewerbsvorteil ist das Bankstellennetz und die direkte, menschliche Kommunikation vor Ort." (Rodewald, B. zitiert von Düren, H., Handelsblatt-Dokumentation 1998: „Die 1000 größten Genossenschaftsbanken", Düsseldorf 1998).

[254] Es ist sowieso fraglich, ob ein Medium ein anderes jemals vollständig ersetzen kann. Die Argumentationskette ließe sich fortsetzen von der Fotografie, die nicht die Malerei abgelöst hat, bis zum Kabelfernsehen, das nicht zum Untergang des Kinos geführt hat. Auch das prophezeite papierlose Büro wurde keine Realität, denn weiterhin werden 94 Prozent aller zu verarbeitenden Informationen auf Papier gespeichert. Vgl. Salmony, M./Denck, M. A., 1999, S. 67.

mentalität in einer Bank vorherrscht, kann dies als anachronistisch oder unzeitgemäß für ein Dienstleistungsunternehmen kritisiert werden.

III. Die Genossenschaftsbank innerhalb des Bankenwesens

1. Gesetzliche Grundlagen und Abgrenzung von anderen Bankentypen

Als Banken gelten alle Wirtschaftsunternehmen, die Bankgeschäfte mit dem Ziel einer Gewinnerzielung betreiben, ohne das Recht der Notenausgabe zu besitzen. Nach dem Gesetz sind Banken Dienstleistungsbetriebe, die immaterielle Güter bestimmter Art, insbesondere finanzielle Dienstleistungen, anbieten. Die Bereitstellung erstreckt sich nicht nur auf die von den Banken erstellten Eigenleistungen, sondern umfaßt auch die Vermittlung von Fremdleistungen, die von Kooperationspartnern, wie Bausparkassen oder Versicherungen, erbracht werden. Bei der klassischen Leistungserstellung unterscheidet der Gesetzgeber zwischen internen, also technisch-organisatorischen, und externen, also kundenbezogenen, Prozessen. Nach dem Kreditwesengesetz zählt zum externen, kundenbezogenen Leistungsangebot einer Bank:[255]

- die Abwicklung des Zahlungsverkehrs,
- das Einlagen- und das Kreditgeschäft,
- das Effektenemissions- und Effektendepotgeschäft,
- die Investmentfondsverwaltung,
- das Wechselgeschäft,
- das Garantiegeschäft und
- das Angebot sonstiger Dienstleistungen, die über das originäre Bankgeschäft hinausgehen, wie Beratungsleistungen oder umfassende Informationslogistik.

Da sich die vorliegende empirische Untersuchung auf die Kultur einer Genossenschaftsbank bezieht, ist von Bedeutung, inwiefern sich dieser Bankentypus in seinem Leistungsangebot von anderen Instituten unterscheidet. Hierzu werden die Differenzierungsmerkmale der Institutsarten kurz beschrieben. Das ge-

---

[255] Gewerbsmäßige Funktionen nach dem Gesetz über das Kreditwesen nach § 1 KWG vom 30.6.1993; vgl. auch Stützel, W., 1983, S. 12-13.

setzlich definierte Aufgabenspektrum einer Bank differiert, je nachdem welcher Institutstyp vorliegt. Die Bankenbranche ist durch verschiedene Institutsarten geprägt, die teilweise große, strukturelle Unterschiede aufweisen. Eine Klassifikation der Kreditinstitute kann nach drei Kriterien erfolgen:

Ein Differenzierungskriterium ist die *Institutsgröße*. Diese ist meßbar anhand der Bilanzsumme, der Zweigstellenanzahl oder der Mitarbeiterzahl. Weiterhin kann nach dem *Umfang des Leistungsprogramms* unterschieden werden. Dies betrifft die Unterscheidung zwischen Universalbanken und Spezialbanken. In der Bundesrepublik Deutschland dominieren Universalbanken die Bankenlandschaft. Sie nehmen innerhalb des Bankensektors einen Anteil von ca. 75 Prozent ein.[256] Zu den Universalbanken zählen die Genossenschaftsbanken, die Sparkassen und die Kreditbanken. Spezialbanken, die sich auf bestimmte Funktionsbereiche spezialisiert haben, sind Bausparkassen, Hypothekenbanken, Teilzahlungskreditinstitute, Kapitalanlagegesellschaften, die Postbank[257] und Kreditinstitute mit Sonderaufgaben, z.B. die Kreditanstalt für Wiederaufbau. Ein weiteres, besonders unter Wettbewerbsgesichtspunkten bedeutendes Differenzierungskriterium ist die *Rechtsform* der Bank, also die Unterscheidung zwischen privatem (Großbanken, Regionalbanken, Privatbanken), öffentlich-rechtlichem (Sparkassen, Landesbanken, Deutsche Girozentrale) oder genossenschaftlichem Sektor (Volks- und Raiffeisenbanken, Zentralkassen, DG-Bank). Geschäftsbanken wie die Deutsche Bank, die Dresdner Bank oder die Commerzbank haben primär Gewinnstreben als geschäftspolitisches Ziel verankert und betreiben alle Bankgeschäfte. Sparkassen sind rechtsfähige Anstalten des öffentlichen Rechts, wie es in §§ 2 und 3 Sparkassengesetz des Landes Nordrhein-Westfalen festgelegt ist, und sollen in besonderem Maße der Förderung des Sparsinns, der Vermögensbildung und der sicheren Geldanlage dienen.[258]

Zu den Genossenschaftsbanken als einheitlicher Bankengruppe zählen Volksbanken und Raiffeisenbanken. Sie wurden Mitte des neunzehnten Jahrhunderts

---

[256] Vgl. Oberbeck, H./Baethge, M., 1989, S. 37.

[257] Die Postbank zählt seit dem 1.1.1996 zu den Kreditinstituten i.S.d. KWG. Vgl. § 2 KWG.

[258] Der öffentliche Auftrag der Sparkassen ist mit dem Grundsatz der Gemeinnützigkeit verbunden und dient nicht in erster Linie der Gewinnerzielung. Vgl. Gesetz über die Sparkassen sowie über die Girozentrale und Sparkassen- und Giroverbände (SpKG) vom 25.1.1995.

als gewerbliche und ländliche Kreditgenossenschaften gegründet und betreiben alle Bankgeschäfte. Als besondere Stärke der genossenschaftlich organisierten Banken werden in ihren eigenen Publikationen der Aufbau und die Pflege der persönlichen Kundenbeziehungen beschrieben.[259] Genossenschaften sind soziale Systeme, deren Handeln sich an den Prinzipien der allgemeinen Genossenschaftsbewegung ausrichtet. Aus den Genossenschaftsprinzipien und den individuellen Werthaltungen der Mitglieder einer Genossenschaftsbank entstehen die genossenschaftlich geprägten Werte.

2. Historische Entwicklung und Bedeutung genossenschaftlicher Werte

Die Wortbedeutung Genossenschaft ist auf den althochdeutschen Begriff noz (= Vieh) zurückzuführen und auf die Vorsilbe ge (= Gemeinsamkeit). In dem ursprünglichen Zusammenschluß hatte der Genosse Anteil am Vieh oder an einer Viehweide, deren Ressourcen gemeinsam genutzt wurden.[260] Der germanischen Tradition folgend gelang es Schulze-Delitzsch und Raiffeisen, in „einer Zeit der Auflösung gewachsener Strukturen im Zuge der Industrialisierung, eine breite genossenschaftliche Bewegung zu entfachen und mit leuchtenden Idealen auszustatten“[261]. Dieser Tradition entsprechend handeln genossenschaftlich organisierte Unternehmen von innen heraus und sind nicht nur von oben belebt. Als metaphorisches Bild für die frühere Situation der Kreditgenossenschaften wird von Bonus die Arche Noah herangezogen, denn auch ihre Mitglieder befanden sich bildlich gesprochen gemeinsam in einem Boot und klammerten sich aneinander fest. Gleichzeitig besaß aber auch das Individuum viele Einflußmöglichkeiten, so daß die klassische Genossenschaft im Spannungsfeld zwischen Individualität und Gemeinschaft anzusiedeln war. Durch die Einordnung in die Gemeinschaft wurde das Mitglied wirtschaftlich frei. Während die älteren genossenschaftlichen Vorläufer durch das Aufgehen des einzelnen in dieser Gemeinschaft gekennzeichnet waren, läßt sich eine solche Verschmelzung in der heutigen Zeit als Anzeichen für die Unreife von Gruppierungen diagnostizieren.[262] Außerdem ist es nicht mehr notwendig, in die genossenschaftliche Gemein-

---

[259] Vgl. Salmony, M./Denck, M. A., 1999, S. 68.

[260] Vgl. Vershofen, W., 1950, S. 18; Faust, H., 1977, S. 20.

[261] Bonus, H., 1994, S. 22.

[262] Vgl. Bonus, H., 1994, S. 32, 43, 44 und auch Schein, E. H., 1985.

schaft einzutreten, um wirtschaftlich frei zu werden. Dagegen könnte eher eine entgegengesetzte Entwicklung eintreten. Der einzelne kann das Gefühl bekommen, in der Masse der Mitglieder unterzugehen und nichts mehr bewirken zu können.

Als originäre, auf Raiffeisen und Schulze-Delitzsch zurückgehende, genossenschaftliche Prinzipien gelten:[263] *Förderung der Genossenschaftsmitglieder, kollektive Selbsthilfe, Selbstverwaltung, Selbstverantwortung* und *Identität.* Das Prinzip der Förderung der Mitglieder kann als ein absolutes Wesensprinzip bezeichnet werden, denn die Verwirklichung dieses Prinzips bedeutet die Erfüllung des genossenschaftlichen Grundauftrags oder mit anderen Worten: die Befolgung der genossenschaftlichen Leitmaxime. Dieses Prinzip steht also in der Hierarchie aller genossenschaftlichen Werte ganz oben. Die Mitgliederförderung und das damit verbundene Solidarprinzip[264], ausdrücklich formuliert in dem Leitsatz *Einer für alle und alle für einen*, sind in § 1 Genossenschaftsgesetz festgeschrieben worden. Die weiteren Prinzipien gelten als Strukturprinzipien, da sie Grundsätze und Regeln beinhalten, die bestimmte strukturelle Rahmenbedingungen sichern sollen.[265] Die Mitglieder können Genossenschaftsanteile erwerben, wofür sie Dividende und Stimmrecht erhalten, an welche aber auch eine bestimmte Haftung und Nachschußpflicht im Konkursfall geknüpft sind.[266] Der Erwerb eines Geschäftsanteils kann dazu führen, daß die Identifikation des Kunden mit seiner Bank wächst. Die Produkte und Dienstleistungen der Volks- und Raiffeisenbanken werden heute jedoch auch Nichtmitgliedern angeboten. Nicht jeder Bankkunde wird Genossenschaftsmitglied.

Schulze-Delitzsch beschrieb bereits im Jahr 1909 den verbindenden Charakter der genossenschaftlichen Werte, wenn er den Menschen empfiehlt, „... ihre Hilfsmittel lediglich in sich selbst zu suchen ...“[267]. Er appelliert an eine Bestär-

---

[263] Vgl. die einleitend aufgeführten genossenschaftlichen Prinzipien (Kapitel A.II.)

[264] Wesenszug der Genossenschaftsidee ist der Solidaritätsgedanke verbunden mit einer absoluten Gleichberechtigung aller Mitglieder. Vgl. Laurinkari, J., 1986, S. 140.

[265] Vgl. Henzler, R., 1970, S. 289; Seidel, M., 1996, S. 9.

[266] Entsprechend dem Prinzip der Selbstverantwortung (§ 15 GenG). Vgl. Gesetz betreffend die Erwerbs- und Wirtschaftsgenossenschaften (GenG) in der Fassung der Bekanntmachung vom 19.8.1994.

[267] Schulze-Delitzsch, H., 1909, S. 114.

kung des Selbstgefühls des Menschen und sieht in der Bestärkung des Vertrauens in die eigene Kraft den größten Dienst der genossenschaftlichen Werte. Gleichzeitig spricht Raiffeisen vom rechten Geist in einer Genossenschaftsbank, der eine gegenseitige, liebevolle, brüderliche Gesinnung hervorrufen könne.[268] Hervorzuheben ist noch, daß Schulze-Delitzsch und Raiffeisen es ablehnten, Geschäfte um ihrer selbst willen zu machen, also reine Profitorientierung verurteilten. Sie suchten die Orientierung an höheren Zielen und wollten uneigennützig die materiellen Verhältnisse ihrer Mitglieder verbessern. Intention war, das Selbstwertgefühl der Mitglieder zu stärken und das Vertrauen in die eigene Kraft zu stärken. Als kultureller Kern der frühen Genossenschaft kann deshalb ihre *Uneigennützigkeit in Bezug auf ihre Mitglieder* hervorgehoben werden.[269] Auf Westermann geht die Formulierung zurück, daß eine Genossenschaft nicht nur ein Wirtschaftszusammenschluß, sondern eine Lebensform sei, bei der ideelle Werte eine herausragende Rolle spielen. Westermann hebt in den fünfziger Jahren das gemeinsame Bewußtsein der Genossen hervor, welches Vorteile entstehen läßt, die wertvoller sind als die materiellen Vergünstigungen. Dies gipfelt in dem Begriff der alles umfassenden *genossenschaftlichen Schicksalsverbundenheit*.[270] Es erhebt sich allerdings die Frage, ob diese Schicksalsverbundenheit in der heutigen Zeit im Bankenwesen noch vorzufinden ist.

Die kulturrelevanten Besonderheiten der Genossenschaftsbanken liegen also in ihrem auf genossenschaftlichen Werten begründeten Gedankengut, das seit der Entstehung dieses Bankentypus im Jahr 1848 bis heute Aktualität bewahrt hat. In der Mitarbeiterbefragung kann überprüft werden, ob in der heutigen Zeit noch genossenschaftlich geprägte emotionale Grundlagen, also Werte, kennzeichnend für die Unternehmenskultur der untersuchten Genossenschaftsbank sind.

3. Vermehrtes Auftreten von Fusionen bei Bankgenossenschaften

Bereits seit Ende des Zweiten Weltkrieges befindet sich der Genossenschaftssektor in einem kontinuierlichen Konzentrationsprozeß, der mit unterschiedli-

[268] Vgl. Raiffeisen, F. W., 1887, S. 59, 73.
[269] Vgl. Bonus, H., 1994, S. 44.

chen Schwankungen bis heute anhält.[271] Die steigende Zahl von Fusionen im Genossenschaftssektor kann als Mittel zur Anpassung an die sich verändernden Wettbewerbsbedingungen verstanden werden. Die zunehmende Technisierung und neue gesetzliche Bestimmungen führen zu Konzentrationsdruck und vermehrten Unternehmenszusammenschlüssen.[272] Ein weiterer Grund liegt darin, daß die Volks- und Raiffeisenbanken darauf angewiesen sind, volumenmäßig zu wachsen, wenn sie weiterhin die Kreditbedürfnisse ihrer Privat- und vor allem ihrer Firmenkunden erfüllen wollen. Folge der Konzentrationsprozesse ist ein deutlicher Anstieg der durchschnittlichen Bilanzsummen im genossenschaftlichen Bankensektor. Im Jahr 1993 lag die durchschnittliche Bilanzsumme einer Genossenschaftsbank noch bei 274 Mio. DM und ist bis 1998 auf 454 Mio. DM angestiegen.[273]

Unter einer Fusion ist der Zusammenschluß zweier oder mehrerer rechtlich selbständiger Unternehmen zu einer rechtlichen Einheit zu verstehen. Seit dem 1.1.1995 sind die rechtlichen Grundlagen für die Fusionsumsetzung in Genossenschaften im Umwandlungsgesetz in den §§ 79 bis 98 geregelt.[274] Grundsätzlich unterschieden werden kann zwischen der Verschmelzung durch Aufnahme und der Verschmelzung durch Neugründung (§ 3 UmwG). Auch die für die Kulturuntersuchung ausgesuchte Genossenschaftsbank zählt zu den Banken, die bereits fusioniert bzw. andere Banken durch Aufnahme übernommen haben.

„Die Kultur eines Unternehmens wird ... als einer der entscheidenden Faktoren für eine erfolgreiche Umsetzung wichtiger Veränderungsprozesse im Unternehmen gesehen."[275] Mit dieser Aussage betont Seidel den großen Einfluß, den die Unternehmenskultur auf Fusionen zweier Banken haben kann. Er befaßt

---

[270] Vgl. Westermann, H., 1951, S. 66 ff.

[271] Vgl. Zerche, J., 1989, S. 265 ff.; und auch Ingenschay, J., 1992, S. 78, 82.

[272] Vgl. Ravoet, G., 1994, S. 22.

[273] Allein in 1998 fusionierten 168 genossenschaftliche Institute. Vgl. Bundesverband der Deutschen Volksbanken und Raiffeisenbanken, Bericht und Zahlen 1998, S. 40, 41.

[274] Weiterhin gelten die Vorschriften des allgemeinen, ersten Teils des Umwandlungsgesetzes (§§ 1 bis 38 UmwG) und Vorschriften des zweiten Teils (beispielsweise §§ 63 und 64 UmwG) für die Fusionsumsetzung.

[275] Seidel, M., 1996, S. 7; Seidel verweist auf Fischer, G./Rieker, J./Risch, S., 1994, S. 182-188; Lippitt, G./Langseth, P./Mossop, J., 1986, S. 145 ff. oder Staw, B. M., 1984, S. 87-121.

sich in seiner Arbeit zum Fusionsmanagement genossenschaftlicher Banken ausführlich mit der Integration der genossenschaftlichen Mitglieder, jedoch nur ansatzweise mit der Integration der Mitarbeiterinnen und Mitarbeiter. Seiner Auffassung nach erfährt ein Mitglied durch die Einbindung in den Fusionsgestaltungsprozeß, welchen Stellenwert es in der genossenschaftlichen Gemeinschaft einnimmt und „daß es etwas besonderes ist, Mitglied zu sein."[276] Die Mitarbeiterinnen und Mitarbeiter gehören jedoch zu den Hauptbetroffenen eines Fusionsprozesses. Durch Umorganisation können Unruhe und Ängste ausgelöst werden. Im Zuge einer Fusion kommt deshalb der subjektiven Arbeitsplatzsicherheit eine besondere Bedeutung zu. Zwar gelten Banken als besonders sichere Arbeitgeber, doch im Falle einer Fusion kann ein Arbeitnehmer seinen Arbeitsplatz als gefährdet ansehen. Fusionieren zwei Banken, ist deshalb von Bedeutung, welche Werte, Normen und Grundannahmen vor der Fusion gültig waren. „Da bei der Fusionsumsetzung Strukturen und Prozesse verändert werden, ändern sich beispielsweise auch Rollen und Beziehungen (Sozial- und Machtbeziehungen), was einem radikalen Wandel der wahrgenommenen Realität gleichkommt."[277] Mit der Fusion beginnt die Suche des einzelnen nach dem Sinn neuer Handlungskontexte. Stimmen die persönlichen Sinnwünsche mit den Anforderungen des neuen Gesamtunternehmens nicht überein, kann dies dazu führen, daß die innere Kündigung einer Anpassung an die neuen Umstände vorgezogen wird.[278] Deshalb ist *Fusionsakzeptanz* bei Mitarbeiterinnen und Mitarbeitern und bei Mitgliedern erstrebenswert. Ist diese nicht vorhanden, können Unzufriedenheit und Konflikte innerhalb des Unternehmens aufkommen.

Obwohl Seidel den Schwerpunkt seiner Arbeit auf die Mitgliederintegration legt, stellt er einen Gestaltungskatalog auf, der unternehmenskulturelle Werte und Verhaltensweisen wie „Vertrauen" oder „Offene Kritikäußerung" enthält, die von den Mitarbeiterinnen und Mitarbeitern einer Bank verinnerlicht werden sollten.[279] Im Ergebnis verspricht er Fusionsakzeptanz innerhalb der Mitarbei-

---

[276] Seidel, M., 1996, S. 17; vgl. auch Patera, M., 1990, S. 285-301.

[277] Beer, M., 1980, S. 189.

[278] Vgl. Bickmann, R./Schad, M., 1995, S. 57.

[279] „Mitarbeiter, die intern keine Vertrauensbeziehung erlebt haben, können diese auch nicht nach außen gegenüber den Mitgliedern (oder den Kunden) kommunizieren." und „Mitarbeiter, die ihre Kritik offen äußern, sind wertvoller als diejenigen, die dies nicht tun und irgendwann derartig unzufrieden sind, daß sie abwandern." Vgl. Seidel, M., 1994, S. 57-58.

terschaft. Sein Verhaltenskatalog kann jedoch nicht als Kompaktlösung für die Durchführung einer gelungenen Fusion übernommen werden, denn Kultur ist nicht durch Gestaltungsregeln „machbar“ (wie die Vertreter des funktionalistischen Konzeptes von Kultur argumentieren). Gleichwohl wird hierdurch verdeutlicht, welche ausschlaggebende Wirkung die Unternehmenskultur zweier Banken bei ihrer Fusion haben kann. In jedem Fall ist es hilfreich, vor einem geplanten Zusammenschluß Kenntnisse über die Ist-Kulturen der fusionierenden Banken zu haben. Die Kulturuntersuchung in der Genossenschaftsbank ermöglicht es, im einzelnen herauszufinden, inwiefern die Mitarbeiterinnen oder Mitarbeiter die Fusionen in der Vergangenheit als herausragendes - positives oder negatives - Ereignis in der Unternehmensgeschichte ihrer Bank ansehen und inwiefern Fusionsakzeptanz geherrscht hat. Da die Ist-Kultur der Genossenschaftsbank erfragt wird, kann im Falle zukünftiger Fusionsabsichten auf diese Kenntnisse über die Bankkultur zurückgegriffen werden.

IV. Kennzeichen von Bankprodukten und Bankdienstleistungen

Abschließendes Element des theoretischen Teils bilden die Charakteristika von Bankprodukten und -dienstleistungen. Kennzeichen der Bankprodukte ist ihre Similarität, also ihre gleiche Ausgestaltung und damit auch leichte Kopierbarkeit. Das tägliche Schaltergeschäft mit dem Kunden erlaubt eine Differenzierung nur über den Produktnamen oder Produktpreis, z.B. Prozentpunkte beim Zinssatz, und nur wenig über die Produktausgestaltung. Wegen der praktisch *auswechselbaren Angebotspalette* ist es für eine Bank schwierig, sich in ihren Produkten von anderen Instituten zu unterscheiden. Bankleistungen sind abstrakt und wegen ihres immateriellen und unanschaulichen Charakters in hohem Maße erklärungsbedürftig. Diese Ähnlichkeit der Bankprodukte führt dazu, daß es schwer möglich ist, innerhalb der Branche durch Innovationen einen Wettbewerbsvorteil zu erlangen.[280] Schuster beschreibt Innovationen im Bankenbereich als „Marktleistungen, die für die entsprechenden Bankkunden ein Neuheitserlebnis darstellen, einschließlich des Einsatzes von Verfahren und Instrumenten, die derartige Marktleistungen ermöglichen”[281]. Innovationen durchzu-

---

[280] Vgl. Griesel, H., 1978, S. 131.
[281] Schuster, L., 1986, S. 141.

setzen bedeutet demnach für eine Bank, ein neues Produkt zu entwickeln. Wenn nach einiger Zeit Konkurrenzinstitute das gleiche Produkt anbieten, ist die Wahrscheinlichkeit gering, daß mehrere Institute unabhängig voneinander ein und dasselbe Bankprodukt entwickelt haben. In der Regel handelt es sich um Produktimitationen bei den nachziehenden Banken. Weit häufiger besteht für Banken die Möglichkeit, Prozeßinnovationen einzuleiten, also den Leistungserstellungsprozeß durch Rationalisierungen und neue Technologien, durch computergestützte Beratung, zu verbessern. Letztere können wiederum die Unternehmenskultur einer Bank beeinflussen, wenn die Abwicklungsmodalitäten im Kundenkontakt verändert werden.[282]

Die Bankleistung wird von Hahn in eine technische und eine personenbezogene Komponente unterteilt. Zur technischen Komponente zählt er Produkte und Sortimentsgestaltung, Zweigstellennetz und Schalteröffnungszeiten. Die personenbezogene Komponente umfaßt das fachliche Können, die Entscheidungskompetenz und die menschlichen Fähigkeiten der Mitarbeiterinnen und Mitarbeiter. Hahn bezieht sich also mit seiner personenbezogenen Komponente auf die persönliche Beziehung zwischen Mitarbeiterschaft und Kunden. Zu den konstitutiven Elementen der menschlichen Qualität zählt er neben dem äußeren Erscheinungsbild die individuelle Bedienung des Kunden und die Fähigkeiten der Mitarbeiterinnen und Mitarbeiter, die eigene Kompetenz zu erkennen und eigeninitiativ einzusetzen.[283] Einen ähnlichen Ansatz findet Metz, wenn er diese menschliche Qualität als persönliches Element definiert, das sich in kundenfreundlichem Verhalten äußert. Die menschliche Qualität kann zu einem marktorientierten Leistungselement werden, das freiwillig und oft unbewußt angeboten wird.[284] In diesem menschlichen Faktor äußert sich die *gelebte Unternehmenskultur*.

Wegen der Ähnlichkeit der Leistungspalette aller Banken besteht durch die individuelle Namensgebung bei Produkten eine der wenigen Differenzierungs- und Profilierungsmöglichkeiten. Der Name eines Bankproduktes steht für die

---

[282] Vgl. Kaiser, E., 1989, S. 7; Krümmel, H.-J., 1985, S. 14.

[283] Vgl. Hahn, O., 1982, S. 57 ff.

[284] Vgl. Metz, M., 1982, S. 132.

Leistung, die dem Kunden versprochen wird.[285] Durch die Namensgebung erhält die Bankleistung ihre Individualität, und es kann eine Abgrenzung zu den Produkten anderer Banken erreicht werden. Um den Namen einprägsamer zu gestalten, kann diesem ein Markenzeichen zur Seite gestellt werden. Kreditinstitute nutzen diese Markierungskomponente, um ihre nicht sichtbaren Leistungen zu symbolisieren. Die Funktion des Markenzeichens geht deshalb über seine visuelle Repräsentation hinaus, es versinnbildlicht die Individualität des Instituts und seiner Produkte. Zur Visualisierung des Markenzeichens eines Kreditinstituts zählen der graphisch gestaltete Schriftzug, das Logo oder das Symbol des Instituts.[286] Viele Bankleistungen sind also einer an objektiven Maßstäben ausgerichteten Qualitätsbeurteilung entzogen, weil sie durch das persönliche und subjektiv erlebte Zusammenwirken von Bankangestellten und Kunden erbracht werden. Gegenüber den Komponenten objektiver Qualität kommt deshalb dem persönlichen Element als Verursacher subjektiv empfundener Qualität die größere Bedeutung zu. Zur personenbezogenen Komponente der Bankleistung gehört auch die Wertschätzung, die eine Mitarbeiterin oder ein Mitarbeiter einem Kunden entgegenbringt; diese kann wiederum für den Kunden neben Beratung und Service die Qualität des Instituts mitbestimmen.[287]

Die Similarität der Bankprodukte verweist auf die Bedeutung, die Kultur erlangen kann, wenn Architektur, Atmosphäre und gelebte Verhaltensweisen der Mitarbeiterinnen und Mitarbeiter auf den Kunden einwirken. Die *vom Kunden wahrgenommene Unternehmenskultur* wird möglicherweise zum Argument, bei dieser speziellen Bank Kunde zu bleiben.

---

[285] Ein Name wird insofern identisch mit dem Objekt, als er im Bewußtsein aller, die sich einer Sprache bedienen, stellvertretend für das Bezeichnete steht. Er nimmt die Funktion eines Stellvertreters ein, denn mit seiner Nennung verbinden sich komprimierte Assoziationen und Vorstellungen. „Sein Name ist für den Träger der entscheidende Anker seiner Identität." (Weber, Marcus, 1992, S. 122) Der Name ist stets etwas „Persönliches, mit dem ich und nur ich gemeint bin" (Scherf, D., 1987, S. M7.) In der germanischen Mythologie herrschte die Auffassung, daß der Name, den jemand erhielt, ihm gleichzeitig seine Seele verlieh. Vgl. Gotta, M., 1988, S. 16.

[286] Vgl. Floss, E., 1974, S. 130 und Weber, Marcus, 1992.

[287] Vgl. Meyer, A./Mattmüller, R., 1987, S. 187 ff.

EMPIRISCHER TEIL

F. Historische Entwicklung der Genossenschaftsbank

I. Festschrift zum 75-jährigen Bestehen der Bank

Von Interesse für die Analyse der heutigen Unternehmenskultur in der Genossenschaftsbank ist ein Rückblick auf ihre historische Entwicklung. Im Jahr 1884 als Spar- und Darlehenskasse gegründet, hat die Bank zum Zeitpunkt ihres 75-jährigen Bestehens eine Festschrift herausgegeben, deren Deckblatt die Überschrift trägt: „75 Jahre Vertrauen" und „Einer für alle, alle für einen". Mit diesen Worten versuchte die Bank, ihr damaliges Selbstverständnis auszudrücken. Kunden, denen die Festschrift übergeben wurde, sollten als erstes den Wert Vertrauen übermittelt bekommen, und zwar in dem Sinne, daß die Bank Vertrauen als entscheidenden Bestandteil ihrer Kundenbeziehung ansieht. Darüber hinaus wird der von Schulze-Delitzsch und Raiffeisen geprägte Leitsatz „Einer für alle und alle für einen" verwandt, womit ein Bekenntnis zu den Wurzeln des Genossenschaftsgedankens gemeint ist. Die bildliche Darstellung verschiedener Handwerksberufe auf dem Einband drückt schließlich noch den besonderen Bezug der Bank zu ihrer mittelständisch geprägten Kundschaft aus.

Im Inhalt der Schrift wird über die Entstehung der Bank berichtet, als sich Landwirte und Bürger der Gemeinde zuammengefunden haben, um eine Spar- und Darlehenskasse auf genossenschaftlicher Grundlage nach dem System Raiffeisen zu gründen. Die Mitglieder des Gründungsvorstandes und -aufsichtsrates werden namentlich aufgezählt. Zentrale Bedeutung erhält in diesem Zusammenhang der Gegenstand des Unternehmens, der bei Gründung bestimmt wurde als: „Betrieb einer Spar- und Darlehenskasse zur Pflege des Geld- und Kreditverkehrs sowie Förderung des Sparsinns. Nicht allein das Streben nach Gewinn, sondern die Hebung des wirtschaftlich Schwachen, und neben dem Streben nach materieller Förderung der Mitglieder, besonders auch deren sittliche Hebung soll oberster Grundsatz sein."

Zum Zeitpunkt des 75-jährigen Bestehens der Bank wird dem Urzweck einer Genossenschaft noch so viel Bedeutung beigemessen, daß er innerhalb der

Schrift allen Kunden zugänglich gemacht wird. Es fällt auf der Rückgriff auf die genossenschaftlichen Werte: *Nicht alleiniges Gewinnstreben*, *Unterstützung der wirtschaftlich Schwachen* und *sittliche Hebung des Menschen*. Im anschließenden Text über die historische Entwicklung der Bank taucht wiederum mehrmals der Begriff Vertrauen auf. Es wird hervorgehoben, daß das Vertrauen der Bevölkerung in die Leistungen der Bank kontinuierlich angewachsen sei. Berichtet wird von den Eröffnungen der ersten Zweigstellen nach der Währungsreform und der architektonischen Neugestaltung des Hauptgebäudes Anfang der fünfziger Jahre. Hierbei wollten die damaligen Vorstände nicht repräsentieren, sondern es sollten nach eigener Aussage „zweckmäßige, helle und gesunde zusätzliche Arbeitsräume“ geschaffen werden.

Fotografien des Hauptgebäudes, der Geschäftsräume der Bank, der Innenansicht des Kassenraumes und der Schalterhalle visualisieren das damalige Erscheinungsbild der Bank. Bei der Betrachtung der Fotografien fallen die im Bankenbereich verwandten Sinnsprüche[288] als Zeitzeugen auf, wenn in geschwungenen Buchstaben der Spruch „Sparen bringt Wohlstand und Erfolg“ über Kundenschließfächern sichtbar zu lesen war. Die Innenausstattung der Hauptstelle war geprägt von klarer Funktionalität, unterstützt durch den kühl wirkenden Marmorfußboden und den dunklen, holzvertäfelten Tresen. Der in der gesamten Schalterhalle durchgängig vorhandene, breite Tresen bietet wenig Freiraum zur persönlichen Begegnung und wirkt wie eine Grenze zwischen Mitarbeiterschaft und Kunden, besaß also separierenden Charakter. Insgesamt ist eine kühle, seriös wirkende Atmosphäre erkennbar, die zum damaligen Bild des *Bankbeamten* paßt. Das Selbstverständnis der Genossenschaftsbank hat sich bis heute jedoch gewandelt und zu Veränderungen in der architektonischen Ausgestaltung geführt. Wie sich die heutige Innen- und Außenarchitektur der Bank als Artefakte von Unternehmenskultur darstellen, wird im Verlauf der Arbeit beschrieben.

---

[288] Derartige Sinnsprüche sind charakteristisch für die Werbung aller Banken Anfang des zwanzigsten Jahrhunderts. Auch die Commerzbank hat damals mit Sprichwörtern und Zitaten bei ihren Kunden geworben, z.B. mit „Den Weg zum Wohlstand zeigen zwei Wörter: Fleiß und Genügsamkeit.“ (Benjamin Franklin) oder „Froh schlägt das Herz im Wanderkittel, vorausgesetzt, man hat Mittel.“ (Wilhelm Busch). Vgl. Krauss, I., 1994, S. 222 in der Festschrift zum 125-jährigen Bestehen der Commerzbank.

Ferner soll hervorgehoben werden, wie detailliert in dieser Publikation auf den Genossenschaftsgedanken und die genossenschaftlichen Werte eingegangen wird. Berichtet wird vom Zeitalter der Naturalwirtschaft, als sich die Genossen noch zu gemeinsamer Bodennutzung und zum Kampf gegen die Naturgewalten zusammenschlossen. Erst durch die Entwicklung hin zur Geldwirtschaft sei es zur Gründung des ersten Darlehenskassenvereins gekommen, um der Landbevölkerung bei der Beschaffung ausreichender Geldmittel zu helfen. Das Selbstverständnis der Bank als Genossenschaft gipfelt in dem Schlußsatz: „Genossenschaften sind immer nur das, was die *Mitglieder* daraus machen." Eine im heutigen Bankenwettbewerb wohl eher anachronistische Aussage. Denn eine Genossenschaftsbank macht heute das aus, was alle Mitarbeiterinnen und Mitarbeiter bis hin zum Vorstand in ihrem täglichen gelebten Verhalten daraus machen.

II. Festschrift zum 100-jährigen Bestehen der Bank

Fünfundzwanzig Jahre später, im Jahr 1984, ist die Festschrift der Genossenschaftsbank zum 100-jährigen Bestehen erschienen, eine von der äußeren Aufmachung in Format, Papier und Farbgestaltung gänzlich neue Form der Selbstdarstellung. Dies verkündet auch der Titel der Publikation: „Hundert Jahre - eine Bank im Wandel der Geschichte". Wiederum wird die Geschichte der Bank dargestellt, jedoch ausführlicher bebildert und professioneller aufbereitet. Als Zeichen ihrer regionalen Verbundenheit geschieht dies inhaltlich verwoben mit der Geschichte der Region. Abgedruckt wurde beispielsweise die von den Mitgliedern des Vorstandes und Verwaltungsrates unterzeichnete Gründungsurkunde der Bank mit den ersten Beschlüssen über die Geschäftspolitik. Ein weiterer Rückgriff auf die Gründerzeit findet durch die Fotografien der Gründungspersönlichkeiten statt.

Dabei besteht bereits kritische Distanz zu den Inhalten früherer Veröffentlichungen, wenn in der Festschrift auf das Pathos der alten Leitidee und die inzwischen viel sachlicher und nüchterner gewordene Sprache hingewiesen wird. Die eigene Rolle als Genossenschaftsbank wird unter ökonomischen Gesichtspunkten beurteilt und nicht so sehr unter dem sozialethischen Anspruch des neunzehnten Jahrhunderts. Gleichwohl sieht sich die Bank noch als Familie ihrer Mitglieder, die trotz aller modernen Wandlungen in der äußeren Erscheinungsform ihre Tradition bewahrt hat. Verwiesen wird auf gesellschaftliches Engagement, soziale Aufgaben, die Verantwortung für das Gemeinwohl, den Umweltschutz und den Verbraucherschutz, wozu die Bank vielfältige Kontakte zur Wirtschaft und zum öffentlichen Leben pflegt.

Den Inbegriff der Seriosität vermittelt das Bild der damaligen Mitglieder des Vorstandes und des Aufsichtsrates, die sich im Sitzungszimmer vor dunklen, holzvertäfelten Wänden und an Tischen präsentieren. Der Vorstand berichtet unter der Überschrift „Praktizierte Demokratie" von seiner Arbeit in der Bank. Die Satzung der Genossenschaft wird als „Grundgesetz des demokratischen Mikrokosmos Bank" bezeichnet, und es wird auf die demokratischen Prinzipien hingewiesen, die sich in der Kontrollfunktion des Aufsichtsrates und der Einflußnahme der jährlichen Mitglieder-Vertreterversammlung manifestieren. Bei einer Analyse der Wortwahl innerhalb des Textes fällt die Formulierung auf, daß der Vorstand „an der Spitze regiert". Es wird also von einem Regieren und nicht einem Führen der Mitarbeiterinnen und Mitarbeiter berichtet, woraus bei der Form der Unternehmensführung damals auch auf patriarchalische Elemente geschlossen werden kann.

Breiten Raum erhält innerhalb der Festschrift die Darstellung der Geschäftsentwicklung der Genossenschaftsbank in den vergangenen fünfundzwanzig Jahren, vom Bezug des neuen Hauptgebäudes, den Erweiterungen der Geschäftsräume bis hin zu einer neuen Servicepalette und technischen Innovationen. Das Kundenspektrum konnte durch Ausweitung der Geschäftsaktivitäten über den gewerblichen Mittelstand hinaus bis in weite Bereiche der Industrie erweitert werden. Der persönlichen Beziehung im menschlichen Miteinander wird von der Unternehmensleitung eine tragende Rolle beigemessen, so daß sie folgenden Grundsatz für die Zukunft formuliert: „Die Verbindung zwischen Bank und Mitgliedern, zwischen Bank und Kunden, aber auch die Beziehungen zwischen der Bank und ihren Mitarbeitern werden bei aller Technik auch in Zukunft nicht in den Bereich der Anonymität abdriften."

Die Bank stellte also in ihrer Festschrift zum 100-jährigen Jubiläum den persönlichen Umgang mit dem Kunden, den Mitgliedern und den Mitarbeitern als zentrales Element ihrer Geschäftsbeziehung dar.[289] Dieser persönliche Umgang zwischen den Mitarbeiterinnen und Mitarbeitern ist letztlich gelebte Unternehmenskultur.

III. Geschäftsbericht aus dem Jahr 1998

Der Geschäftsbericht 1998 der Genossenschaftsbank ist Dokument einer modernen Selbstdarstellung und überzeugt durch inhaltliche und fotografisch perfekte Ausgestaltung. Eingangs kommt der wirtschaftlichen Entwicklung der Bundesrepublik Deutschland unter besonderer Berücksichtigung regionaler Kennzahlen eine tragende Rolle zu. Volkswirtschaftliche Strukturdaten von der Preisstabilität bis zum zielkonformen Geldmengenwachstum werden verständlich aufbereitet und teilweise durch Grafiken ergänzt. Weiterhin wird die Gesellschaftsform der Genossenschaft im Vergleich zur Aktien- oder Personengesellschaft herausgestellt. Es wird betont, daß neben natürlichen Personen auch juristische Personen eine Mitgliedschaft erwerben können. Die Merkmale der Unternehmensform Genossenschaft werden - im Gegensatz zu den Festschriften - ohne Hinweis auf den emotional geprägten Gründungsgedanken dargestellt. Hervorgehoben wird allerdings, daß die Beteiligung am Erfolg es den Genossenschaftsmitgliedern ermöglicht, sich stärker mit ihrem Institut zu identifizieren.

Im Kundensegment der Firmenkunden und Selbständigen stehen die Förderung des unternehmerischen Mittelstandes durch eine bedarfsgerechte Produktpalette, kurze Entscheidungswege und kompetente Beratung im Mittelpunkt, einschließlich der Vermittlung öffentlicher Fördermittel zur Existenzgründung. Die Leistungen für Privatkunden basieren nach Aussage des Geschäftsberichts auf einer langfristig angelegten, vertrauensvollen Zusammenarbeit mit dem Kunden, die von individueller Beratung und Betreuung geprägt ist. Welch hohe Bedeutung dem persönlichen Kundenkontakt zugemessen wird, zeigt sich auch bei der Darstellung des Homebanking-Angebots im Geschäftsbericht, welches zwar

[289] In Anlehnung an den damaligen gemeinsamen Werbeslogan des Verbundes der Volks- und Raiffeisenbanken „Wir bieten mehr als Geld und Zinsen“. Die Einführung der neuen Image-

als sinnvolle Ergänzung der Leistungspalette anzusehen sei, doch auf keinen Fall die persönliche Beratung durch die Mitarbeiterinnen und Mitarbeiter ersetzten könne und solle. Obwohl der Kunde nicht darauf verzichten muß, seine täglichen Geldgeschäfte zeit-, wege- und kostensparend zu erledigen, soll „keine seelenlose Direktbank“ entstehen. Zum Leitsatz des Jahres 1998 wurde in diesem Sinne ausgewählt: „Mehr Zeit und Beratungsqualität für unsere Kunden“.

Zum aktuellen Selbstverständnis der Bank gehört auch das Engagement im kulturellen, gesellschaftlichen und sozialen Bereich. Es wird berichtet, daß Vorstand und Mitarbeiterinnen und Mitarbeiter sich auf den verschiedensten Ebenen in Stiftungen, Vereine und andere Gesellschaften eingebracht haben. Die Zielgruppe der jungen Kunden werde durch Jugendwettbewerbe oder in der Zusammenarbeit mit Schulen und Kindergärten gesondert angesprochen.

Unter Kulturgesichtspunkten ist interessant, wie die Bank das Verhältnis zu ihren Mitarbeiterinnen und Mitarbeitern im Jahr 1998 beschreibt. Wie ist es zu verstehen, wenn die Mitarbeiterinnen und Mitarbeiter als „Säulen der erfolgreichen Geschäftsentwicklung“ benannt werden? Hiermit äußert der Vorstand seine Wertschätzung den Angestellten gegenüber. Der Vorstand bedankt sich bei allen Mitarbeiterinnen und Mitarbeitern für die geleistete Arbeit und den unermüdlichen Einsatz, für persönliches Engagement, fachliches Können und Eigeninitiative. In diesem Zusammenhang wird noch betont, wie wichtig für die Geschäftsführung die Aus- und Weiterbildung ihrer Mitarbeiterinnen und Mitarbeiter sei, die sowohl fachlich als auch verhaltensorientiert gefördert werden.

Ergebnis der analysierten Dokumente als Artefakte von Kultur ist, daß die Geschichte dieser Genossenschaftsbank seit ihrer Gründung geprägt ist durch ihr besonderes Verhältnis zu ihren Kunden, welches sie in beiden Festschriften und auch im Geschäftsbericht 1998 immer in den Mittelpunkt ihres Unternehmenszwecks stellt. Es hat darüber hinaus eine Entwicklung stattgefunden, die

---

kampagne erfolgte Ende der achtziger Jahre mit dem Slogan „Wir machen den Weg frei“ und wurde durch die Agentur Eiler & Riemel/BBDO, München begleitet. Vgl. o.V., 1988, S. 1.

- von dem früheren Leitsatz „Einer für alle und alle für einen" als entscheidendem Bestandteil der Kundenbeziehung und der damaligen Bedeutung der *Mitglieder* als das, was eine Genossenschaft *ausmache* (Festschrift 75 Jahre),
- über bereits gewandelte Ansichten ohne das Pathos der alten Leitidee, wenn neben die Mitglieder auch Kunden ohne Mitgliedschaft und vor allem *Mitarbeiter* treten (Festschrift 100 Jahre),
- bis zur heutigen kundenorientierten Beratung unter Wettbewerbsgesichtspunkten in einer gewandelten Zeit mit eher sekundärem Bezug auf die genossenschaftlichen Wurzeln von Raiffeisen und Schulze-Delitzsch reicht.

G. Beobachtung der Artefakte der Unternehmenskultur

I. Bedeutung der architektonischen Gegebenheiten von Banken

Die Architektur eines Bankgebäudes und die Innenausstattung der Räumlichkeiten wirken direkt auf den Menschen ein, denn ein Gebäude läßt sich im eigentlichen Sinne des Wortes *begreifen*. Die Architektur kann Tastsinn und Geruchssinn aktivieren, letzteren z.B. durch den typischen Geruch von Lederbezügen oder Holzvertäfelungen. Auch das Gehör wird durch die Geräuschkulisse in einer Bankschalterhalle aktiviert. Es verschmelzen visuelle, akustische, haptische und olfaktorische Reize für Mitarbeiterinnen und Mitarbeiter und Kunden zu einem unverwechselbaren ästhetischen Gesamteindruck. „Die erste optische Impression ante portas wird durch die Wahrnehmung der innenarchitektonischen Gestaltung intra muros ergänzt."[290]

Alte Bankgebäude repräsentieren durch die Baumaterialien Marmor und Granit, wogegen als architektonische Elemente heutzutage die Materialien Glas, Stahl oder Beton überwiegen. Der Werkstoff Glas symbolisiert die Eigenschaften Transparenz und Vertrauen, die als Voraussetzung für eine harmonische Geschäftsbeziehung gelten können. Eine als zu groß empfundene Transparenz könnte jedoch auch bei Kunden den Verdacht hervorrufen, daß die Verschwiegenheit und das Bankgeheimnis nicht besonders beachtet werden. Die Materialien Stahl und Beton stehen in der für Bankgebäude typischen fortifikatorischen Tradition, welche die Verpflichtung der Bank, für die Sicherheit und den Schutz der ihr anvertrauten Werte zu sorgen, beinhaltet. Die Betrachtung der architektonischen Ausgestaltung von Banken läßt aber auch narzißtische Merkmale erkennen, wenn diese zu Kultstätten werden, in denen Organisationsidentität von der Unternehmensleitung zelebriert wird.[291] Die heutige Architektur der Banken ist geprägt von dem Wettbewerb, den sich die Banken untereinander liefern. Die Konkurrenz führt zu einem „Hochhäuserwettkampf"[292], womit die einschüch-

---

[290] Weber, Marcus, 1992, S. 137.

[291] Vgl. o.V., Corporate Culture, 1989, S. 75.

[292] Neuberger, O./Kompa, A., 1987, S. 191. Neuberger und Kompa beziehen sich auf die Skyline des Frankfurter Bankenviertels: Die Frankfurter Bankenhochhäuser der Deutschen Bank

ternde Macht des Geldes symbolisiert wird, gleich mittelalterlichen Zeiten, in denen die gotische Kathedrale die Religiosität der Menschen und die Macht der Kirche zum Ausdruck brachten. Jede Vorstandsgeneration möchte die eigene Ära prägen und legt Zeugnis ab von ihrer Auffassung von Macht, Größe, Erfolg und Überlegenheit. Es existieren also charakteristische Merkmale der Bankenarchitektur, deren Wiedererkennungswert Jehle treffend beschreibt als: „Der Begriff der Bank ist so eng verbunden mit architektonischen Zeichen wie derjenige des Justizpalasts oder der Kaserne. Elemente des Schatzhauses von Delphi und solche des florentinischen Palazzos haben sich mindestens bis zum Zweiten Weltkrieg zu einem verbindlichen Typus Bankgebäude vereinigt. Noch heute ... können sich Karikaturisten, wenn sie Bank meinen, darauf verlassen, daß eine lineare Abkürzung aus Freitreppe, Säulen und Giebel beim Publikum als Bank ankommt."[293]

Deshalb lassen sich charakteristische Merkmale in der Architektur von Banken beobachten, die als branchentypisch zu bezeichnen sind. In meiner Kulturuntersuchung interessiert mich, inwiefern die heutige Außen- und Innenarchitektur der Genossenschaftsbank (als Artefakte) diese branchentypischen Merkmale widerspiegeln.

II. Außen- und Innenarchitektur der Genossenschaftsbank

Im Vergleich zum Gründungsgebäude der Genossenschaftsbank, das sich noch durch kühle Funktionalität auszeichnete (Festschrift zum 75-jährigen Bestehen), ist für die Neuplanung des heutigen Hauptgebäudes in den siebziger Jahren eine Konzeption gewählt worden, die durch ihre offene und warme Ausstattung Kundschaft und Mitarbeiterschaft „eine menschliche Wohlfühlatmosphäre bieten sollte". Über die innenarchitektonische Ausgestaltung liegt ein Farbprospekt vor, in dem die Einrichtungselemente, der Textilbodenbelag mit Schrittschalldämpfung und eine freundliche Farbgebung in Gelb- und Orangetönen ausführlich beschrieben werden. Braunes Holzmobiliar mit ebenfalls braunem Textille-

---

mit 38 und 40 Stockwerken, die unter Bankern *Soll* und *Haben* genannt werden, bilden eine Finanzkathedrale, gegen die das Freiburger Münster wie ein Disneyland-Gemäuer wirke.

[293] Jehle, W., 1981, S. 27.

der als Plattenbespannung auf den Tresen gliedern sich in das Gesamtbild ein. Statisch bedingte Stützpfeiler in der Schalterhalle wurden mit gelbfarbigem Bodenbelag bezogen. Eine große Wirkung ging damals von der für die siebziger Jahre typischen Farbgebung in Orangetönen aus, die neben dem Umstand, daß sie Mode war, sowohl freundliche und harmonische als auch belebende und aktivierende Elemente enthielt.

Betritt ein Kunde im Jahr 1999 das Hauptgebäude, wird er von der Ausstattung der siebziger Jahre nicht mehr viel erkennen können. Umfassende außen- und innenarchitektonische Erweiterungen sind vorgenommen worden. Die Außenfassade des mehrstöckigen Bankgebäudes ist heute mit scharzem Spiegelglas eingekleidet. An Infrastruktur stehen den Bankkunden gebührenfrei eine Tiefgarage und ein Parkplatz zur Verfügung. Begibt man sich zum Haupteingang der Bank, fällt der erweiterte und modernisierte 24-Stunden-Selbstbedienungsbereich auf. Die Verglasung des Eingangsbereichs erzeugt eine lichte Atmosphäre. Ein hellbraun-schwarzer Marmorboden führt vom Selbstbedienungsbereich in die zweigeteilte Schalterhallen, die man durch eine gläserne Drehtür oder automatische Glastür betritt. Die offen gestaltete Schalterhalle besitzt den Charakter eines *Großraumbüros*, denn die Mitarbeiterinnen und Mitarbeiter arbeiten nur durch marginale optische Barrieren getrennt. Moderne technische Geräte an den Tresen fügen sich in das Gesamtbild der Halle ein und besitzen keine störende Dominanz. Den Ausgleich zur freien Gestaltung bilden Besprechungsnischen und Beratungsräume als vertrauliche Rückzugszonen. Hält man sich in der Schalterhalle auf, nimmt man durch den Blick nach oben eine Balustrade wahr, die einen zentralen „Lichthof" begrenzt. Über eine Treppe gelangt man zu diesem Rundgang, der wegen der Kunstwerke an den Wänden über eine individuelle Atmosphäre verfügt. Der Rundgang führt zu verschiedenen Abteilungen ohne Kundenverkehr und zur Vorstandsetage. Während der Blick von hier aus auf das Geschehen in der Schalterhalle fällt, erlebt man das Wechselspiel von kühler Funktionalität und künstlerischer Kreativität. Die banktypischen Werte Transparenz und Offenheit werden durch die ausgestellten Bilder mit künstlerischer Individualität verbunden.

Die Mitarbeiterinnen und Mitarbeiter ohne Kundenverkehr verfügen über Einzelbüros oder Mehrpersonenbüros, arbeiten also viel abgeschirmter als ihre Kollegen im „Großraumbüro Schalterhalle". Die Back-Office-Räume liegen funktionsorientiert zusammen, wobei das typische Einzelbüro von den Abteilungsvorgesetzten genutzt wird. Über Vorzimmer im traditionellen Sinne verfügen nur wenige Führungskräfte. Diese Institution bleibt fast ausschließlich den Vorstandsmitgliedern vorbehalten. Zur Kennzeichnung der Büroräume befinden sich neben jeder Tür Name und Funktion der Beschäftigten. Während in der Schalterhalle individuelle Gestaltungselemente der Mitarbeiterinnen und Mitarbeiter fehlen und nicht gewünscht sind, weisen die Büroräume der Back-Office-Abteilungen viele persönliche Elemente auf, von Pflanzen, Bildern, Fotografien, Pinnwänden bis zu einer selbstgestalteten Tischanordnung. Den Beschäftigten aller Abteilungen der Hauptstelle stehen während ihrer Pausen modernisierte Aufenthaltsräume, einschließlich Kücheneinrichtung, zur Verfügung.

Im Laufe meiner Untersuchung begegnete mir auf drei Schreibtischen innerhalb der Bank der gleiche Sinnspruch: „Jedes Mal, wenn ein Mensch lacht, fügt er seinem Leben ein paar Tage hinzu!“ (Curzio Malparte). Nähert man sich den Schreibtischen dieser Mitarbeiter - sei es als Kollege oder Kunde - fällt einem dieser sichtbar aufgestellte Spruch auf. Auf das Zitat angesprochen, wußte jeder von ihnen, wer dieses ebenfalls auf seinem Tisch aufgestellt hat. Hervorzuheben ist, daß die Überzeugungsträger dieses Sinnspruches in räumlich entfernt liegenden Abteilungen mit und ohne Kundenkontakt innerhalb der Hauptstelle arbeiten. Das Vorhandensein auf Schreibtischen verschiedener Funktionsbereiche bedeutet für die Unternehmenskultur, daß zwischen diesen drei Personen ein intensiver, informeller Kontakt bei gleicher Grundeinstellung besteht, die umschrieben werden könnte mit: *Mach ein freundliches Gesicht. Lache! Dann geht die Arbeit leichter von der Hand. Außerdem verlängerst Du Dein Leben - und wer möchte das nicht?* Da sich mindestens drei Mitarbeiter der Genossenschaftsbank mit dieser Überzeugung identifizieren, generieren diese Menschen damit ein Element von Kultur bzw. Subkultur innerhalb der Bank.

Die Zweigstellengebäude der Genossenschaftsbank besitzen im Gegensatz zur Hauptstelle wenige architektonische Auffälligkeiten. Während der Kulturuntersuchung habe ich sowohl modernisierte Zweigstellen besucht, als auch Filialen, die seit den achtziger Jahren keine Veränderungen in der Außen- und Innenarchitektur erfahren haben. In dem Besprechungsraum einer Zweigstelle hängt beispielsweise eine regionale Landkarte aus den achtziger Jahren, auf der die Worte stehen: „Überall arbeiten Genossenschaften: solide aus Tradition, modern im Fortschritt." Das Festhalten an dieser Karte als Informationsträger drückt Beständigkeit und Verbundenheit der Bank mit ihrer Region aus. Allerdings könnte dies auch ein Signum dafür sein, daß die Zeit in diesen Räumen seit damals stehengeblieben ist - zumindest hinsichtlich der Einrichtungsgegenstände.

Die architektonischen Artefakte von Kultur lassen erkennen, welche Prioritäten die Genossenschaftsbank gesetzt hat, um kulturelle Elemente nach außen zu vermitteln. Die Artefakte zeugen davon, wie sehr es Intention der Geschäftsführung ist, Architektur einzusetzen, um Bankkultur an ihre Kunden und an die interessierte Öffentlichkeit zu vermitteln. Zur Vervollständigung wird nun der Kleidungsstil der Mitarbeiterschaft beschrieben.

III. Kleidungsstil der Mitarbeiterinnen und Mitarbeiter der Genossenschaftsbank

Der Kleidungsstil der Bankenbranche gilt als konservativ, gedeckt und klassisch dezent, ohne individuelle Auffälligkeiten. Wenn der Bankmitarbeiter und die Bankmitarbeiterin dem Kunden im Anzug mit Krawatte oder im Kostüm mit Bluse entgegentreten, sollen Werte wie Seriosität, Vertrauen und Kompetenz vermittelt werden. Ergänzende äußerliche Attribute wie die Haarlänge, Barttracht und der Verzicht auf das Tragen von Schmuck (z.B. Ohrstecker bei Männern) ergänzen den visuellen Gesamteindruck. Die Fachkompetenz des Bankmitarbeiters soll durch keine individuellen Auffälligkeiten in der Kleidung gestört werden.[294] Die Similarität der Produkte und Dienstleistungen innerhalb der Bankenbranche und die kompetente Beratungsleistung in Geldangelegenheiten erfordern keine äußerliche Exponiertheit einer Mitarbeiterin oder eines Mitarbeiters. Diese wäre im Gegenteil sogar dem verschwiegenen Bankgeschäft eher abträglich. Von Widerständen gegen die banktypische Arbeitskleidung wird schon während der gesellschaftlichen Entwicklung der 68er-Bewegung berichtet, als vor allem junge Mitarbeiterinnen oder Mitarbeiter in Banken anfingen,

---

[294] Ganz im Gegensatz zu dem Angestellten einer Marketingagentur, der versuchen kann, durch ein grelles Hemd und ein exzentrisches Brillengestell seine kreativen Ideen nach außen zu tragen. Vgl. Kapitel D.III.2.

die preußischen Tugenden ihres Arbeitgebers zu hinterfragen. Indem die Unternehmensführung Kleidungsnormen vorschreibt, wird das Territorium der Mitarbeiterinnen und Mitarbeiter markiert, denn „die Tempelbezirke der Hohenpriester sind von den Markthallen und Werkstätten klar geschieden"[295]. So wie die Uniform des Polizisten oder der Montageanzug des Handwerkers Insignien für den ausgeübten Beruf sind, kann auch das äußere Erscheinungsbild eines Bankangestellten als Uniformierung verstanden werden. Darüber hinaus können abteilungsspezifische Unterschiede bei der Kleidung ein Signum für Subkulturen sein. In meiner Kulturuntersuchung betrachte ich den Kleidungsstil in der Hauptstelle und in den Zweigstellen. Außerdem versuche ich, Unterschiede in den Kleidungsgewohnheiten der Mitarbeiterinnen und Mitarbeiter im Kundenverkehr und denen ohne Kundenverkehr aufzudecken.

In den zwei Monaten, in denen ich mich in unregelmäßigen Abständen in der Genossenschaftsbank aufgehalten habe, läßt sich das Erscheinungsbild aller Bankangestellten im Kundenverkehr der Hauptstelle als konservativ gedeckt bezeichnen. Die in dem Schalterbereich der Hauptstelle arbeitenden Mitarbeiterinnen und Mitarbeiter treten dem Kunden im typischen Banker-Outfit gegenüber. Hierzu zählt, daß die männlichen Angestellten konsequent Anzug und Krawatte tragen. Auch die weiblichen Angestellten wählen Kostüm oder zumindest ein Jackett, um „passend" angezogen zu sein. Viele Mitarbeiterinnen verstanden es, durch Ausschöpfung der modischen Variationsbreite das strenge Kleidungsregularium, insbesondere den Einheitsanzug ihrer männlichen Kollegen, zu umgehen. Alle Beschäftigten tragen keine Namensschilder. Während in der Subgruppe Hauptstelle der konservative Kleidungsstil zur Selbstverständlichkeit zählt, stellt sich die Kleidungskultur in den Zweigstellen lockerer dar. Die Intimität der räumlichen Gegebenheiten äußert sich in einem legereren Kleidungsstil. Vergleicht man dagegen die Subgruppen der Befragten mit und ohne Kundenkontakt, lassen sich keine Unterschiede in den Kleidungsmodalitäten entdecken. Die Mitarbeiterinnen und Mitarbeiter der Back-Office-Abteilungen haben, obwohl sie nicht im Kundenkontakt arbeiten, dieselben strengen Kleidungsvorschriften internalisiert.

---

[295] Neuberger, O./Kompa, A., 1987, S. 197.

Im Ergebnis zeigt sich, daß die branchentypische Kleidungskultur der Genossenschaftsbank sich nicht von ihren Branchenkonkurrenten unterscheidet. Lediglich innerhalb der Subgruppe Zweigstellen sind größere Kleidungsfreiräume verwirklicht worden, die der Kundenorientierung und kompetenten Beratung des Kunden in keiner Weise abträglich zu sein scheinen. Der konservative Kleidungsstil ist mit den Werten und der Tradition der Bankenbranche verbunden. Es ist davon auszugehen, daß der konservative Kleidungsstil auch zukünftig als verwurzeltes Element der Branchenkultur bestehen bleiben wird.

H. Beschreibung der Ergebnisse der Mitarbeiterbefragung

I. Soziodemographische Daten der Befragten

Das Wissen um die Beschäftigungsdauer der Befragten bei der Genossenschaftsbank hilft bei der Interpretation der Ergebnisse. Die Zeitdauer, die jemand in einem Unternehmen bereits arbeitet, kann seine Sicht der Unternehmenskultur beeinflussen. Ein Neuling kann Verhaltensweisen von Kollegen ganz anders wahrnehmen als jemand, der schon zwanzig Jahre in einer Unternehmenskultur lebt und mit der Kultur verwurzelt ist. Ihm kann noch manches auffallen, was der langjährige Mitarbeiter nicht mehr sieht *und nicht mehr sehen kann.* Die unbewußten, internalisierten Grundannahmen einer Kultur sind für langjährige Mitarbeiterinnen und Mitarbeiter zur Selbstverständlichkeit geworden.[296] Auf der anderen Seite wird ein langjähriger Mitarbeiter aus seinem reichhaltigen Erfahrungsschatz schöpfen und über die Ereignisse und Veränderungen berichten können, die zur Geschichte der Bank gehören, insbesondere wenn diese mit direkten Auswirkungen auf seine Tätigkeit verbunden sind. Bei den 40 Mitarbeiterinnen und Mitarbeitern der Stichprobe habe ich die Beschäftigungsdauer in der Genossenschaftsbank erfragt und nachfolgend in vier Zeitintervalle eingeteilt: bis drei Jahre, drei bis zehn Jahre, zehn bis zwanzig Jahre und über zwanzig Jahre (Abbildung 7):

Abbildung 7: Beschäftigungsdauer der befragten Mitarbeiterinnen und Mitarbeiter

Beschäftigungsdauer bei der Genossenschaftsbank	**Mitarbeiterinnen und Mitarbeiter innerhalb der Stichprobe**
bis 3 Jahre	5
3 bis 10 Jahre	9
10 bis 20 Jahre	12
über 20 Jahre	14
Summe der Befragten	**40**

[296] Vgl. Schein, E. H., 1995, S. 24, 25 und Kapitel B.IV. zu den unbewußten Grundprämissen als Essenz von Kultur.

Mehr als die Hälfte der Befragten sind seit über zehn Jahren bei der Genossenschaftsbank beschäftigt: Zwölf Mitarbeiterinnen oder Mitarbeiter arbeiten zehn bis zwanzig Jahre, und vierzehn Mitarbeiterinnen oder Mitarbeiter über zwanzig Jahre bei dieser einen Bank. In die Kategorie der kürzesten Beschäftigungsdauer bis drei Jahre fielen fünf Mitarbeiterinnen oder Mitarbeiter, und in die folgende Kategorie mit drei bis zehn Jahren Beschäftigungsdauer neun Mitarbeiterinnen oder Mitarbeiter.

Neben der Beschäftigungsdauer kann das Lebensalter eines Befragten die Wahrnehmung der eigenen Unternehmenskultur beeinflussen. So kann sich je nach Alter auch das eigene Berufsverständnis verändern. Beispielsweise könnte die miterlebte Entwicklung innerhalb der Branche - vom Bankbeamten zum kundenorientierten Berater - vielleicht auch zu einer geänderten Sichtweise des eigenen Berufsbildes und der eigenen Tätigkeit geführt haben. Die aus Abbildung 8 ersichtliche Altersstruktur innerhalb der Stichprobe läßt eine relative Gleichverteilung über alle Altersgruppen hinweg erkennen. Lediglich die Altersgruppe der über Fünfzigjährigen ist nur mit vier Personen vertreten.

Abbildung 8: Altersstruktur der Mitarbeiterschaft innerhalb der Stichprobe

Alter der Befragten	Mitarbeiterinnen und Mitarbeiter innerhalb der Stichprobe
20 bis 30 Jahre	10
31 bis 40 Jahre	15
41 bis 50 Jahre	11
über 50 Jahre	4
Summe der Befragten	**40**

Die Kategorisierungen in Beschäftigungsdauer und Alter der Befragten sollen im folgenden verknüpft betrachtet werden. Das Alter eines Befragten korreliert mit der Zeitdauer, die er bereits für die untersuchte Bank tätig ist. Beide Merkmale beruhen auf der Einteilung in vier Intervalle und stehen in proportionalem

Verhältnis zueinander. Die kürzere Beschäftigungsdauer liegt bei den jüngeren Mitarbeiterinnen und Mitarbeitern vor, während ältere Befragte auch über einen langen Zeitraum mit der Genossenschaftsbank verbunden sind. Dieser Zusammenhang wird in Abbildung 9 dargestellt. Für die Auswertung des Fragebogens wird der Schwerpunkt allerdings auf die Beschäftigungsdauer gelegt.

Abbildung 9: Zuordnung von Beschäftigungsdauer und Alter der Befragten

Beschäftigungsdauer bei der Bank	**Alter 20 bis 30**	**Alter 31 bis 40**	**Alter 41 bis 50**	**Alter über 50**
bis 3 Jahre	5	-	-	-
3 bis 10 Jahre	5	4	-	-
10 bis 20 Jahre	-	10	1	-
über 20 Jahre	-	1	10	4
Summe der Befragten	**40**			

Die geschichtete Zufallsauswahl anhand des Organisationsplanes ergab für die Stichprobe eine Geschlechterverteilung von vierzehn weiblichen zu sechsundzwanzig männlichen Befragten (Abbildung 10).

Abbildung 10: Geschlechterverteilung innerhalb der Stichprobe

Geschlechterverteilung	
Mitarbeiterinnen	14
Mitarbeiter	26
Summe der Befragten	**40**

II. Vorverständnis von Unternehmenskultur

Die Mitarbeiterinnen und Mitarbeiter besitzen zu Beginn der Befragung unterschiedliche Vorstellungen zu dem Begriff Unternehmenskultur. Meine einleitende Frage hierzu lautete: „Der Begriff Unternehmenskultur ist zum Modewort geworden. Jeder benutzt ihn, aber keiner kann damit etwas Konkretes anfangen. Was bedeutet der Begriff für Sie?" Von den 40 Befragten haben acht Mitarbeiterinnen oder Mitarbeiter keine Begriffsumschreibung für Kultur genannt. Das Gesamtbild der übrigen 32 Mitarbeiterinnen und Mitarbeiter läßt sich einteilen in folgende sechs Bedeutungsinhalte:

1. Unternehmenskultur als menschliches Miteinander im Unternehmen:
Die Hälfte der Antwortenden verwandte für Unternehmenskultur Umschreibungen in dem Sinne wie *„Der menschliche Umgang miteinander im Unternehmen"*. Andere Wortäußerungen waren: *„Unternehmenskultur ist für mich das persönliche Miteinander aller Menschen, die in der Bank in Berührung kommen"*, *„Das soziale und das gelebte Miteinander"* oder *„Alle personellen Beziehungen untereinander"*. Vereinzelt wurde das *„Verhalten gegenüber dem Kunden"* als Unternehmenskultur bezeichnet. Auch die Ausdrücke *„Denken und Handeln des Hauses"*, *„Arbeitszufriedenheit"* und *„Corporate Identity"* verbanden einige Befragte mit Kultur.

2. Unternehmenskultur als Führung:
Zehn Befragte beschrieben die *„Führungsgrundsätze"*, den *„Führungsstil"* und das *„Mitarbeiter-Vorgesetzten-Verhältnis"* als einen Teil von Unternehmenskultur. *„Unternehmenskultur heißt, Verantwortung vorzuleben"* und *„Die Mitarbeiter zu fördern"*. Führung wird also als eine Ausdrucksform von Kultur gesehen.

3. Unternehmenskultur als Werte:
Wiederum andere Befragte (fünf Mitarbeiterinnen oder Mitarbeiter) nannten als Elemente von Kultur die Werte *„Meinungsvielfalt"*, *„Offenheit"*, *„Kooperation"*, *„Teamarbeit"* und *„soziale Verantwortung gegenüber den Mitarbeitern und den Kunden"*.

4. Unternehmenskultur als Vorgaben der Geschäftsführung:
Ferner sahen zwei Mitarbeiterinnen oder Mitarbeiter Kultur als *„Strategie und Konzepte des Vorstandes“* oder *„Die Marketingstrategie“*. Diese Befragten erläuterten, daß sie sich im Zusammenhang mit Unternehmenskultur an den Vorgaben der Geschäftsführung ausgerichtet fühlen.

5. Unternehmenskultur als genossenschaftliche Werte:
Im Zusammenhang mit Unternehmenskultur sind auch die Umschreibungen *„Richtlinien des Genossenschaftsgesetzes“*, *„Verbundgedanke der genossenschaftlichen Bankengruppe“* oder *„Mitgliedsgedanke“* bei zwei Befragten aufgetaucht. Von diesen betonte ein Mitarbeiter, daß er die Genossenschaftsphilosophie im Gegensatz zur Großbank schätze. Außerdem sehe er seinen Arbeitsplatz als sicherer an als in einer Großbank: *„Bei uns ist aus Rationalisierungsgründen noch keiner entlassen worden.“*

6. Kritische Äußerungen:
Die letzte Gruppe der Äußerungen umfaßt die kritischen Bemerkungen von drei Befragten zur eigenen Kultur wie: *„Unternehmenskultur - die war mal besser vor den Fusionen“*, oder *„Das Gebundenheitsgefühl untereinander, das durch die Fusionen gelitten hat“*, bis hin zu Antworten wie *„Der Begriff wird andauernd verwandt, ich weiß aber nicht, was das ist.“*

Anhand der breitgefächerten Antworten ist ersichtlich, daß die Vorstellungen darüber, was den Begriff Unternehmenskultur oder die eigene Bankkultur ausmacht, geteilt und nicht immer deutlich sind. Insgesamt dominierten die Vorstellungen von „Unternehmenskultur als menschlichem Umgang miteinander“ und „sozialem und gelebtem Miteinander“. Die kritischen Mitarbeiteräußerungen weisen allerdings darauf hin, daß innerhalb der Genossenschaftsbank kulturelle Probleme vorhanden sein können.

III. Ausprägungsgrade der genossenschaftlichen Werte

In meiner Kulturuntersuchung soll die Bedeutung des Genossenschaftsgedankens und der mit ihm verbundenen genossenschaftlichen Werte erfahrbar gemacht werden. Die Mitarbeiterinnen und Mitarbeiter der Stichprobe wurden nach ihrem subjektiven Verständnis dieser Genossenschaftswerte heute befragt, und zwar in der Form, daß fünf unterschiedliche Begriffe von wenig zutreffend bis sehr zutreffend zu bewerten waren. Je nach dem, wie ausgeprägt die genossenschaftliche Werte von der Mitarbeiterschaft empfunden werden, kann sich dies auf die Mitglieder und Kunden der Bank auswirken. Auf die Frage „Was verbinden Sie mit dem Begriff Genossenschaft innerhalb Ihrer Bank?" ergab sich eine insgesamt niedrige Gesamtbewertung. Die Mittelwerte lagen sogar bei vier der angegeben Wortbedeutungen unter dem Skala-Wert 3. Abbildung 11 veranschaulicht die durch die Mitarbeiterinnen und Mitarbeiter vorgenommenen Einzelbewertungen der genossenschaftlichen Werte.

Abbildung 11: Bedeutung des Genossenschaftsgedankens für die Mitarbeiterinnen und Mitarbeiter in der heutigen Zeit

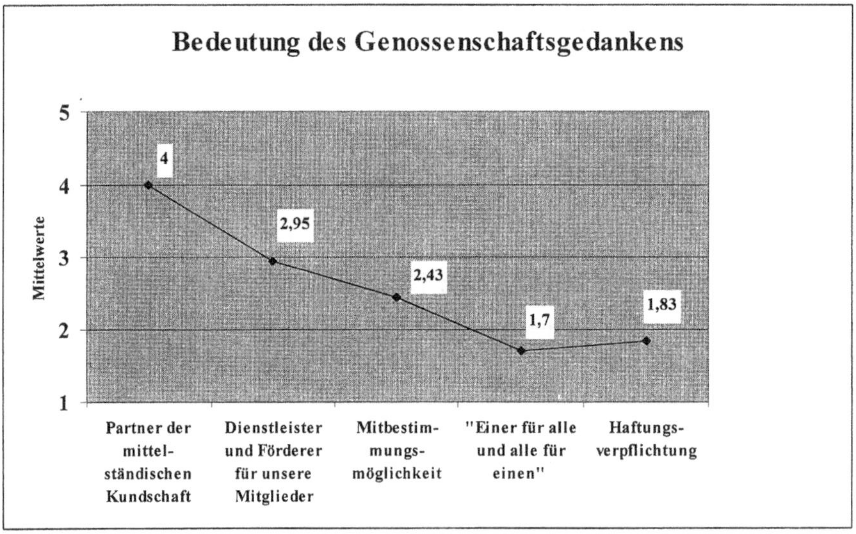

Im Ergebnis zeigt sich, daß der tradierte genossenschaftliche Leitsatz „Einer für alle und alle für einen" mit einem errechneten Mittelwert von nur 1,7 die geringste Bewertung innerhalb der Stichprobe erfährt. Bei der „Haftungsverpflichtung" liegt der Mittelwert geringfügig höher bei 1,83, und die Bewertung der „Mitbestimmungsmöglichkeit“ führt zu einem Mittelwert von 2,43. Schon eher identifizieren können sich die Mitarbeiterinnen und Mitarbeiter mit dem Begriff „Dienstleister und Förderer für unsere Mitglieder“ (Mittelwert 2,95). Als besonders zutreffend empfinden die Befragten schließlich die Zweckbestimmung der Genossenschaftsbank als „Partner der mittelständischen Kundschaft“, denn der Mittelwert liegt hier bei 4.

Darüber hinaus wird eine Auswertung der genossenschaftlichen Werte nach *Beschäftigungsgruppen* vorgenommen. Die Auswertung der Mittelwerte nach Beschäftigungsgruppen läßt für die Bewertung des Begriffs „Partner der mittelständischen Kundschaft“ ein differenziertes Bild entstehen (Abbildung 12).

Abbildung 12: Partner der mittelständischen Kundschaft als Ausdruck des Genossenschaftsgedankens nach Beschäftigungsdauer

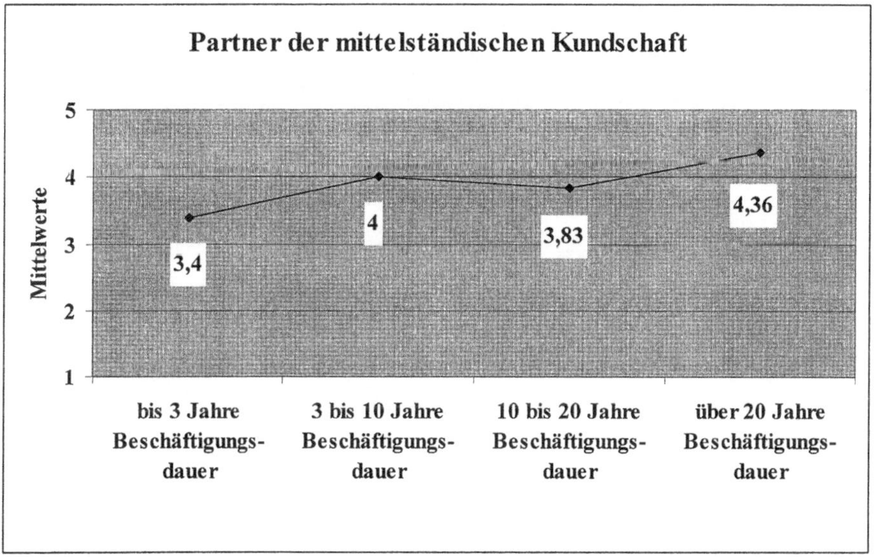

Es zeigen sich unterschiedliche Bewertungen je nach Beschäftigungsdauer der Befragten in der Genossenschaftsbank. Während in der Gruppe der Mitarbeiterinnen und Mitarbeiter unter drei Jahren Beschäftigungsdauer der Mittelwert bei 3,4 liegt, befindet sich dieser Wert bei der Gruppe der über zwanzig Jahre Beschäftigten bei 4,36. Die übrigen Werte können der Grafik entnommen werden. Bei dem zweiten Wert „Dienstleister und Förderer für unsere Mitglieder“ liegen fast keine Unterschiede nach Beschäftigungsdauer vor. Die Bewertungen differieren von 3,2 über 3 und 2,67 bis 3,07 (Abbildung 13).

Abbildung 13: Dienstleister und Förderer für unsere Mitglieder als Ausdruck des Genossenschaftsgedankens nach Beschäftigungsdauer

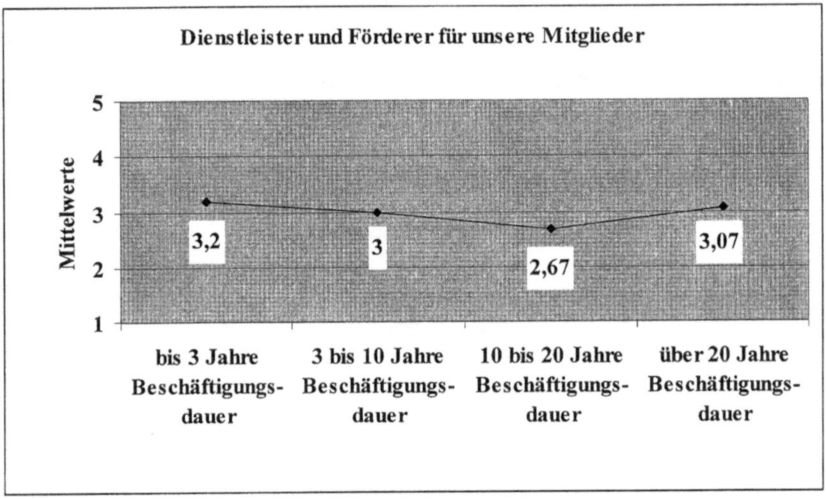

Die Einzelwerte zu der Bedeutung der „Mitbestimmungsmöglichkeit“ innerhalb der Genossenschaftsbank weisen leichte Differenzen nach Beschäftigungsdauer auf (Abbildung 14). Während bei den unter drei Jahren Beschäftigten der Mittelwert bei 1,8 liegt, zeugt der Mittelwert von 3,07 bei den seit über zwanzig Jahren Beschäftigten von einer höheren Bewertung der Mitbestimmungsmöglichkeiten für Mitglieder. Dagegen liegen die Mittelwerte der drei bis zehn Jahre Beschäftigten (2,22) und der zehn bis zwanzig Jahre Beschäftigten (2,08) wieder am unteren Rand der Skala.

Abbildung 14: Mitbestimmungsmöglichkeit als Ausdruck des Genossenschaftsgedankens nach Beschäftigungsdauer

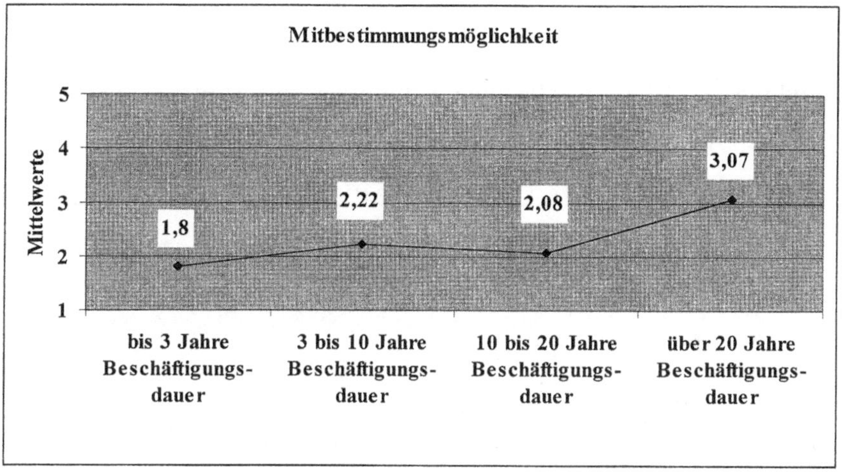

Der in § 1 Genossenschaftsgesetz verankerte Solidaritätsgedanke „Einer für alle und alle für einen" erhielt in der Gesamtübersicht (Abbildung 11) die niedrigste Bewertung (1,7). Werden die Mittelwerte nach Beschäftigungsdauer gebildet (Abbildung 15), zeigt sich in der Beschäftigungsdauer unter drei Jahren der niedrige Mittelwert von 1,4. Bei einer Beschäftigungsdauer von drei bis zehn Jahren liegt der Mittelwert noch am höchsten (bei 1,89), wogegen er bei den zehn bis zwanzig Jahre lang Beschäftigten auf 1,67 absinkt. Auch die über zwanzig Jahre Beschäftigten messen dem Solidaritätsgedanken nur noch geringe Bedeutung zu. Der Mittelwert in dieser Gruppe liegt bei 1,71.

Zur Erklärung ihrer Bewertung führten zwei Befragte den durch Zielvereinbarungen entstandenen Wettbewerbsdruck im Tagesgeschäft an, der die Mitarbeiterinnen und Mitarbeiter das Prinzip des Füreinandereinstehens nicht mehr realisieren lasse. Von drei männlichen Angestellten (in der Gruppe mit zehn bis zwanzig Jahren Beschäftigungsdauer) wurde die Assoziation mit den Musketieren des Königs vorgebracht: *„Ach so, wie bei den Musketieren, einer für alle und alle für einen, nein, das gibt's heute nicht mehr!"* Ein Mitarbeitervorschlag dazu war: *„Vielleicht könnte man aus den drei Musketieren einen Werbespot für Genossenschaftsbanken machen, damit dieses Gemeinschaftsgefühl zwischen Mitgliedern und Mitarbeitern wieder gefördert wird."*

Abbildung 15: „Einer für alle und alle für einen" als Ausdruck des Genossenschaftsgedankens nach Beschäftigungsdauer

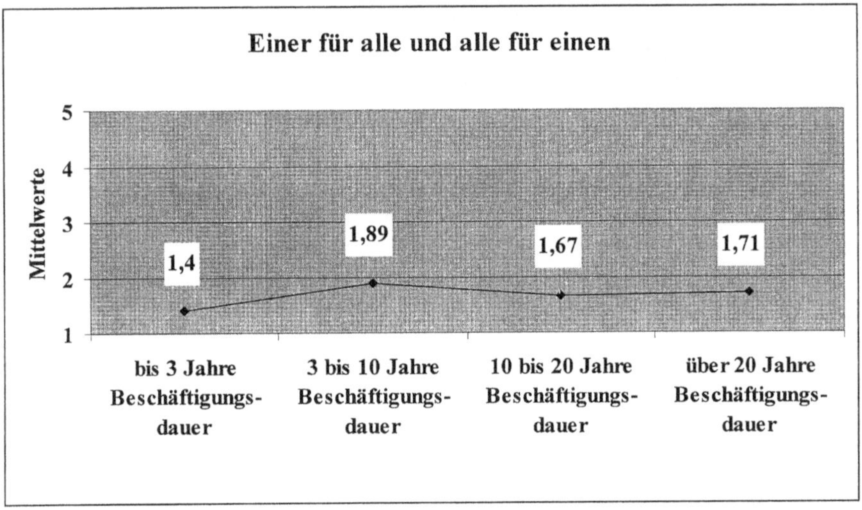

Die Bewertungen der „Haftungsverpflichtung" nach Beschäftigungsdauer werden in Abbildung 16 dargestellt. In der Gruppe der Befragten mit einer Beschäftigungsdauer von unter drei Jahren ergibt sich ein Mittelwert von 2,2, der bei den Befragten mit drei bis zehn Jahren Beschäftigungsdauer noch auf den geringeren Wert von 1,44 fällt. Bei den Befragten mit zehn bis zwanzig Jahren Beschäftigungsdauer führt die Bewertung der Haftungsverpflichtung zu einem Mittelwert von 1,58, und bei den Mitarbeiterinnen und Mitarbeitern mit über zwanzig Jahren Beschäftigungsdauer zu einem Mittelwert von 2,14.

Abbildung 16: Haftungsverpflichtung als Ausdruck des Genossenschafts-gedankens nach Beschäftigungsdauer

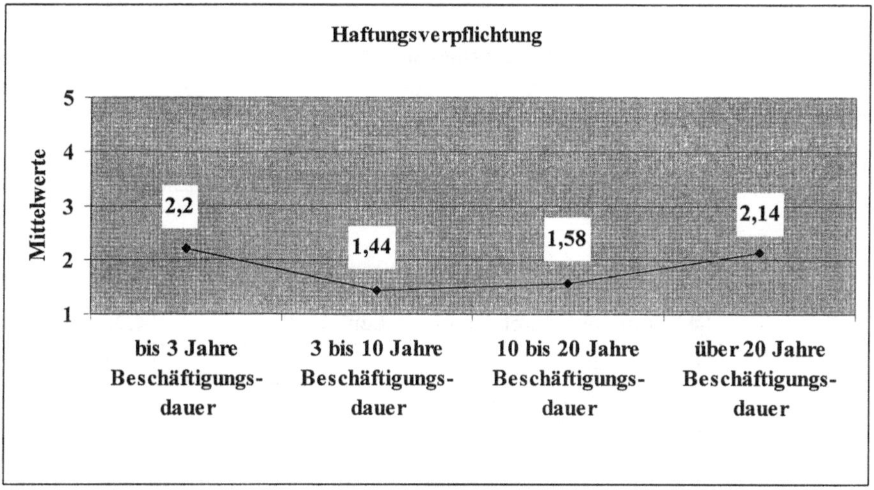

IV. Ausprägungsgrade der Einzelwerte der Unternehmenskultur

Nachdem die heutige Bedeutung der genossenschaftlichen Werte von den Mitarbeiterinnen und Mitarbeitern erfragt wurde, sollten die Ausprägungsgrade einzelner Werte, bezogen auf die Verhaltensweisen und Gefühle der Mitarbeiterinnen und Mitarbeiter im Tagesgeschäft, herausgefunden werden. Hierzu dienten achtzehn Aussagen über Verhaltensweisen und Gefühle des einzelnen während seiner Arbeit. Die herausgefundenen Mittelwerte der Unternehmenskultur bewegen sich innerhalb einer Bandbreite von 1,88 bis 4,55. Eine Sortierung dieser unternehmenskulturellen Werte nach der Höhe der Mittelwerte gibt Abbildung 17 wieder. Eine grafische Darstellung der Mittelwerte schließt sich in den folgenden Abbildungen an.

Abbildung 17: Unternehmenskulturelle Werte nach Rangfolge in der Bewertung

Fragebogen	Werte der Unternehmenskultur	Mittelwerte
3.18.a	Siezen vor dem Kunden	**4,55**
3.17.	Toleranz gegenüber Ambivalenz	**4,38**
3.2.	Kooperationsbereitschaft in der eigenen Abteilung	**4,35**
3.9.	Funktionsorientierung	**4,3**
3.7.	Aktionismus durch Zeitvorgaben	**4,28**
3.15.	Fehler machen dürfen	**4,03**
3.4.	Entscheidungen unter Zeitdruck	**3,98**
3.6.	Kundenorientierung	**3,8**
3.14.	Offenes Reden über berufliche Probleme	**3,75**
3.10.	Mitarbeiterförderung	**3,7**
3.12.	Offen für Veränderungen und bereit zum Lernen	**3,68**
3.5.	Bürokratisierung	**3,23**
3.11.	Informationsoffenheit	**3,15**
3.3.	Kooperationsbereitschaft in der Bank insgesamt	**3,05**
3.16.	Offene und sachliche Konfliktlösung	**3,03**
3.13.	Einbeziehung privater Probleme	**2,7**
3.8.	Unternehmerisches Denken	**2,65**
3.1.	Konkurrenzdruck gegenüber direkten Kollegen	**2,05**
3.18.b	Siezen nicht vor dem Kunden	**1,88**

Abbildung 18: Einzelwerte der Unternehmenskultur (Teil I und II)

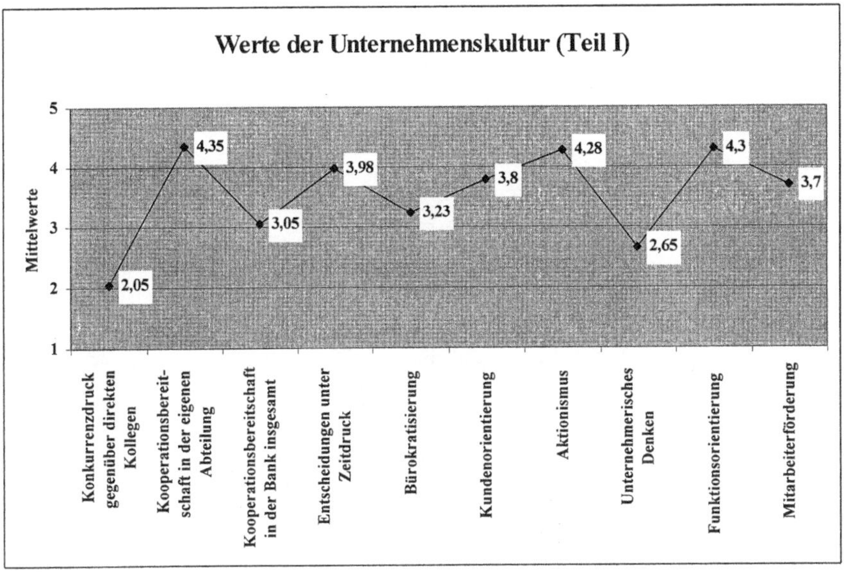

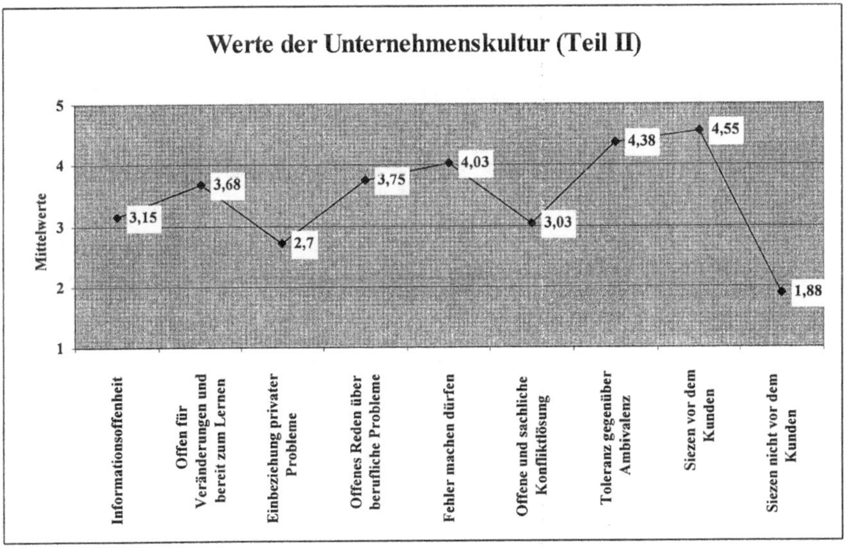

Abbildung 19: Einzelwerte der Unternehmenskultur nach Mitarbeiterinnen und Mitarbeitern der *Hauptstelle* und der *Zweigstellen* (Teil I und II)

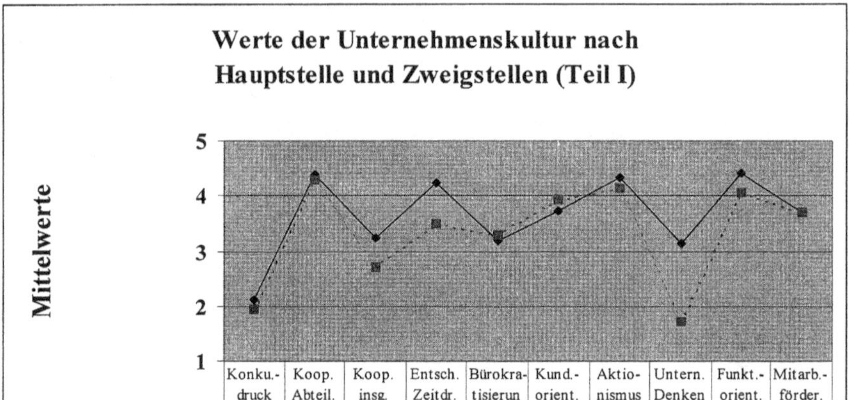

	Konku.-druck	Koop. Abteil.	Koop. insg.	Entsch. Zeitdr.	Bürokra-tisierun	Kund.-orient.	Aktio-nismus	Untern. Denken	Funkt.-orient.	Mitarb.-förder.
Hauptstelle	2,12	4,38	3,23	4,23	3,19	3,73	4,35	3,15	4,42	3,69
Zweigstellen	1,93	4,29	2,71	3,5	3,29	3,93	4,14	1,71	4,07	3,71

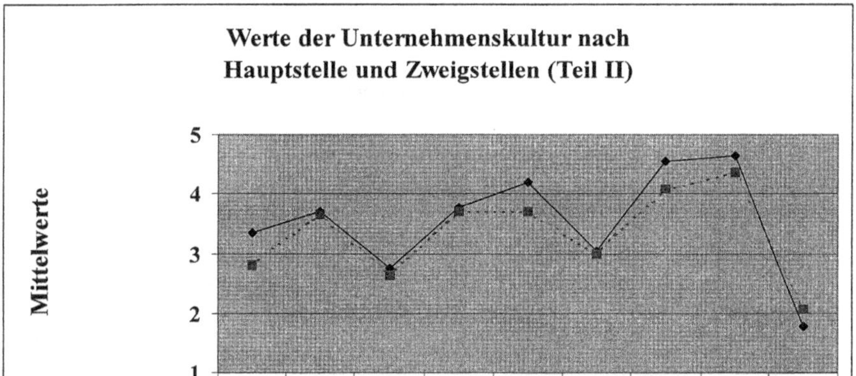

	Informa-tions-offenheit	Offen Verände. Lernen	Einbez. privater Probleme	Reden berufl. Probleme	Fehler machen dürfen	sachliche Konflikt-lösung	Toleranz gegenü. Ambival.	Siezen vor Kunden	Siezen nicht vor Kunden
Hauptstelle	3,35	3,69	2,76	3,77	4,19	3,04	4,54	4,65	1,77
Zweigstellen	2,79	3,64	2,64	3,71	3,71	3	4,07	4,36	2,07

Abbildung 20: Einzelwerte der Unternehmenskultur nach Mitarbeiterinnen und Mitarbeitern *mit* und *ohne Kundenkontakt* (Teil I und II)

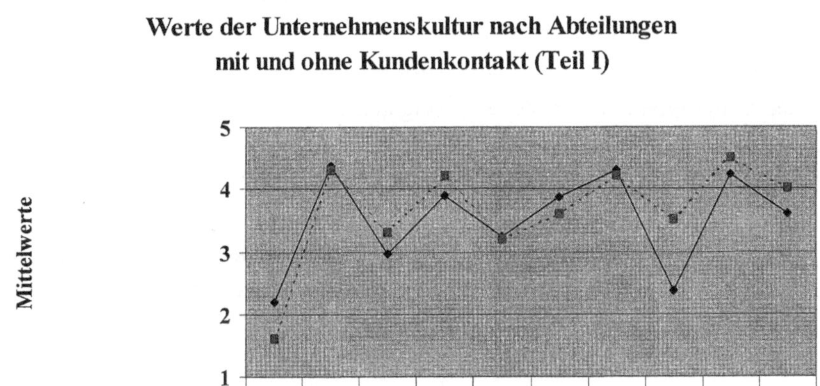

	Konku-druck	Koop. Abteil.	Koop. insg.	Entsch. Zeitdr.	Bürokra-tisierung	Kund.-orient.	Aktio-nismus	Untern. Denken	Funkt.-orient.	Mitarb.-förder.
Mit Kundenkontakt	2,2	4,37	2,97	3,9	3,23	3,87	4,3	2,37	4,23	3,6
Ohne Kundenkontakt	1,6	4,3	3,3	4,2	3,2	3,6	4,2	3,5	4,5	4

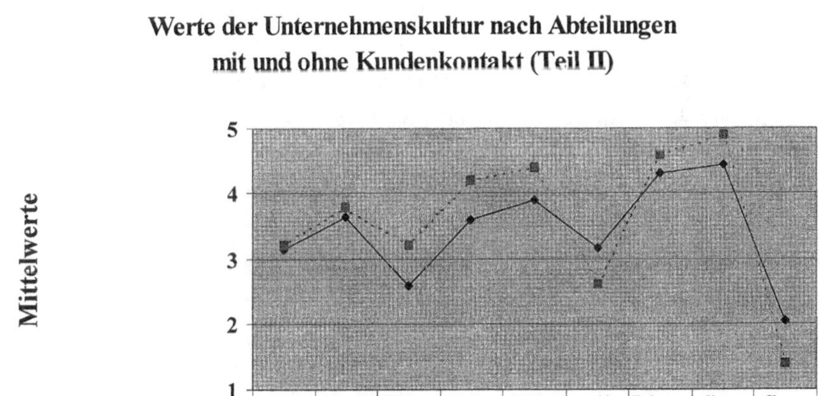

	Informa-tions-offenheit	Offen für Verände. Lernen	Einbez. privater Problem	Reden berufl. Problem	Fehler machen dürfen	sachl. Konflikt-lösung	Toleranz gegenü. Ambival.	Siezen vor Kunden	Siezen nicht vor Kunden
Mit Kundenkontakt	3,13	3,63	2,57	3,6	3,9	3,17	4,3	4,43	2,03
Ohne Kundenkontakt	3,2	3,8	3,2	4,2	4,4	2,6	4,6	4,9	1,4

Während Abbildung 18 die Bewertungen über alle Mitarbeiterinnen und Mitarbeiter zusammenfaßt, nimmt Abbildung 19 eine differenzierte Übersicht nach den Mitarbeiterinnen und Mitarbeitern der *Hauptstelle* und der *Zweigstellen* vor. Abbildung 20 verdeutlicht schließlich die unterschiedlichen Bewertungen von Mitarbeiterinnen und Mitarbeitern *mit* und *ohne Kundenkontakt.* Die gesonderte Auswertung der unternehmenskulturellen Werte nach den Beschäftigten der Subgruppen (Hauptstelle, Zweigstellen, mit und ohne Kundenkontakt) ermöglicht eine Identifizierung von Subkulturen innerhalb der Genossenschaftsbank.

Nachfolgend werden die Gesamtergebnisse und die Ergebnisse der Subgruppen für jeden unternehmenskulturellen Wert aufbereitet und analysiert (nach der Reihenfolge meines Fragebogens):

- **Konkurrenzdruck**

Die Befragten konnten ihr Konkurrenzverhalten während der Arbeit bewerten. Sie wurden mit der Aussage konfrontiert: „Gegenüber meinen direkten Kollegen empfinde ich geringen Konkurrenzdruck." Ergebnis der Auswertung ist, daß der Konkurrenzdruck gegenüber den direkten Kollegen innerhalb der Bank nur als gering empfunden wird. Der Mittelwert über alle 40 Befragten liegt bei 2,05. Für gering wurde der Konkurrenzdruck auch innerhalb der Zweigstellen gehalten, wie der niedrige Mittelwert von 1,93 zeigt. Innerhalb der Hauptstelle beträgt der Mittelwert 2,12. Auffällig ist lediglich, daß das Konkurrenzdenken bei Mitarbeiterinnen und Mitarbeitern im Kundenkontakt höher empfunden wird (2,2) als bei denen ohne Kundenkontakt (1,6). Ein langjähriger Mitarbeiter, der den Konkurrenzdruck auf der Skala nur mit 1 bewertete, gab an: *„Es gibt keine direkten Kollegen, gegenüber denen ich Konkurrenzdruck empfinden könnte."* Eine langjährige Mitarbeiterin versicherte, daß sie *„altersbedingt"* nur noch geringen Konkurrenzdruck empfinde, da sie ihre Stellung innerhalb der Bank mittlerweile als gefestigt ansähe. Wiederum ein anderer Mitarbeiter in leitender Funktion entschied sich, entgegen der allgemeinen Tendenz, den Konkurrenzdruck für sich als stark zu bewerten und wählte auf der Skala die 4. Diese Aussage erläuterte er mit der *„Einführung der Zielvereinbarungen"*, welche aus seiner Sicht dazu geführt hätten, daß der Druck innerhalb seiner Abteilung mit Kundenverkehr stärker geworden sei.

- **Kooperationsbereitschaft**

Hinsichtlich der Kooperationsbereitschaft enthielt der Fragebogen zwei Bewertungsmöglichkeiten: Für die eigene Abteilung und für die Bank insgesamt. Während die Kooperationsbereitschaft in der eigenen Abteilung für ausgesprochen hoch befunden wird (Mittelwert insgesamt 4,35), trifft dies für die Bewertung der Kooperationsbereitschaft in der Bank als ganzem nicht zu (Mittelwert bei 3,05). Für die Subgruppen Hauptstelle und Zweigstellen weisen die Mittelwerte für die Kooperationsbereitschaft in der eigenen Abteilung fast keine Differenzen auf (Mittelwert Hauptstelle 4,38 und Mittelwert Zweigstellen 4,29). Ähnliche Struktur besitzen auch die Mittelwerte für die Befragten mit Kundenkontakt (4,37) und ohne Kundenkontakt (4,3). Als Ergebnis ist festzuhalten: Die Kooperationsbereitschaft in der eigenen Abteilung wird als viel höher empfunden (4,35) als die Kooperationsbereitschaft in der Bank als ganzem (3,05). Die Kooperation in der Bank insgesamt wird von den Befragten mit Kundenkontakt für niedriger bewertet (2,97) als von denen ohne Kundenkontakt (3,3). Mehrere Mitarbeiterinnen und Mitarbeiter mit Kundenkontakt nannten ergänzend den zunehmenden Wettbewerbsdruck als Einflußgröße, da Kunden qualifiziert beraten und Verkaufszahlen erfüllt werden müßten. Unterschiedliche Bewertungen der Kooperationsbereitschaft in der Bank insgesamt bestehen auch zwischen Hauptstelle und Zweigstellen, denn die Zweigstellenmitarbeiter bewerteten die Kooperation in der Bank insgesamt für niedriger (Mittelwert Zweigstellen von nur 2,71 im Vergleich zu 3,23 in der Hauptstelle). Als Grund hierfür nannten drei Zweigstellenmitarbeiter die räumliche Distanz zur Hauptstelle: *„Wir sind in der Zweigstelle von dem Geschehen in der Hauptstelle abgeschnitten“*, oder *„Der überwiegende Teil der Kommunikation kann nur telefonisch und fast nie persönlich ablaufen“*, bis hin zu *„Seit wir fusioniert haben, ist die Bank so groß geworden, und wir kennen nur noch wenige Kollegen persönlich.“*

- **Entscheidungen unter Zeitdruck**

Die Mitarbeiterinnen und Mitarbeiter konnten bewerten, ob sie häufig Entscheidungen unter Zeitdruck fällen. Intention war festzustellen, ob innerhalb der Genossenschaftsbank eher Bedächtigkeit oder schnelles Agieren zählen. Insgesamt empfanden die Befragten den Zeitdruck während ihrer Arbeit für relativ ausgeprägt. Es ergibt sich ein Mittelwert von 3,98. Bezogen auf die Subgruppen mit und ohne Kundenkontakt innerhalb der Stichprobe halten die Mitarbeiter ohne Kundenkontakt den Zeitdruck für höher (Mittelwert 4,2) als die Mitarbeiter mit Kundenkontakt (Mittelwert 3,9). Weitere Unterschiede in der Bewertung liegen zwischen Hauptstelle und Zweigstellen vor: Der Zeitdruck in der Hauptstelle wird höher empfunden (Mittelwert 4,23) als in den Zweigstellen (Mittelwert 3,5).

- **Bürokratisierung**

Die Befragten konnten sich äußern, inwiefern sie „die Abläufe innerhalb der Bank immer konsequent eingehalten haben“. Der Grad der Bürokratisierung von Abläufen innerhalb der Genossenschaftsbank wird insgesamt als durchschnittlich angesehen (Mittelwert 3,23) und ergibt auch in Bezug auf die Auffassungen der Subgruppen keine großen Divergenzen. Bei den Abteilungen mit und ohne Kundenkontakt fiel die Bewertung der Bürokratisierung fast identisch aus (Mittelwerte 3,23 und 3,2) wie auch bei den Mitarbeiterinnen und Mitarbeitern der Hauptstelle und der Zweigstellen (Mittelwerte 3,19 und 3,29).

- **Kundenorientierung**

Um Erkenntnisse über die Ausprägung des Wertes Kundenorientierung zu erhalten, wurde den Befragten eine Formulierung genannt, die ihnen die Unterscheidung zwischen der Erledigung von Kundenanliegen und der Aufgabenbearbeitung für Vorgesetzte ermöglichte. Die Aussage lautete: „Damit ein Kundenwunsch sofort erfüllt werden kann, lasse ich auch Arbeit für Vorgesetzte liegen“. Die Kundenorientierung wird insgesamt für hoch befunden, denn die meisten Befragten stellten die Kundenbeziehung vor die Erledigung von Aufgaben für Vorgesetzte (Mittelwert 3,8). Außerdem empfinden die Mitarbeiterinnen und Mitarbeiter im Kundenkontakt die Ausrichtung auf den Kunden als ausgeprägter (Mittelwert 3,87) als diejenigen ohne Kundenkontakt (Mittelwert 3,6). Im Vergleich zwischen Hauptstelle und Zweigstellen liegt die Kundenorientierung der Zweigstellen mit 3,93 über dem Mittelwert der Hauptstelle mit 3,73.

- **Aktionismus durch Zeitvorgaben**

Um den Wert Termindruck zu erfragen, wurden die Mitarbeiterinnen und Mitarbeiter mit der Aussage konfrontiert „Ich habe Aufgaben zu bearbeiten, die schnell abgewickelt werden müssen." Die Befragten empfinden den Termindruck oder die Zeitvorgaben bei ihrer Arbeit für relativ hoch (Mittelwert 4,28 insgesamt). In den Abteilungen mit und ohne Kundenkontakt führen die Bewertungen zu einem ähnlichen Ergebnis (Mittelwerte 4,3 und 4,2). Innerhalb der Hauptstelle ergibt sich ein Mittelwert von 4,35, der nur geringfügig über dem der Zweigstellen mit 4,14 liegt.

- **Unternehmerisches Denken**

Die Frage, ob unternehmerisches Denken innerhalb der Bank gefordert sei, führte zu einem Gesamtmittelwert von 2,65. Bei der Auswertung dieses Wertes fällt auf, daß die Bewertungen innerhalb der 40 Antworten erhebliche Unterschiede auf der Skala aufweisen.[297] Eine Betrachtung der Subgruppen Hauptstelle und Zweigstellen führt zu folgendem Ergebnis: Der Wert für unternehmerisches Denken in der Hauptstelle liegt erheblich über dem in den Zweigstellen (Mittelwert 3,15 in der Hauptstelle zu nur 1,71 in den Zweigstellen). Außerdem gaben die Mitarbeiterinnen und Mitarbeiter ohne Kundenkontakt das unternehmerische Denken mit einem noch höheren Mittelwert von 3,5 an. Die Befragten mit Kundenkontakt antworteten mit niedrigeren Bewertungen, da sich hier der Mittelwert von 2,37 ergibt. Die Ergebnisse zeigen weiterhin, daß alle Befragten in leitenden Positionen angaben, unternehmerisch zu denken (hierzu zählten Abteilungsleiter, Gruppen- und Zweigstellenleiter oder Mitarbeiter aus den Abteilungen Organisation, Controlling und Innenrevision).

- **Funktionsorientierung**

Funktionsorientierung oder das Vorhandensein klarer Verantwortungsbereiche wird von den meisten Befragten innerhalb der Stichprobe bestätigt. Es ergibt

---

297 Oder anders ausgedrückt: Bei dem Wert Unternehmerisches Denken konnte eine Standardabweichung von 1,35 errechnet werden. Sämtliche Standardabweichungen über alle anderen 18 Werte waren gering und lagen erheblich unter diesem Wert.

sich ein relativ hoher Mittelwert von insgesamt 4,3. Die Mitarbeiterinnen und Mitarbeiter ohne Kundenkontakt empfinden die Klarheit ihres Aufgabenbereichs noch höher, wie der Mittelwert von 4,5 zeigt. Die Befragten mit Kundenkontakt liegen mit einem Mittelwert von 4,23 etwas niedriger als der Mittelwert insgesamt. Für die Subgruppe Hauptstelle ergibt sich für den Wert Funktionsorientierung ein Mittelwert von 4,42. Die Befragten der Zweigstellen bewerteten niedriger, jedoch oberhalb des Mittelwertes von 4 (4,07). Die befragten Mitarbeiterinnen und Mitarbeiter nehmen also insgesamt eine klare Gliederung der Verantwortungsbereiche innerhalb ihrer Bank wahr (Mittelwerte zwischen 4,07 und 4,5).

- **Mitarbeiterförderung**

Zur Ermittlung des Wertes Mitarbeiterförderung wurden die Mitarbeiterinnen und Mitarbeiter der Stichprobe nach Fördermaßnahmen gefragt, an denen sie in der Vergangenheit teilgenommen haben. Die Aussage lautete: „Beim Ausbau meines Fachwissens werde ich von der Bank gefördert." Es ergibt sich insgesamt ein Mittelwert von 3,7, der nur wenig Unterschiede zwischen Hauptstelle (Mittelwert 3,69) und Zweigstellen (Mittelwert 3,71) beinhaltet. Die Unterscheidung in Befragte mit und ohne Kundenkontakt führt zu den Mittelwerten von 3,6 (mit Kundenkontakt) und 4 (ohne Kundenkontakt). In der Gruppe der Befragten ohne Kundenkontakt wird die Mitarbeiterförderung also als besonders ausgeprägt wahrgenommen (Mittelwert von 4). Drei Befragte haben ihre Bewertungen mit dem Hinweis ergänzt, daß *„für die Auszubildenden der Bank ein gut strukturiertes Schulungsnetz besteht"*, wozu ein einwöchiges Einführungsseminar zu Beginn ihrer Tätigkeit zähle. Eine andere Stellungnahme kam von einem langjährigen Mitarbeiter, der empfand, *„aufs Abstellgleis geschoben worden zu sein"*. Zwei Mitarbeiter gaben an, *„daß die letzte Schulung in den achtziger Jahren gewesen sei"*. Vier andere Befragte äußerten, daß sie sich eigeninitiativ weiterbilden würden, durch Fernstudium oder andere Maßnahmen, da sie von der Bank keine Förderung erhielten.

- **Informationsoffenheit**

Der Wert Informationsoffenheit kann zeigen, wie durchlässig die Kommunikationswege innerhalb der Genossenschaftsbank sind, also inwiefern sich der einzelne von seinen Kollegen gut oder schlecht unterrichtet fühlt. Der Mittelwert über die gesamte Stichprobe mit 3,15 zeugt von durchschnittlichen Bewertungen. Während sich für die Mitarbeiterinnen und Mitarbeiter mit und ohne Kundenkontakt fast keine Unterschiede ergeben (Mittelwert 3,13 mit Kontakt und 3,2 ohne Kontakt), lassen sich unterschiedliche Bewertungen für die Hauptstelle und Zweigstellen ermitteln. Der Mittelwert der Hauptstelle lag mit 3,35 über dem der Zweigstellen mit 2,79. Ergebnis ist, daß sich die Befragten in der Hauptstelle (3,35) informierter fühlen als ihre Kollegen in den Zweigstellen (2,79). Ein Zweigstellenmitarbeiter erläuterte, daß er sich gut unterrichtet fühle, erklärte aber gleichzeitig, daß er seine Informationen nicht durch offizielle Rundschreiben erhalte: „*Weil ich vor meiner Zeit in dieser Zweigstelle in anderen Abteilungen tätig war, in der Hauptstelle und in Zweigstellen, konnte ich persönliche Kontakte aufbauen, die mir jetzt helfen, Informationen zu erhalten*". Er besäße informelle Kontakte, wisse aber, daß es anderen Kollegen nicht so gehe. Seiner Meinung nach fühlten sich viele Zweigstellenmitarbeiter vom Informationsfluß der Hauptstelle nicht hinreichend berücksichtigt.

- **Offen für Veränderungen und bereit zum Lernen**

Um eine Bewertung für die Veränderungs- und Lernbereitschaft innerhalb der Bank zu erhalten, wurden die Mitarbeiterinnen und Mitarbeiter befragt, ob sie bei neuen Ideen ein „offenes Ohr bei ihrem Vorgesetzten" fänden. Es konnte ein Mittelwert von 3,68 errechnet werden, also ein überdurchschnittlicher Wert auf der Skala 1 bis 5. Innerhalb der Subgruppen ergaben sich keine erheblichen Bewertungsunterschiede. Die Befragungen in der Hauptstelle führten zu einem Mittelwert von 3,69. Der Mittelwert in den Zweigstellen liegt bei 3,64. Bei den Mitarbeiterinnen und Mitarbeitern mit Kundenkontakt ergibt sich ein Mittelwert von 3,63, bei denen ohne Kundenkontakt ein Wert von 3,8 (als höchster Mittelwert). Fünf Befragte machten zu diesem Wert Anmerkungen mit folgendem Sinn: „*Daß mein Vorgesetzter ein offenes Ohr hat, heißt noch nicht, daß meine Vorschläge auch umgesetzt werden. Wenn erst gesagt wird, da haben Sie eine gute Idee, und dann passiert nichts, führt das zu Frustration bei mir.*" Die befragten Mitarbeiterinnen und Mitarbeiter empfinden also, daß ihre Vorgesetzten grundsätzlich die Bereitschaft besitzen, neue Vorschläge aufzunehmen. Neben der signalisierten Offenheit der Vorgesetzten weist die Hälfte der Befragten auf Verbesserungspotentiale bei der Umsetzung der eingebrachten Ideen hin.

- **Problembewältigung**

Der Wert Problembewältigung wurde zweifach abgefragt, einmal in Bezug auf die Einbeziehung privater Probleme und weiterhin als offenes Reden über berufliche Probleme. Private Probleme werden nach Aussagen der Befragten innerhalb der Bank nur wenig angesprochen. Der Mittelwert insgesamt liegt bei 2,7. Zwischen den Bewertungen der Hauptstelle (mit einem Mittelwert von 2,76) und den Zweigstellen (mit einem Mittelwert von 2,64) sind keine großen Unterschiede zu erkennen. Allerdings zeigte sich, daß die Befragten aus den Abteilungen ohne Kundenkontakt häufiger über Privates sprechen (höherer Mittelwert von 3,2), während die Befragten mit Kundenkontakt weniger private Angelegenheiten in ihre Gespräche einbeziehen (Mittelwert bei 2,57). Als Gründe nannte ein Mitarbeiter im Kundenkontakt Zeitmangel und Zeitdruck, weshalb er mit seinen Kollegen stets nur das Nötigste austauschen könne: „*Ich bin froh, wenn ich mit den Kollegen fachlich alles besprechen kann. Da ist keine Zeit mehr, um über Privates zu reden.*“

Daß sie über berufliche Probleme mit Kollegen offen reden könnten, bestätigten die Befragten mit überdurchschnittlichen Bewertungen. Es ergibt sich ein Mittelwert von insgesamt 3,75. Dieser Wert sieht für die Subgruppen Hauptstelle und Zweigstellen sehr ähnlich aus (Hauptstellenmittelwert 3,77 und Zweigstellenmittelwert 3,71). Dagegen unterscheidet sich der Wert in Abhängigkeit davon, ob die Befragten im Kundenkontakt arbeiten oder nicht. Die Mitarbeiterinnen und Mitarbeiter im Kundenkontakt sprechen berufliche Probleme seltener an (Mittelwert 3,6) als die Mitarbeiterinnen und Mitarbeiter ohne Kundenkontakt (Mittelwert 4,2).

- **Fehler machen dürfen**

Die Befragten wurden nach ihrer Angst vor Konsequenzen befragt, wenn sie bei ihrer Arbeit einen Fehler machen. Der vorhandene Wert, „einen Fehler machen zu dürfen“, liegt bei einem hohen Mittelwert von insgesamt 4,03. Die Mitarbeiterinnen und Mitarbeiter der Hauptstelle fühlen sich angstfreier als die in den Zweigstellen (Mittelwert Hauptstelle 4,19 und Mittelwert Zweigstellen 3,71). Unterschiedliche Bewertungen erfolgten auch zwischen den Angestellten mit und ohne Kundenkontakt. Der Mittelwert bei den Befragten ohne Kundenkontakt liegt bei 4,4, während der Mittelwert im Kundenkontakt bei 3,9 liegt. Von den Befragten wird dieser Wert also so gesehen, daß innerhalb der Bank menschliche Fehler zugelassen werden und aus ihnen gelernt werden kann.

- **Offene und sachliche Konfliktlösung**

Die Mitarbeiterinnen und Mitarbeiter wurden mit der Aussage konfrontiert: „Ich kann in der Bank offen Konflikte ansprechen, weil eine sachliche Konfliktlösung bei uns möglich ist.“ Der Wert offene und sachliche Konfliktlösung erhält innerhalb der Bank einen durchschnittlichen Mittelwert von insgesamt 3,03. Zwischen den Bewertungen der Hauptstelle und den Zweigstellen ergaben sich kaum Unterschiede (Mittelwert Hauptstelle 3,04 und Mittelwert Zweigstellen 3). Die Mitarbeiterinnen und Mitarbeiter ohne Kundenkontakt sahen diesen Wert besonders niedrig an, denn ihre Bewertungen führten zu einem Mittelwert von 2,6. Die Befragungen der Mitarbeiterinnen und Mitarbeiter im Kundenkontakt ergaben den Mittelwert von 3,17.

- **Toleranz gegenüber Ambivalenz**

Zur Aussage „Ich brauche meine Persönlichkeit in der Bank im Umgang mit Kollegen nicht zu verstecken“ hat die Befragung ergeben, daß die Mitarbeiterinnen und Mitarbeiter empfinden, daß sie ihre Persönlichkeit in der Bank nicht unterdrücken müssen. Viele Befragte haben den Extremwert 5 auf der Skala vergeben. Dies zeigt sich in dem hohen Mittelwert von insgesamt 4,38. Bei den Befragten ohne Kundenkontakt führen die Bewertungen zu einem Mittelwert von sogar 4,6, und bei den Befragten mit Kundenkontakt zu einem Mittelwert von 4,3. Innerhalb der Hauptstelle erreicht der Wert Toleranz gegenüber Ambivalenz - also das Akzeptieren der Andersartigkeit des Kollegen - den Mittelwert 4,54 und innerhalb der Zweigstellen den Mittelwert 4,07.

- **Hierarchiebetonung**

Als weiterer Wert wurde die Hierarchiebetonung innerhalb der Bank erfragt. Die Befragten konnten bewerten, ob innerhalb der Bank Wert darauf gelegt wird, daß sich die Mitarbeiterinnen und Mitarbeiter „siezen“. Differenziert wurde hier nach Situationen, bei denen die Befragten vor dem Kunden agieren oder keine Kunden anwesend sind. Als Mittelwerte haben sich für den Wert Siezen vor dem Kunden 4,55, und für Siezen nicht vor dem Kunden 1,88 ergeben. Für die Subgruppen bestätigten die Befragten der Hauptstelle das Siezen vor dem Kunden als wichtig (Mittelwert 4,65), wobei die Befragten in den Zweigstellen dies etwas lockerer sahen (Mittelwert 4,36). Außerdem geben die Befragten ohne Kundenkontakt die Wichtigkeit des Siezens vor dem Kunden höher an (Mittelwert 4,9) als ihre Kollegen im Kundenkontakt (Mittelwert 4,43), die dies realiter praktizieren. Das Siezen ohne Anwesenheit von Kunden wird von den Befragten ohne Kundenkontakt als wenig notwendig angegeben (Mittelwert 1,4). Die Mitarbeiterinnen und Mitarbeiter mit Kundenkontakt bewerteten das Siezen ohne Anwesenheit von Kunden geringfügig höher mit dem Mittelwert 2,03. Für diese Subgruppen führte die Befragung in der Hauptstelle zu einem Mittelwert von 1,77, und die Interviews in den Zweigstellen ließen einen Mittelwert von 2,07 entstehen.

V. Sprachliche Ausdrucksformen der Unternehmenskultur

1. Banktypische Witze und Graffitis

Witze und Graffiti gelten als Merkmale einer protestierenden Subkultur, durch die zu kritisierende Verhältnisse bloßgestellt werden können. Durch die Erzählung von banktypischen Witzen können die Mitarbeiterinnen und Mitarbeiter zu Geschehnissen ironisierend Stellung beziehen, denn es werden Äquivalente für den eigentlich zu kritisierenden Sachverhalt gefunden. Das Erzählen von Witzen macht das Ansprechen und Weitererzählen brisanter Themen möglich, gleichzeitig behält der Erzähler jedoch Distanz. Witze können für Situationen, Menschen oder Gefühle zutreffende Charakterisierungen bieten: „Wer Witze erzählt, will unterhalten und sich als lustig und gesellig präsentieren, sich von Triebspannungen und Ängsten auf eine kaum sublimierte Weise entlasten und konkrete Mängel und Verleumdungen entlarven.“[298] Die bei der Mitarbeiterbefragung aufgedeckten Witze helfen, die zwischenmenschlichen Beziehungen innerhalb der Genossenschaftsbank zu interpretieren.

---

[298] Neuberger, O./Kompa, A., 1987, S. 143.

Die Mitarbeiterinnen und Mitarbeiter der Genossenschaftsbank wurden befragt, ob sie sich an einen banktypischen Witz erinnern könnten, der ihnen erst kürzlich erzählt worden sei. Dies konnten achtzehn der 40 Befragten mit ja beantworten, zweiundzwanzig verneinten es. Bei der Auswertung fällt auf, daß die Bereitschaft, einen Witz zu erzählen, mit zunehmender Beschäftigungsdauer der Befragten in der Bank anstieg. Das Ergebnis ist in Abbildung 21 erfaßt.

Abbildung 21: Banktypische Witze innerhalb der Genossenschaftsbank

Erinnerung an einen Banktypischen Witz	**Ja**	**Nein**
Hauptstelle	9	17
Zweigstellen	9	5
Summe der Befragten (40)	**18**	**22**

Von den achtzehn Mitarbeiterinnen und Mitarbeitern, die sich an einen Witz erinnern konnten, haben mir zwölf Personen einen Witz erzählt. Von fünf Befragten wurde der gleiche Witz erzählt, da er als Bildwitz per Fax innerhalb der Zweigstellen kursierte. Ein anderer Witz wurde von zwei Mitarbeitern erzählt. Insgesamt können *sieben* unterschiedliche Witze wiedergegeben werden. Zwei Witze nehmen Bezug auf die divergierenden Bankenformen wie Sparkasse, Genossenschaftsbank oder Deutsche Bank. Ein anderer Witz bezieht sich auf das Vorgesetzten-Mitarbeiter-Verhältnis in der Bank. Ein weiterer Witz zeichnet sich durch erotische Anspielungen aus. Zwei andere Witze beschreiben einen Bankraub und das Verschwinden von Geld aus dem Tresor. Die Witze werden im hinteren Teil der Arbeit erzählt und interpretiert (unter Bewertung der sprachlichen Ausdrucksformen und Kommunikation).

Die Mitarbeiterinnen und Mitarbeiter wurden nicht nur nach Witzen, sondern auch nach dem Vorhandensein von Graffiti innerhalb der Genossenschaftsbank befragt. Lediglich vier von 40 Mitarbeiterinnen und Mitarbeitern konnten sich erinnern, anonyme Sprüche gesehen zu haben (Abbildung 22).

Abbildung 22: Graffiti innerhalb der Genossenschaftsbank

Graffitis in der Bank bemerkt	Ja	Nein
Hauptstelle	1	25
Zweigstellen	3	11
Summe der Befragten (40)	**4**	**36**

Die Befragten gaben an, daß ihnen äußerst selten Fotokopien mit Sprüchen aufgefallen seien, beispielsweise im Tresor oder auf Kontenkästen. Es konnte jedoch kein Graffiti benannt werden - außer „*Orga = Orgasmus*“, so daß keine weiteren Differenzierungen an dieser Stelle erfolgen. Aussagefähiger als die Menge der Graffiti in einem Unternehmen ist die Kategorisierung des entdeckten Graffiti, um von einer bestimmten Thematik auf die Virulenz von Problemen zu schließen.[299]

2. Banktypische Fachausdrücke

Die Mitarbeiterinnen und Mitarbeiter wurden nach dem Vorhandensein und der Benutzung einer banktypischen Sprache befragt. Daß eine solche Fachsprache in der Genossenschaftsbank existiert, lassen die Bewertungen der Befragten erkennen (Mittelwert 3,63). Weiterhin wurde nach den Gründen gefragt, die dazu führen können, daß ein Bankangestellter eine spezielle Bankensprache spricht: Der niedrige Mittelwert von insgesamt 1,5 zeigt, daß die Mitarbeiterinnen und Mitarbeiter meinen, selten oder nie Fachausdrücke zur bewußten Abgrenzung gegenüber Bankfremden einzusetzen. Fast jeder Befragte gab dagegen an, Fachausdrücke zu benutzen, „weil sie einfach üblich sind“ (Mittelwert 4,73). Die Mittelwerte sind Abbildung 23 zu entnehmen.

---

[299] Vgl. Neuberger, O./Kompa, A., 1987, S. 126 ff.

Abbildung 23: Banktypische Sprache innerhalb der Genossenschaftsbank

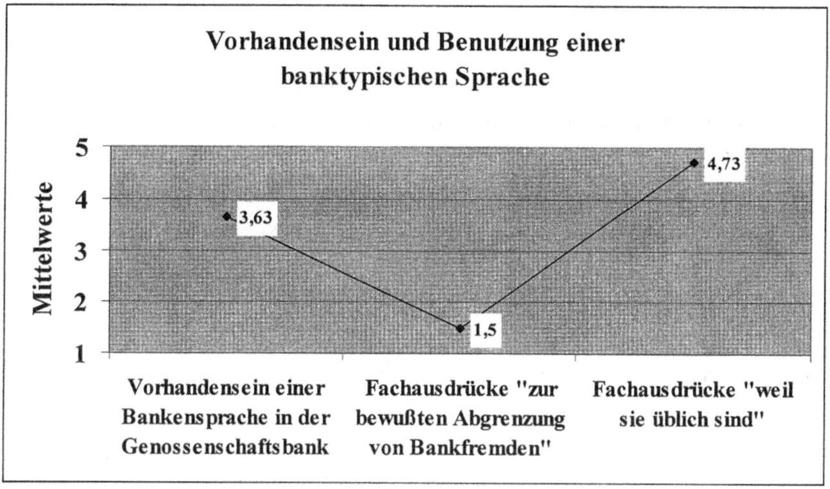

Die von den Mitarbeiterinnen und Mitarbeitern benannten Beispiele für eine banktypische Sprache decken ein breites Spektrum ab. Fünf Mal fiel der Fachbegriff Disagio, zwei Befragte nannten Obligo und weitere zwei Mitarbeiter Primanota. Andere Beispiele sind Effektiv- und Nominalzins, Saldo, Vorschußzinsen, Diskontsatz, Akkreditiv, Valuta, valutarische Überziehung, Summen-Salden-Liste und Cash-Flow. Vier Befragte wiesen auf den Ausdruck Leporellos hin, der über die interne Mail verbreitet worden sei, und womit Faltblätter zur Kundeninformation gemeint worden seien, was man damals jedoch nicht gewußt hätte. Eine Mitarbeiterin, die aus einer anderen Berufssparte zur Bank gewechselt ist, erinnert sich an ihren Einstieg mit den Worten: „*An meinen ersten Arbeitstagen habe ich nichts verstanden*". Ein neuer Mitarbeiter beschreibt seine Sprachschwierigkeiten ähnlich: „*Da in der vorherigen Bank andere Begriffe für die gleichen Organisationsstrukturen verwendet worden sind, konnte ich erst gar nicht mitreden*". Bestätigt wurde jedoch auch, daß eine Bankensprache benutzt würde, „*weil sie bankentypisch ist*" und „*weil sie unbewußt drin*

ist".[300] Nur ein Mitarbeiter nannte Arroganz als Grund für die Verwendung einer speziellen Bankensprache.

Zwölf Mitarbeiterinnen und Mitarbeiter hielten Fremdworte aus dem Wertpapierbereich für schwer verständlich. Als Beispiele tauchten die Begriffe Aktienfonds, Cost-Average-Effekt, Shareholder Value, Optionsscheine oder Solvabilität auf. Auch die Sprache des Kreditbereichs wurde als eine sich abgrenzende Subgruppensprache empfunden, mit Fremdwörtern wie Einmalvalutierungserklärung oder Kapitaldienstfähigkeitsberechnung. Aus dem Homebanking-, Geldkarten- und Internet-Bereich wurden die Ausdrücke HBCI, Inibrief oder IP-Adresse genannt.

Die Auswertung der Ergebnisse zeigt, daß insbesondere die Mitarbeiterinnen und Mitarbeiter der *Wertpapierabteilung*, *Kreditabteilung* und des *Homebanking/Internet-Bereichs* als Träger einer speziellen Bankensprache identifiziert werden können. Hierin zeigt sich bei diesen drei Subgruppen innerhalb der Genossenschaftsbank, daß eine eigene Sprache eine abgrenzende Funktion gegenüber abteilungsfremden Kollegen ausübt. Es läßt sich als Zwischenergebnis festhalten: Zu den bereits erkannten Subgruppen, basierend auf den Organisationsstrukturen Hauptstelle und Zweigstellen sowie Abteilungen mit und ohne Kundenkontakt lassen sich fachgebundene Subgruppen herausfinden, deren Mitglieder sich durch eine fachspezifische Sprache von ihren abteilungsfremden Kollegen abgrenzen.

VI. Kommunikation innerhalb der Genossenschaftsbank

Die Ausführungen zu den Merkmalen einer bankspezifischen Sprache in der Genossenschaftsbank verdeutlichen, daß Witze als Medium genutzt werden, um zu bestimmten Themen sprachlich Stellung zu beziehen. Außerdem konnten die Befragten das Typische ihrer Bankensprache umschreiben, so daß die Existenz weiterer Subgruppen innerhalb der Genossenschaftsbank belegt werden konnte. Wird Sprache als Medium angesehen, um Inhalte zu transportieren, ist Kommu-

---

[300] Im typischen Banksprachgebrauch werden Kredite beantragt, ausgereicht oder gewährt, Einlagen hereingenommen und Gebühren erhoben. Vgl. Hüfner, M., 1990, S. 28.

nikation die Ausdrucksform, *wie* eine Nachricht zwischen zwei Menschen übermittelt wird. Innerhalb der Bank können „Kommunikationsprozesse einen doppelten Boden besitzen“[301], wenn beispielsweise gemauert wird, Informationen zurückgehalten werden oder benachbarte Abteilungen im Zuständigkeitsgerangel geschnitten werden. Außerdem bestimmt die Art und Weise der bankinternen Kommunikation auch den Umgang mit den Kunden. Im folgenden werden die Kommunikationswege, die Häufigkeit einzelner Kommunikationsformen zwischen den Subgruppen und die Qualität der zwischenmenschlichen Verständigung beschrieben.

- **Auswahl und Häufigkeit bestimmter Kommunikationswege**

Um die Häufigkeit der innerhalb der Genossenschaftsbank benutzten Kommunikationswege herauszufinden, konnten die Befragten zwischen persönlicher, telefonischer, schriftlicher Kommunikation (durch formelle Schreiben oder Notizen auf Zetteln) und Faxbenutzung wählen und jeweils Bewertungen hierzu durchführen (Abbildung 24). Die Mitarbeiterinnen und Mitarbeiter nehmen die Kommunikation so wahr, daß innerhalb der Bank am häufigsten telefoniert wird (hoher Mittelwert von 4,4 für die gesamte Stichprobe), gefolgt von der persönlichen Kommunikation mit einem Mittelwert von insgesamt 3,68. Die Häufigkeit für die schriftliche Kommunikation durch Notizzettel (Mittelwert 2,7) steht nach Meinung der Befragten an dritter Stelle und die Benutzung des Faxgerätes erhält an vierter Stelle einen Mittelwert von 2,55. Die Mitarbeiterinnen und Mitarbeiter geben an, daß sehr selten formelle Schreiben abgefaßt werden (Mittelwert 1,88). Lediglich die Mitarbeiter von Organisation und Innenrevision bestätigten, oft offizielle Schreiben (Rundschreiben und Revisionsberichte) zu versenden.

---

[301] Wever, U. A./Besig, H.-M., 1995, S. 21.

Abbildung 24: Häufigkeit der Kommunikationswege innerhalb der Bank

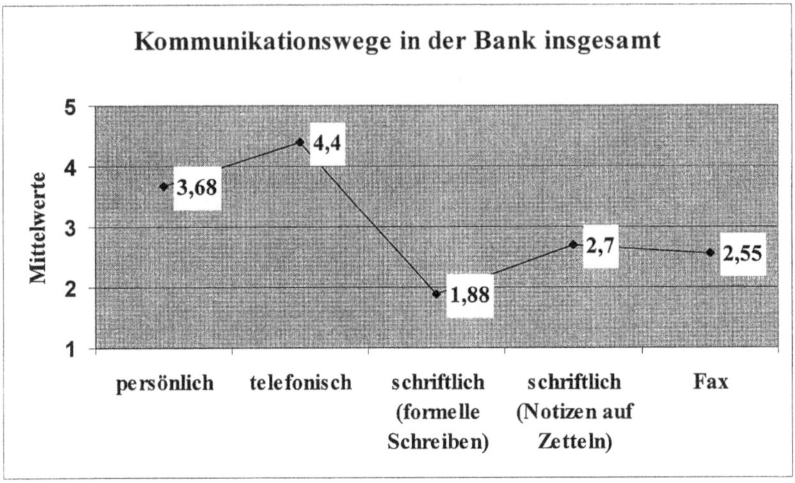

Das Faxgerät wird nach Angaben der Befragten nur restriktiv zur Weiterleitung von Informationen verwandt. Ein Mitarbeiter der Hauptstelle merkte an, daß er und seine Kollegen das Faxgerät selten untereinander benutzen und es eher gegenüber Außenstehenden bzw. Kunden einsetzen würden. Als zusätzliches Kommunikationsmedium benannten fünf Befragte das bankinterne Mail-System. Ein Mitarbeiter bezeichnete das Mail-System als „*das schwarze Brett von heute*" und unterstrich die Bedeutung, die er diesem Medium zumißt.

- **Kommunikation zwischen den Subgruppen Hauptstelle und Zweigstellen**

Um die Kommunikationsqualität innerhalb der Genossenschaftsbank beschreiben zu können, sollten die Mitarbeiterinnen und Mitarbeiter bewerten, für wie effizient sie die Kommunikation zwischen der Hauptstelle und den Zweigstellen halten. Alle Befragten antworteten jeweils aus der Sicht ihres speziellen Arbeitsplatzes. Als Qualitätsmerkmale erhielten sie die Adjektive oft, reibungslos, hierarchieübergreifend und effektiv vorgelegt mit der Bitte, diese auf der fünfpoligen Skala einzuordnen. Die Analyse erfolgte getrennt nach den Subgruppen Hauptstelle und Zweigstellen. Das Ergebnis ist in Abbildung 25 dargestellt.

Abbildung 25: Qualität der Kommunikation zwischen Hauptstelle und Zweigstellen

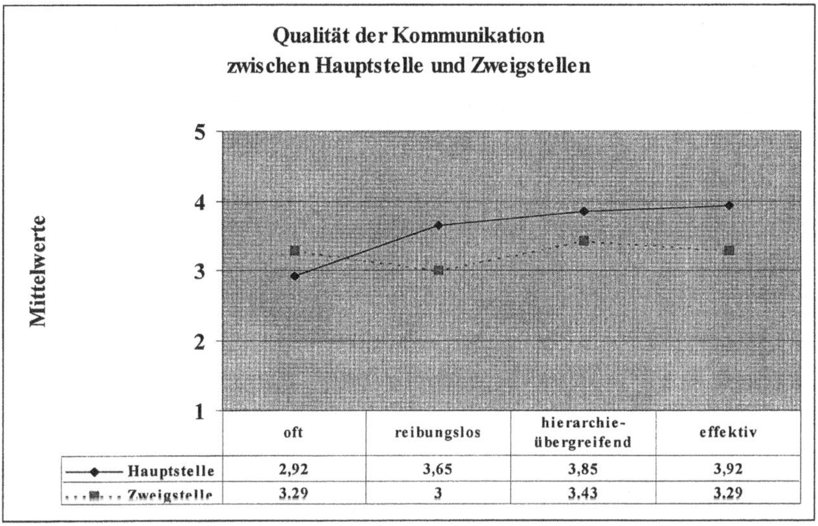

Die Reibungslosigkeit der Kommunikation führt nach den Bewertungen der Subgruppe Zweigstellen zu einem Mittelwert von 3, während die Subgruppe Hauptstelle in ihren Einschätzungen höher liegt, so daß hier ein Mittelwert von 3,65 entsteht. Hierarchieübergreifende Kommunikation liegt nach Empfinden der Zweigstellenbefragten mit einem Mittelwert von 3,43 vor. Die Befragten der Hauptstelle sehen weniger Notwendigkeit in einer Einhaltung von Hierarchien (wie der Mittelwert von 3,85 für hierarchieübergreifend zeigt). Auch die Effektivität der Kommunikation wird von den Mitarbeiterinnen und Mitarbeitern der Zweigstellen geringer bewertet (Mittelwert Zweigstellen 3,29 im Vergleich zur Hauptstelle mit 3,92). Lediglich die Häufigkeit ihrer Kommunikation mit der Hauptstelle gibt die Subgruppe Zweigstellen höher an (Mittelwert Zweigstellen 3,29 über Mittelwert Hauptstelle 2,92). Die Bewertung der Adjektive hat als

Ergebnisse für die Subgruppen folgendes Bild offenbart: Die Befragten in den Zweigstellen empfinden die Kommunikationsqualität zwischen sich und der Hauptstelle eher schlechter als sie von den Befragten der Hauptstelle gegenüber den Zweigstellen bewertet wird.

- **Kommunikation zwischen den Subgruppen mit und ohne Kundenkontakt**

Bei der Auswertung der Kommunikationsqualität nach den Antworten der Subgruppen mit und ohne Kundenkontakt ergeben sich höhere Bewertungen bei den Beschäftigten ohne Kundenkontakt (Abbildung 26).

Abbildung 26: Qualität der Kommunikation zwischen Abteilungen mit und ohne Kundenkontakt

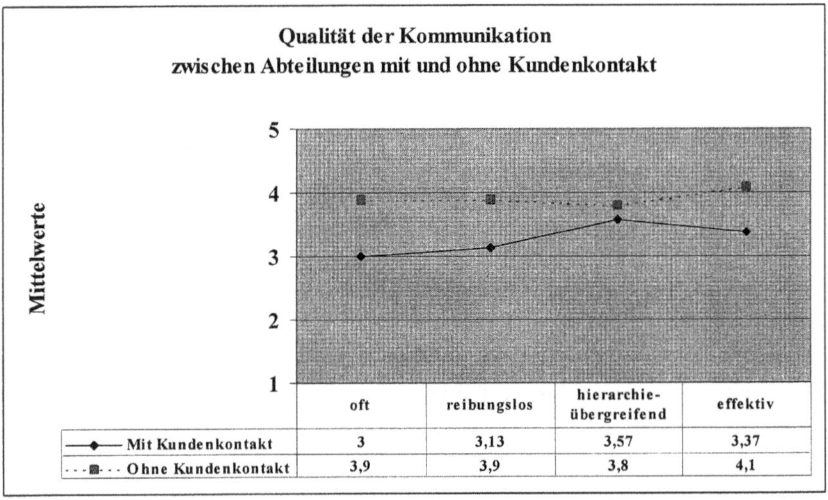

	oft	reibungslos	hierarchie-übergreifend	effektiv
Mit Kundenkontakt	3	3,13	3,57	3,37
Ohne Kundenkontakt	3,9	3,9	3,8	4,1

So bewerten die Befragten ohne Kundenkontakt als erstes die Häufigkeit ihrer Kommunikation höher (Mittelwert ohne Kundenkontakt 3,9 im Vergleich zum Mittelwert mit Kundenkontakt 3). Nach Empfinden der Back-Office-Mitarbeiter verläuft die Kommunikation auch reibungsloser (Mittelwert 3,9), als dies die

Kollegen im Front-Office-Bereich angeben (Mittelwert 3,13). Die hierarchieübergreifende Kommunikation liegt nach den Bewertungen der Befragten ohne Kundenkontakt bei einem Mittelwert von 3,8 (im Gegensatz zum Mittelwert von 3,57). Zu höheren Bewertungen gelangen die Mitarbeiterinnen und Mitarbeiter im Back-Office-Bereich auch hinsichtlich der Effektivität der Kommunikation (Mittelwert sogar 4,1 im Vergleich zu 3,37). Es läßt sich zusammenfassen: Die Befragten mit Kundenkontakt empfinden die Kommunikationsbeziehungen zu den Befragten des Back-Office-Bereichs für schlechter als es die Befragten des Back-Office-Bereiches gegenüber den Mitarbeiterinnen und Mitarbeitern im Kundenkontakt wahrnehmen. Ein Mitarbeiter im Kundenkontakt bezeichnete die Zusammenarbeit mit den Mitarbeitern ohne Kundenkontakt als „*Konflikt zwischen Praktikern und Theoretikern*".

- **Qualität der Kommunikation in der eigenen Abteilung**

Nachdem die Kommunikationsbeziehungen zwischen den Subgruppen beschrieben worden sind, soll nun die empfundene Kommunikationsqualität in der eigenen Abteilung ausgewertet werden. Die Mitarbeiterinnen und Mitarbeiter wurden nach dem „Kommunikationsverhalten der anderen Kollegen ihnen gegenüber" befragt (Abbildung 27). Die Einzelbewertungen (Mittelwerte) für die Qualität der Kommunikation mit den Kennzeichen offen, locker, persönlich, private Worte fallen, klar und direkt und freundlich sind grafisch dargestellt worden. Fast alle 40 Befragten empfanden, daß in der eigenen Abteilung ein angenehmes Kommunikationsklima vorliegt. Fünf der errechneten sechs Mittelwerte weisen einen Mittelwert von über 4 auf.

Bis auf eine Ausnahme empfanden die Mitarbeiterinnen und Mitarbeiter über die gesamte Stichprobe die Kommunikationsbeziehungen innerhalb ihrer Abteilung als offen, locker, persönlich, klar, direkt und freundlich. Dieser eine Befragte wies auf eine veränderte Kommunikationssituation in seiner Abteilung hin, die durch die eingeführten Gleitzeitregelungen entstanden sei. Durch die neue Zeitregelung sei keine gemeinsame Mittagspause der Kollegen mehr möglich. Dieser Umstand hätte sich negativ auf den Zusammenhalt in seiner Abteilung ausgewirkt. Außerdem wären die Aufenthaltsräume für Raucher und Nichtraucher separiert worden, was seiner Meinung nach zwar gesundheitsförderlich, aber nicht kommunikationsfreundlich sei.

Abbildung 27: Qualität der Kommunikation in der eigenen Abteilung

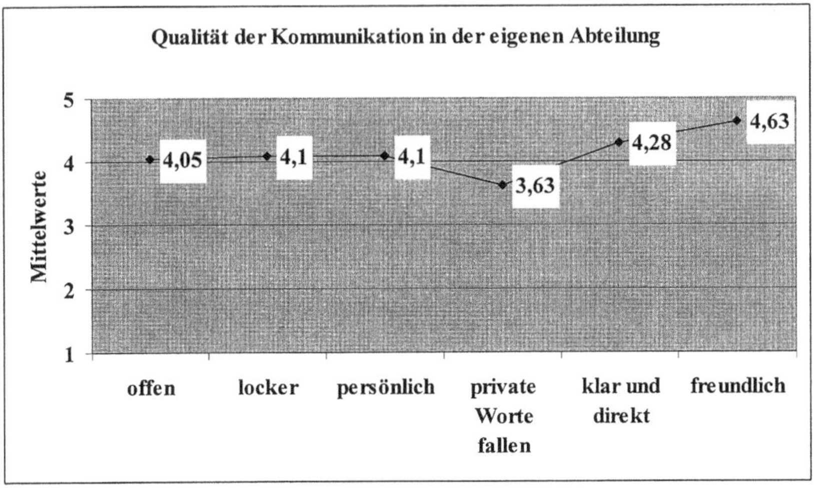

VII. Interaktionen innerhalb der Genossenschaftsbank

1. Mitarbeiterförderung durch fachliche und persönliche Schulungen

Um eine Wahrnehmung von der Intensität der Mitarbeiterförderung innerhalb der Genossenschaftsbank zu erhalten, wurden die Mitarbeiterinnen und Mitarbeiter befragt, wie sie die Unterstützung durch fachliche Schulungen und Persönlichkeitstraining in der Vergangenheit bewerten. Segmentiert nach der Beschäftigungsdauer lassen sich Unterschiede in den Mittelwerten für persönliche und fachliche Förderung erkennen (Abbildung 28). In allen Beschäftigungsgruppen empfinden die Befragten, daß sie mehr Unterstützung durch Fachschulungen als durch Persönlichkeitstraining (Rhetorik-Seminare oder Verkaufsschulungen) erhalten haben.

Abbildung 28: Unterstützung durch Schulungsmaßnahmen nach Beschäftigungsdauer

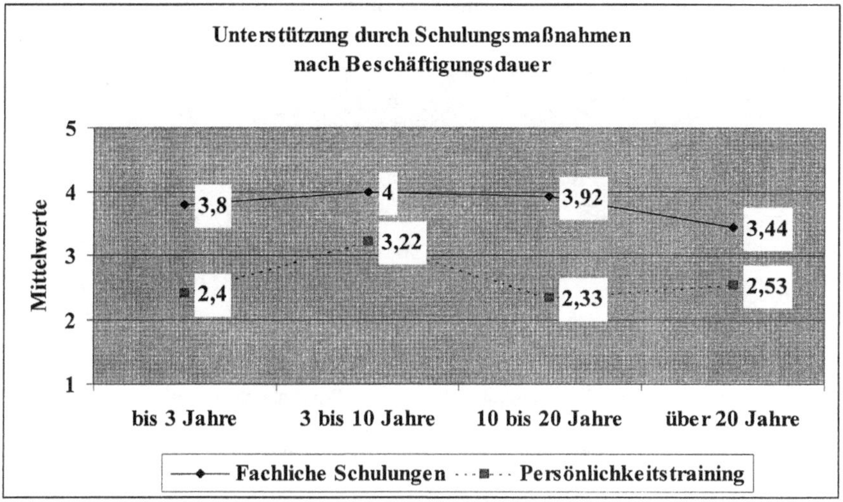

Die umfassendsten Fördermaßnahmen erhielten nach eigenen Angaben die Befragten in dem Beschäftigtenintervall von drei bis zehn Jahren (Mittelwert für Fachschulungen 4 und für Persönlichkeitstraining 3,22). Weniger fachliche Unterstützung bekommen zu haben, gaben die langjährigen Mitarbeiterinnen und Mitarbeiter an (über zwanzig Jahre Beschäftigung mit dem Mittelwert 3,44). Der geringste Mittelwert für persönliche Schulungen (2,33) fällt auf die Befragten im Beschäftigtenintervall zehn bis zwanzig Jahre. Auf die Frage nach Persönlichkeitsschulungen wies jeder zweite Befragte darauf hin, daß diese Schulungen in früheren Zeiten stärker angeboten worden seien.

Eine Auswertung der Befragungsergebnisse nach dem Geschlecht der Befragten läßt ein weiteres Gefälle innerhalb der Mitarbeiterschaft erkennen (Abbildung 29). Es fällt auf, daß die weiblichen Bankangestellten nach eigenen Einschätzungen weniger gefördert wurden als ihre männlichen Kollegen.

Abbildung 29: Unterstützung durch Schulungsmaßnahmen nach Geschlecht

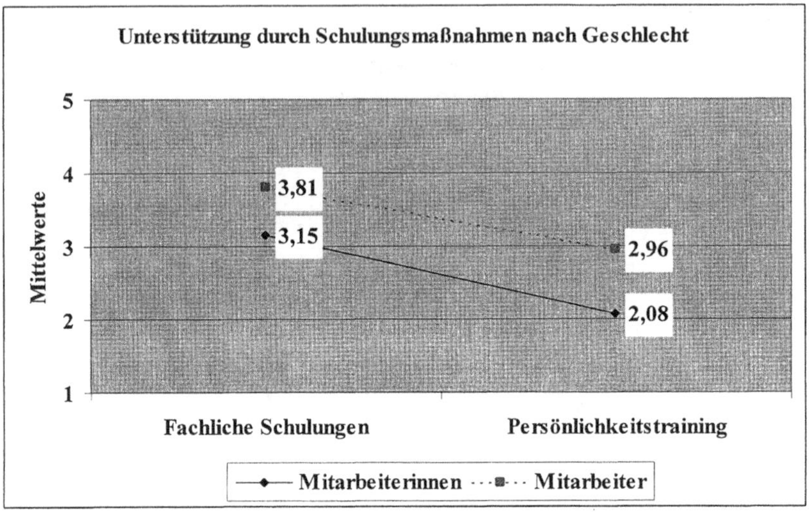

Während sich bei den Mitarbeitern der Mittelwert für fachliche Schulungen bei 3,81 bewegt, liegt dieser bei den weiblichen Angestellten bei 3,15. Die gleichen Divergenzen zwischen den Geschlechtern zeigen sich beim Persönlichkeitstraining, wenn die Mitarbeiter ihre Unterstützung mit einem Mittelwert von 2,96 bewerten, die Mitarbeiterinnen jedoch den Wert 2,08 vergeben.

2. Einarbeitungsmaßnahmen für neue Mitarbeiterinnen und Mitarbeiter

Werden neue Mitarbeiterinnen und Mitarbeiter bei ihrer Einarbeitung individuell betreut, erfahren sie schneller und direkter, welche offiziellen und inoffiziellen Regeln in dem Unternehmen gelten. Eingeleitet wird ein bewußt gesteuerter Gruppenintegrationsprozeß, der die Mitarbeiterinnen und Mitarbeiter an die bestehende Unternehmenskultur *anpassen* soll.[302] Das Vorhandensein dieser

[302] Vgl. Kapitel D.III.6. und Fürstenberg, F., 1981, S. 89.

als Initiationsriten in die Fachliteratur eingegangenen Einarbeitungsmaßnahmen innerhalb der Genossenschaftsbank sollte von den Mitarbeiterinnen und Mitarbeitern angegeben werden. Die Befragten wurden gebeten, sich an ihre ersten Arbeitstage in der Bank zurückzuerinnern. Da die Stichprobe der Befragten sämtliche Beschäftigungsdauern von unter drei Jahren bis über zwanzig Jahre umfaßt, können die Einführungsmaßnahmen über einen langen Zeitraum zurückverfolgt werden (Ja/Nein-Frage). Das sich ergebende Gesamtbild ist Abbildung 30 zu entnehmen.

Abbildung 30: Einarbeitungsmaßnahmen an den ersten Arbeitstagen

Einarbeitungsmaßnahmen (*Initiationsriten*)	**Ja**	**Nein**	**Summe**
Einführungsseminar	12	28	40
Schulung	12	28	40
Mentor/Patenschaft*	3	37*	40
Einweisung durch Kollegen	36	4	40
learning by doing	39	1	40

* Anmerkung: Von 37 Mitarbeiterinnen und Mitarbeitern gaben 10 an, durch ihren Ausbilder besonders unterstützt worden zu sein.

Von den 40 Befragten erinnerten sich zwölf Personen, in den ersten Wochen durch ein Einführungsseminar unterstützt worden zu sein. Ebenfalls zwölf Personen bestätigten, daß sie an Weiterbildungs- und Schulungsmaßnahmen teilgenommen haben. Die Förderung durch einen Mentor oder Paten wurde von lediglich drei Mitarbeitern bejaht. Falls sie ihren Ausbilder als Mentor verstehen dürften, erklärten weitere zehn Personen, von diesem besondere Unterstützung in ihren ersten Arbeitswochen erhalten zu haben (* Anmerkung zu Abbildung 30). Durch Kollegen eingearbeitet worden zu sein, gaben 36 der Befragten an. Sich gleichzeitig selbstverantwortlich in ihr Aufgabengebiet eingearbeitet zu haben (learning by doing), bestätigten 39 Befragte. Bei zwei langjährig Beschäftigten erzeugte die Frage ein Schmunzeln und Kommentare wie z.B.: „*Das ist schon so lange her, da war noch alles anders,*" und „*Vor fünfundzwanzig*

Jahren bin ich in den ersten Tagen nur mit dem Fahrrad als Bote hin und her gefahren." Drei Befragte wiesen auf das ihrer Meinung nach vorbildlich strukturierte Schulungsnetz für Auszubildende in der Bank hin. Anschließend konnten die Mitarbeiterinnen und Mitarbeiter noch bewerten, welche Einarbeitungsmaßnahmen sie für besonders zweckmäßig ansehen. Die Frage lautete: „Welche Form der Einarbeitung halten Sie für besonders geeignet, um innerhalb Ihrer Bank mit neuen Aufgaben und Menschen vertraut zu werden?" Die errechneten Mittelwerte sind in Abbildung 31 zusammengefaßt.

Abbildung 31: Geeignete Einarbeitungsmaßnahmen für neue Mitarbeiterinnen und Mitarbeiter

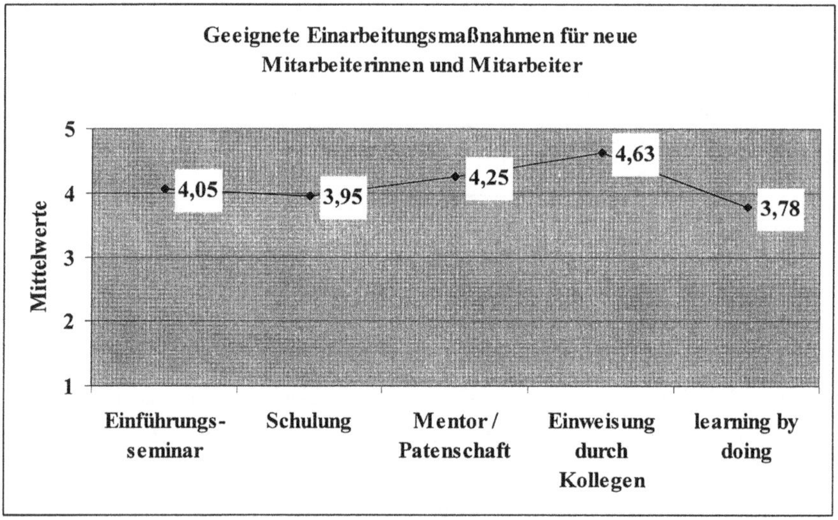

Die Befragten empfinden alle aufgeführten Maßnahmen als angemessen: Die Einweisung durch Kollegen am neuen Arbeitsplatz erhält den höchsten Mittelwert von 4,63. Der zweithöchste Mittelwert zeigt den Wunsch der Befragten nach einem Mentor oder einer Patenschaft (4,25). An dritter Stelle liegt der Mittelwert für die Bedeutung eines Einführungsseminars (Mittelwert 4,05). Den geringsten Mittelwert nimmt das learning by doing ein (Mittelwert 3,78). Vier

Befragte unterstrichen den letzten Wert mit der Aussage „*learning by doing ist zur Einarbeitung nicht ausreichend*".

3. Gemeinschaftsveranstaltungen innerhalb der Genossenschaftsbank

Um Erkenntnisse über Gemeinschaftsveranstaltungen (Rituale und Zeremonien) innerhalb der Genossenschaftsbank zu erhalten, sind die Mitarbeiterinnen und Mitarbeiter nach ihrer Teilnahme an Betriebsfesten und Jubiläumsfeiern befragt worden. Aus Abbildung 32 ist ersichtlich, daß die Bewertungen der erst seit kurzem Beschäftigten besonders niedrig ausfallen. Die Befragten mit einer Beschäftigungsdauer unter drei Jahren gaben eine geringe Teilnahmehäufigkeit an (Mittelwerte 2 und 2,6). Die Werte der anderen Beschäftigungsgruppen, drei bis zehn Jahre, zehn bis zwanzig Jahre und über zwanzig Jahre, führen zu weitaus höheren Ergebnissen: 4,77, 4,58, 4,32 für die Partizipation an Betriebsfesten und 3,44, 3,5 und 3,31 für die Präsenz bei Jubiläumsfeiern.

Abbildung 32: Teilnahmehäufigkeit an Gemeinschaftsveranstaltungen der Genossenschaftsbank nach Beschäftigungsdauer

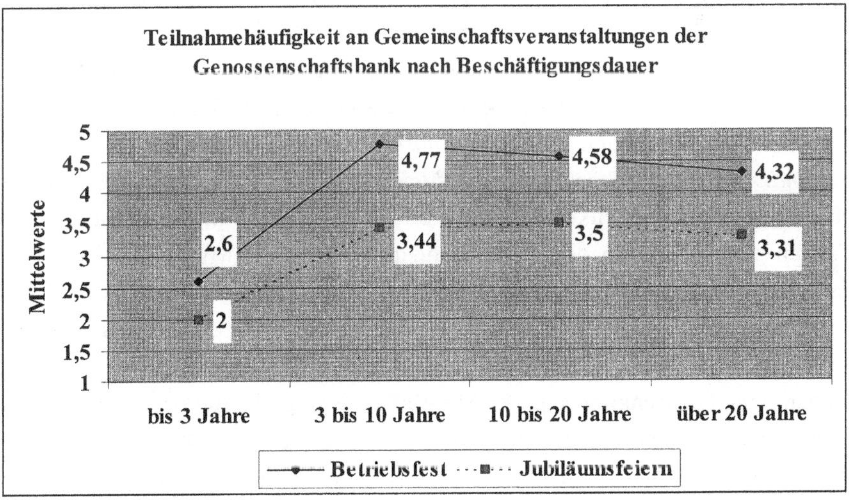

Die ergänzenden Anmerkungen der Mitarbeiterinnen und Mitarbeiter zu dieser Frage führen zu der Erkenntnis, daß das letzte Betriebsfest vor über drei Jahren ausgerichtet worden ist. Eine Befragte mit einer Beschäftigungsdauer unter drei Jahren erzählte: „*Seit ich bei der Bank bin, gab es noch kein Betriebsfest!*" Andere Beispiele für Mitarbeiteräußerungen waren: „*Wenn ein Betriebsfest war, habe ich auch teilgenommen,*" oder „*Es gibt nur alle paar Jahre ein Betriebsfest,*" und „*Früher - vor den Fusionen - hatten wir öfter ein Betriebsfest.*" Zwei langjährige Mitarbeiter erinnerten sich außerdem an den Sportlerball, der - initiiert durch die Betriebssportgemeinschaft - der festliche Höhepunkt des Jahres gewesen sei. Diese Veranstaltung gebe es allerdings seit über fünfzehn Jahren nicht mehr. Außerdem drohe die Betriebssportgemeinschaft derzeit wegen Nachwuchsmangels sich aufzulösen. Es fänden zwar noch regelmäßig Spiele der Fußballmannschaft statt, die Volleyballaktivitäten seien jedoch bereits eingestellt worden.

Neben den Bewertungen von Betriebsfesten und Jubiläumsfeiern sind die Mitarbeiterinnen und Mitarbeiter noch nach sonstigen Gemeinschafts- oder Abteilungsveranstaltungen gefragt worden (zusätzlicher offener Fragenteil). Die Antworten hierzu zeigen, daß acht Befragte sich erinnern, jeweils Polterabende oder das genossenschaftstypische Volksradfahren und Volkswandern besucht zu haben. 24 Befragte gaben an, regelmäßig an Geburtstagsfeiern, Weihnachtsfeiern der Abteilung oder gemeinsamen Abendessen teilzunehmen. Als weitere, in Eigeninitiative organisierte Treffen nannte eine Mitarbeiterin einen Musicalbesuch oder einen Bowlingabend. Zu letzterem erläuterte die Befragte: „*Wenn ich etwas organisiere, freuen sich alle und kommen mit.*" Besonders hingewiesen wurde auf die „*tollen Parties, die unsere Azubis alljährlich aus Anlaß ihrer bestandenen Abschlußprüfung ausrichten*". Die Hälfte der Befragten gibt an, über ausgeprägte Sozialkontakte zu Kollegen zu verfügen, wozu auch private Treffen abends und an den Wochenenden zählten. Ein Mitarbeiter bedauerte, daß keine Weihnachtsfeier für die gesamte Mitarbeiterschaft stattfände. Allerdings seien einzelne Abteilungen initiativ geworden und hätten ihrerseits Weihnachtsfeiern organisiert (die Zweigstellen eines Stadtgebietes oder die Abteilungen ohne Kundenkontakt). Der Mitarbeiter schlug hierzu vor, „*jeder Organisationseinheit einen kleinen Feieretat zur Verfügung zu stellen, der individuell genutzt werden kann*". Er hätte davon gehört, daß einige Abteilungen bei Feiern finanziell unterstützt würden und andere nicht. Hier wäre seiner Meinung nach keine Einzelfallbehandlung, sondern eine Gleichbehandlung aller Mitarbeiterinnen und Mitarbeiter wünschenswert.

Abschließend wurde der Stellenwert erfragt, den die Gemeinschaftsveranstaltungen in den Augen der Mitarbeiterinnen und Mitarbeiter besitzen. Die Bewertungen waren zweifach abzugeben: hinsichtlich des Pflichtcharakters und in bezug auf die Vergnügungs- und Freizeitelemente dieser Veranstaltungen. Das Ergebnis ist in Abbildung 33 dargestellt.

Abbildung 33: Bedeutung der Zeremonien für die Mitarbeiterinnen und Mitarbeiter

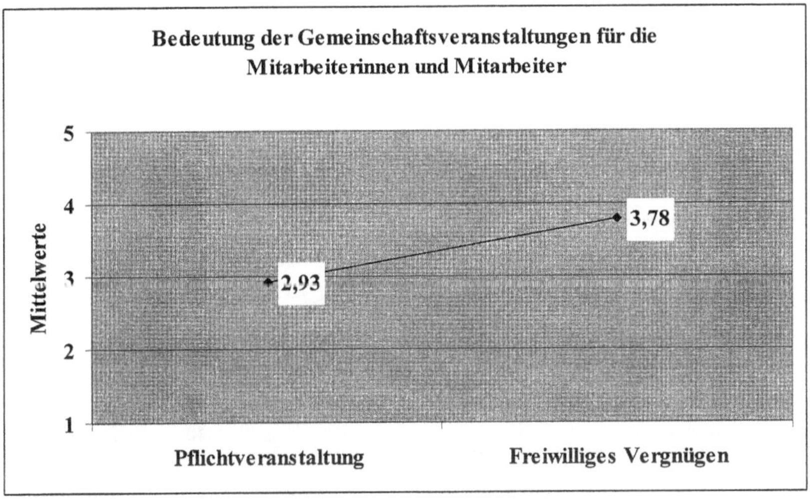

Für den Charakter der Pflichtveranstaltung vergaben die Befragten niedrige Werte, so daß hier der Mittelwert bei 2,93 liegt. Höhere Bewertungen erfolgten für Gemeinschaftsveranstaltungen als freiwilliges Vergnügen (Mittelwert 3,78). Seinen Änderungswunsch in Bezug auf die Häufigkeit des Betriebsfestes beschrieb ein Mitarbeiter mit den Worten: „*Nach den Fusionen kennen wir Mitarbeiter uns alle immer noch nicht. Als Ort für ein Betriebsfest könnte ich mir eine Scheune oder eine ähnliche Räumlichkeit vorstellen, in der sich die Mitar-*

beiterschaft in zwangloser und rustikaler Atmosphäre begegnen könnte.“ Auf einen anderen Mitarbeiter wirkten die Räumlichkeiten und Rahmenbedingungen der letzten Betriebsfeste nach eigenen Worten „*eher steif*“. Er wünschte sich ein „*Betriebsfest mit mehr Freizeitcharakter*“ und einem ungezwungeneren Kleidungsstil.

VIII. Vorbilder innerhalb der Genossenschaftsbank

Der anthropologische Begriff des Heldenkults als Element von Kultur sollte für die Genossenschaftsbank erfahrbar gemacht werden. Die Mitarbeiterschaft wurde nach einer Persönlichkeit mit Vorbildcharakter gefragt: „Gibt es innerhalb der Bank eine Persönlichkeit, die Sie für sich als Vorbild ansehen?“ Die Antworten konnten differenziert für die Vergangenheit (ja/nein) und für heute (ja/nein) gegeben werden (Abbildung 34).

Abbildung 34: Vorbilder innerhalb der Genossenschaftsbank

Vorhandensein einer Person als Vorbild in der Bank (*Helden- und Personenkult*)	**Ja**	**Nein**	**Summe der Befragten**
Vorbild in der Vergangenheit	25	15	**40**
Vorbild heute	21	19	**40**

Das Vorhandensein einer Persönlichkeit mit Vorbildcharakter bestätigten mehr als die Hälfte aller Befragten. Ein Vorbild in der Vergangenheit besaßen 25 Befragte, während heute 21 Befragte einen Kollegen oder Vorgesetzten so sehr schätzen, daß dieser für sie Vorbildfunktionen einnimmt. Obwohl der Name des Vorbildes nicht explizit erfragt wurde, war es einigen Beschäftigten ein Bedürfnis, die Person zu nennen. Mehrmals wurde eine Führungspersönlichkeit mit Vorbildcharakter hervorgehoben, die seit langem bei der Bank beschäftigt sei und zum Zeitpunkt der Befragung kurz vor dem Eintritt in den Ruhestand war.

Besonders ausgeprägt sahen die Beschäftigten außerdem die Vorbildeigenschaften von einem amtierenden Vorstandsmitglied und einem vor einigen Jahren ausgeschiedenen Vorstandsmitglied vertreten. Einige Beschäftigte beschrieben das Zugehörigkeitsgefühl, das das frühere Vorstandsmitglied vermitteln konnte. Ein Mitarbeiter erklärte dieses Gefühl mit den Worten: „*Er hatte erreicht, daß man sich als Bankmitarbeiter fühlte, wenn man nach der Arbeit in der Stadt unterwegs war und Kunden begegnet ist. Man war stolz, bei dieser Bank zu arbeiten, und hat sich gefreut, wenn die Kunden mit Respekt gegrüßt haben.*" Über sein Verhältnis zu einem amtierenden Vorstandsmitglied berichtete eine Führungskraft: „*Wenn ein Vorstandsmitglied und ich zu einem wichtigen Kundentermin herausfahren, fühle ich mich von ihm fachlich und menschlich anerkannt. Er gibt mir das Gefühl, daß wir Partner sind. Seine Offenheit beeinträchtigt nicht den Respekt und die Loyalität, die ich ihm entgegenbringe.*" Die Befragten unterstützten ihre Beschreibungen zu den benannten Personen durch die Merkmale: Vertrauen, Aufgeschlossenheit, soziale Kompetenz, Interesse am Schicksal der Mitarbeiter, Engagement und Veränderungsbereitschaft. Ein langjährig Beschäftigter erklärte, daß er heute kein Vorbild für sich in der Bank sehe, und sagte: „*Ich schätze eine bestimmte Persönlichkeit sehr, doch derjenige ist zu jung, als daß ich ihn mit meinen Jahren auf dem Buckel als Vorbild ansehen kann.*"

Geprägt durch eigene Erlebnisse differenzieren die Mitarbeiterinnen und Mitarbeiter deutlich zwischen den Verhaltensweisen einzelner Vorgesetzter. Die Befragten erklärten, daß es heute in der Bank Personen gäbe, die empfänglich für die Anliegen ihrer Mitarbeiter seien, aber auch Menschen, die sich ignorant verhielten. Letztere brächten sowohl verbal als auch durch ihren Habitus den Mitarbeiterinnen und Mitarbeitern Unverständnis entgegen. Von einem negativen Erlebnis während einer Informationsveranstaltung für Kunden berichtete ein Mitarbeiter. Er hätte mit einem Kunden zusammengestanden, als eine Führungskraft hinzugetreten sei, aber den Mitarbeiter nicht beachtet und nur den Kunden freundlich begrüßt hätte. Dies hätte auch der Kunde bemerkt und daraufhin zu dem Hinzugetretenen gesagt: „*Übrigens - das hier ist einer Ihrer Mitarbeiter, Herr Y.*" Der Betreffende hätte jedoch nur mit den Achseln gezuckt und gesagt: „*Kenne ich nicht.*"

IX. Bewußte Grundprämissen der Unternehmenskultur

Die Grundannahmen auf der unteren Kulturebene bilden sich aus konkreten Erfahrungen in Gruppenprozessen heraus.[303] Weil sie in ihren tieferen Bedeutungsinhalten die Auffassungen der Menschen zu Wirklichkeit, Wahrheit, Zeit und Raum sowie zum Wesen des Menschen beinhalten, bleiben sie im Rahmen der Kulturuntersuchung schwer ermittelbar. Da Grundannahmen größtenteils unbewußt vorhanden sind, ist es für die Mitarbeiterinnen und Mitarbeiter fast unmöglich, diese zu benennen. Meine Befragung kann deshalb nur das artikulierbare Unternehmensverständnis miteinbeziehen.[304] Die Grundprämissen der genossenschaftlichen Kultur sollen, so weit dies möglich ist, aufgedeckt werden. Den Mitarbeiterinnen und Mitarbeitern wurde die offene Frage gestellt, ob gewohnheitsmäßige Verhaltensweisen innerhalb der Bank bestehen, etwa in der Art „Das machen wir grundsätzlich so ..." oder „Bei uns ist es üblich, daß ...". Erwartungsgemäß konterten einige Befragte mit der Äußerung: *„Ja, die gibt es, aber mir fällt nichts ein!"* Die übrigen Antworten lassen sich systematisieren und führen zur Aufstellung der folgenden bewußten, gewohnheitsmäßigen Verhaltensregeln innerhalb der Bank. Die von den Befragten benannten Grundregeln werden in Zitatform wiedergegeben:

1. *„Der Kunde steht im Mittelpunkt!"* oder *„Jeder Mitarbeiter kümmert sich in erster Linie um den Kunden!"* oder *„Unser oberstes Gebot ist, dem Kunden gegenüber hilfreich zu sein!"*

Die angeführten Zitate wurden von sechs Befragten genannt und beziehen sich auf eine ausgeprägt empfundene Kundenorientierung innerhalb der Genossenschaftsbank. Ein anderer Mitarbeiter äußerte jedoch auch seine Störgefühle hinsichtlich der Intensität, mit der die Kundenorientierung in der Bank praktiziert werde. Er formulierte den Wunsch, das Verständnis von Kundenorientierung innerhalb der eigenen Bank zu überdenken.

2. *„Richte Dich danach, wie die Arbeitsabläufe in Deiner Abteilung üblich sind!"*

---

[303] Vgl. Schein, E. H., 1997, S. 25, 30; Ochsenbauer, Ch./Klofat, B., 1997, S. 97; Kapitel B.III. (Arbeitsdefinition) und B.IV. (Drei-Ebenen-Modell).

[304] Vgl. Helmers, S., Ethnologie der Arbeitswelt, 1993, S. 195-227.

Dieser von fünf Befragten benannte Grundsatz weist auf das Vorhandensein subgruppenspezifischer Arbeitsabläufe innerhalb der Bank hin. Zwei Mitarbeiter verweisen auf divergierende Vorgehensweisen in der Hauptstelle und in den Zweigstellen, bis hin zur „*eigenen Methodik des Abheftens*“ oder Handlungsmodalitäten bei der „*Ausgabe von Taschen-, Wand- oder Terminkalendern*“. Ein Mitarbeiter erläuterte, daß die Grundlage aller Arbeitsabläufe die Arbeitsanweisungen des Organisationshandbuches seien. Zwei Mitarbeiter sahen noch „*Freiräume zur eigenen Gestaltung*“ von Abläufen, während ein anderer auf den Zwangscharakter der Organisationsanweisungen hinwies: „*Die Organisationsanweisungen schreiben uns doch alles vor.*“

3. „*Trage das Outfit eines Bankers!*“

Drei Befragte nannten als Grundsatz, daß die konservative Kleiderordnung innerhalb der Bank einzuhalten sei. Ihrer Auffassung nach seien in der Hauptstelle Anzug und Krawatte verpflichtend, während die Angestellten der Zweigstellen auch Hemd und dunkle Jeans tragen dürften. Ein Mitarbeiter hob hervor, daß auf das Tragen eines Ohrrings während der Arbeitszeit verzichtet werden solle.

4. „*Mach es nicht an einem Vorgesetzten vorbei!*“

Die Regel, Hierarchien innerhalb der Bank nicht zu übergehen, empfanden drei Angestellte als besonders ausgeprägt.

5. „*Kritik sollte nicht laut ausgesprochen werden!*“

Drei Mitarbeiterinnen oder Mitarbeiter formulierten als Verhaltensregel, daß man es innerhalb der Genossenschaftsbank besser vermeiden sollte, konkrete Kritik zu äußern. Sie erklärten, daß sie aus Angst vor Sanktionen sich nicht trauen würden, kritische Anmerkungen zu machen. Dies Grundregel bezieht sich auch auf den Umgang mit Konflikten innerhalb der Bank.

6. Sonstige Verhaltensgrundsätze

Einem erst seit kurzem Beschäftigten ist ein spezielles Verhalten am Telefon aufgefallen, da sich Kollegen stets melden würden mit: „*Die X-Bank in Y, Mitarbeitername, Guten Tag*“. Im telefonischen Kontakt der Genossenschaftsbank besteht seiner Meinung nach diese Gewohnheitsregel. Von jemand anderem wurde auf die Beibehaltung eines tradierten Briefstils bei offiziellen Kundenschreiben hingewiesen, wenn als Anrede „*Herrn Landwirt XY und Frau Gemahlin*“, wie schon zu Zeiten von Raiffeisen und Schulze-Delitzsch üblich, verwendet würde. Abschließend soll die ironische Bemerkung eines Auszubildenden genannt werden, der erklärte: „*Klar gibt's bei uns eine Regel: Gib Deiner Freundin kein Küßchen über den Tresen, das sieht man hier nicht so gerne!*“ Er sei von seiner Freundin am Schalter besucht worden, und ein Kollege hätte ihn mit diesen Worten auf mehr Zurückhaltung und Seriosität im Bankenwesen hingewiesen.

X. Ereignisse oder Krisen in der Geschichte der Genossenschaftsbank

In der Geschichte eines Unternehmens können gravierende Ereignisse stattgefunden haben, die Auswirkungen auf die weitere Unternehmensentwicklung hatten. In meiner Befragung habe ich nach einem Ereignis in der Vergangenheit geforscht, welches nach Meinung der Mitarbeiterinnen und Mitarbeiter großen Einfluß auf die Genossenschaftsbank genommen hat. Die Auswertung der offenen Frage führte zu folgendem Ergebnis: Über die Hälfte der Befragten wiesen auf die Fusionen in der Vergangenheit hin, bei denen Umstrukturierungen zu veränderten Organisationsstrukturen und Abläufen geführt hätten. Unternehmensbereiche und Mitarbeiterschaft seien zwar ihrer Auffassung nach zusammengewachsen, doch die Auswirkungen der letzten Fusion wären noch spürbar (Anmerkung: die Fusionen liegen über zehn Jahre zurück). Als weiteres einschneidendes Ereignis empfanden sechs Befragte das 100-jährige Jubiläum der Genossenschaftsbank, an dem alle Mitarbeiterinnen und Mitarbeiter teilgenommen hätten und zu dem die gesamte Kundschaft eingeladen gewesen sei. Ein anderer Befragter erzählte, daß erhebliche Änderungen in der Organisation der Bank durch die Anwendung neuer Software, durch gesetzliche Regelungen und durch die Einführung von Zielvereinbarungen eingeleitet worden seien. Außerdem sei durch das Ausscheiden einer „Gründerpersönlichkeit“ ein Vorstandswechsel ausgelöst worden, der zu einem Generationenwechsel im Vorstand geführt hätte. Ein weiterer Mitarbeiter betonte, daß seiner Meinung nach alle Umbruchsituationen nach einer Phase der Unsicherheit zu einer geschäftspolitisch positiven Entwicklung der Bank geführt hätten.

Zu den Auswirkungen der Fusionen auf die Arbeit der Mitarbeiterinnen und Mitarbeiter wurde eine eigene offene Frage gestellt. Hierzu antworteten drei Befragte, die noch keine zehn Jahre bei der Bank beschäftigt sind: „*Ich habe erst nach der letzten Fusion bei der Bank angefangen.*“ oder „*Ich habe keine Fusion mitgemacht.*“ Zwei Befragte meinten: „*Auswirkungen der Fusionen auf meine Tätigkeit? - Mehr Arbeit!*“. Eine Mitarbeiterin verband mit den Fusionen personalpolitische Probleme: „*Ich wurde als Spionin angesehen, obwohl ich es nicht war. Mit mir wurde nicht geredet!*“ Fünf Befragte empfanden, daß die Genossenschaftsbank durch die Fusionen „*so groß geworden sei, daß man nicht mehr alle Kollegen kennt*“. Weitere Äußerungen waren: „*Das Betriebsklima hat sich verschlechtert!*“ und „*Früher bestand mehr Identifikation als heute!*“ Ein Befragter erklärte, daß die Fusionen sich für ihn karrierefördernd ausgewirkt hätten: „*Ich habe von den Fusionen beruflich profitiert.*“ Ein anderer Mitarbeiter erläuterte, daß mit den Fusionen personelle Veränderungen im Vorstand verbunden gewesen seien.

XI. Erzählte Positiv- oder Negativgeschichten in der Genossenschaftsbank

Eine vollständige Analyse der Unternehmenskultur setzt voraus, daß nicht nur Heldenstories beschrieben werden, sondern auch Negativereignisse, in denen es um Benachteiligung, Arroganz oder Ungerechtigkeiten gehen kann.[305] Erzählte Positiv- oder Negativgeschichten innerhalb der Genossenschaftsbank können die Hintergründe unternehmerischer Maßnahmen entschlüsseln, denn sie informieren über Verhaltensregeln bis hin zu Rivalitäten, Seilschaften oder Animositäten.[306] Es ist von Interesse, ob sich die Befragten an positiv oder negativ ausgeschmückte Geschichten erinnern können, die in der Bank kursieren und ihnen erzählt worden sind. Da die Mitarbeiterinnen und Mitarbeiter über einen großer Fundus an Geschichten verfügen, lassen sich ihre Erzählungen in sieben Inhaltsbereiche aufteilen:

---

[305] Vgl. Neuberger, O./Kompa, A., 1987, S. 106 und Kapitel D.III.4.

[306] Insbesondere Neuberger und Kompa verweisen auf ein *Standardrepertoire* an Geschichten in jedem Unternehmen. Sie „schwören“ auf den Informationsgehalt subversiver Geschichten

1. Geschichten zum Gründungsgebäude der Genossenschaftsbank

Im Rückblick auf seine lange Unternehmensangehörigkeit erinnerte sich eine Führungskraft an die Zeit in den siebziger Jahren, als es das heutige Bankgebäude noch nicht gegeben habe. Damals sei die Bank noch in ihrem Gründungsgebäude untergebracht gewesen.[307] Wegen der geringen Beschäftigtenzahl hätte nach seinem Empfinden noch eine eingeschworene Gemeinschaft bestanden: „*Es gibt viele Geschichten zu erzählen. Ein einschneidendes Erlebnis hatte ich gleich an meinem ersten Arbeitstag, als mir ein anderer Mitarbeiter spontan anbot, seinen Schrank mitbenutzen zu können. Hieraus hat sich eine langjährige Wertschätzung entwickelt.*“ Auf ähnliche Erzählungen kam eine seit kurzem in der Bank beschäftigte Mitarbeiterin zu sprechen: „*Zu Geschichten fällt mir ein, daß langjährige Mitarbeiter oft von den Erlebnissen im alten Hauptgebäude erzählen. Ich weiß heute nicht mal mehr, wo diese Straße liegt, an der das Gebäude gewesen sein soll!*“

2. Geschichten zu Betriebsfesten und zum Sportlerball

Zwei Befragte erzählten von früheren Gemeinschaftsveranstaltungen, bei denen Einlagen oder Sketche einzelner Mitarbeiter während der Feierlichkeiten vorgekommen seien. Wenn man sich zurückerinnere, hätte es zahlreiche „Schoten“ auf Betriebsfesten gegeben. Einem Mitarbeiter fällt als Beispiel ein früherer Sportlerball ein, auf dem ein Kollege als Showeinlage Frank Elstner imitiert hätte. Die beiden Befragten, die hiervon erzählten, fügten hinzu, daß sie den Einsatz des einzelnen für die Gemeinschaft früher als ausgeprägter empfunden hätten.

3. Geschichten über Kundenbeschwerden

Einen eigenen Themenbereich bilden Geschichten über Kundenbeschwerden, in denen ungewöhnliche Beschwerdemodalitäten und verbale Übergriffe auf die Mitarbeiterschaft ausgeschmückt erzählt werden. Die inhaltliche Variationsbreite der Kundengeschichten reicht von der nächtlichen Nutzung des Bankautomaten, um Beschimpfungen an Mitarbeiter zu versenden, bis hin zu Wutaus-

---

für die Analyse von Unternehmenskultur. Vgl. Neuberger, O./Kompa, A., 1987, S. 58, 106; Kasper, H., 1987, S. 51 und Kapitel D.III.4.

[307] Die architektonischen Gegebenheiten des alten Gebäudes wurden bei der Interpretation der Festschrift zum 75-jährigen Bestehen beschrieben.

brüchen von Kunden am Schalter. Auf dieses Geschichtensegment wurde von zwei Befragten hingewiesen.

4. Geschichten über Fehlverhalten und Entlassungen

Unter die Rubrik Negativgeschichten fallen Berichte über Entlassungen von Mitarbeitern, „*die Mist gebaut hätten*". Ein Befragter, der hierüber berichtete, wies darauf hin, daß es innerhalb der Bank noch keine Entlassungen aus Rationalisierungsgründen gegeben habe. Lediglich gravierendes Fehlverhalten hätte zu entsprechenden Maßnahmen geführt. Ein anderer Befragter meinte: „*Kassierergeschichten gibt es hier. Aber man weiß nicht so genau, was da dran ist.*"

5. Auszubildenden-Stories

Das Segment der Auszubildenden-Stories bot während der Interviews reichhaltigen Erzählstoff. In fast allen befragten Abteilungen tauchten Geschichten über Auszubildende auf. Fünf Befragte erzählten von „Prüfungen", die ein neuer Auszubildender innerhalb der Genossenschaftsbank zu absolvieren hätte. Der Auszubildende werde beispielsweise an seinen ersten Arbeitstagen zur Landeszentralbank geschickt, um die Saldenzange zu holen. Kehre er von diesem Einsatz zurück, sei er um die Erkenntnis reicher, daß es eine solche Saldenzange nicht gäbe und daß ihm seine Kollegen einen Streich gespielt hätten. Bei einem anderen Auszubildenden hätte die Aufgabe gelautet: „*Hol mal die Stornokurbel aus einer bestimmten Abteilung*!" Während der Auszubildende sich auf den Weg gemacht hätte, sei mit dieser Abteilung telefoniert worden, um das Eintreffen des Azubis anzukündigen. Die dortigen Mitarbeiter hätten den Azubi jedoch an die nächste Abteilung verwiesen. Das Procedere sei fortgeführt worden, so daß der Azubi auf diese Weise einige Abteilungen kennengelernt hätte - immer das Ziel vor Augen, die begehrte Stornokurbel zu erhalten. In der letzten Abteilung sei ihm dann bedeutungsvoll ein Briefumschlag übergeben worden. Beim Öffnen des Umschlags seien eine Büroklammer und ein Zettel mit der Aufschrift aufgetaucht: „*Herzlich Willkommen bei uns*!" Der Azubi hätte damit seine *inoffizielle Aufnahmeprüfung bei der Bank* bestanden und wisse nun auch, daß keine Stornokurbel benötigt werde, um Fehlbuchungen zu revidieren. Die Initiatoren dieses Procedere wiesen ergänzend darauf hin, daß solche Späße nur mit Auszubildenden gemacht würden, „*die dies auch verkraften würden*". Nachdem ein Auszubildender die Prüfung durchlaufen hätte, sei dies nach Ansicht der Befragten förderlich für den Zusammenhalt der Auszubildenden untereinander gewesen. Jedes Lehrjahr hätte sich außerdem selbst organisiert und einen Lehrjahrsprecher und dessen Stellvertreter gewählt, um ihre Interessen gegenüber Vorgesetzten besser durchsetzen zu können.

Darüber hinaus erregten verschiedene andere Erlebnisse von Auszubildenden das Interesse ihrer Kollegen. Als Spielhallen-Geschichte bezeichnete ein Mitarbeiter die Aktion eines Auszubildenden, der ungewöhnliche Prioritäten bei der Gestaltung seiner Arbeitszeiten zum Ausdruck gebracht hätte. Der Auszubildende hätte in der Mittagspause eine benachbarte Spielhalle besucht und an einem Spielautomaten eine Gewinnserie ausgelöst. Daraufhin hätte er den Zweigstellenleiter angerufen und übermittelt: „*Ich habe gerade eine Gewinnserie! Es kann noch etwas dauern, bis ich komme*!"

Eine weitere Geschichte handelt von einem Auszubildenden, der die in seiner Abteilung gesammelten Briefe zur Post bringen sollte, womit die interne Poststelle der Genossenschaftsbank gemeint war. Zur Verwunderung der Angestellten sei der Azubi erst nach über einer Stunde wieder aufgetaucht. Auf die Frage, wo er gewesen sei, hätte er geantwortet: „*Bei der Hauptpost - ich sollte doch die Briefe einwerfen.*" An diese Geschichte erinnerte sich ein Mitarbeiter der Hauptstelle.

Als Anekdote wurde schließlich von drei Befragten das über zwanzig Jahre zurückliegende Erlebnis eines Auszubildenden gehandelt, der an seinem ersten Arbeitstag für die Konkurrenz gearbeitet hätte. Die Kollegen in der Hauptstelle hätten dem Auszubildenden erklärt, er solle mit der Straßenbahn zu einer bestimmten Zweigstelle der Genossenschaftsbank fahren. Der Auszubildende wäre jedoch versehentlich in die Zweigstelle der Konkurrenz gegangen, die an der gleichen Haltestelle liegt und hätte sich dort als neuer Azubi vorgestellt. Die Sparkassenangestellten hätten ihn angewiesen, sich an einen Schreibtisch hinten in der Ecke zu setzen und zu warten. Erst allmählich hätte man wechselseitig bemerkt, daß hier etwas falsch gelaufen sei. Schnell hätte der Azubi die Bank verlassen und seine richtige Arbeitsstelle aufgesucht.

6. Geschichten über Kollegenstreiche

Als Kollegenstreich titulierte ein Mitarbeiter die Geschichte, daß einem Kollegen die Ärmel seiner Jacke zugenäht worden seien. Der Betreffende hätte nach

Geschäftsschluß versucht, seine Jacke anzuziehen, was ihm jedoch aus besagtem Grund nicht gelungen sei. Ähnlichen Charakter haben auch fingierte Organisationsrundschreiben, von denen zwei Befragte erzählten. Eine Mitarbeiterin erinnerte sich an ein Rundschreiben mit dem Inhalt: „*Aus gegebenem Anlaß bitten wir davon abzusehen, in der Schalterhalle für Kunden sichtbar Fotos von Angehörigen aufzustellen*!“ Da ein früherer Kollege stets ein aktuelles Foto seines Sohnes auf dem Schreibtisch präsentierte, welches er angepaßt an dessen monatliche Wachstumsschübe auszutauschen pflegte, hätte sich der Betreffende durch das Schreiben besonders angesprochen gefühlt. Nachdem der Kollege erste Anstalten gemacht hätte, das geliebte Bild wegzustellen, klärten ihn die anderen Mitarbeiterinnen und Mitarbeiter darüber auf, daß es sich um ein unechtes Rundschreiben handele. Ein anderer Befragter erzählte, daß während der gewerkschaftlichen Streiks in der Bankenbranche ein fingiertes Schreiben von Vorgesetzten gestreut worden sei, mit dem Inhalt, daß den Mitarbeitern nicht erlaubt sei zu streiken.

7. Geschichten über Banküberfälle

Ein Befragter erzählte die Geschichte eines Banküberfalls, bei dem ein Mitarbeiter den Bankräuber verfolgt und sich auf das Auto des Räubers „geschmissen“ hätte. Diese Geschichte hätte kurz nach dem Überfall innerhalb der Bank kursiert mit dem Hinweis, daß ein solches Verhalten nicht erwünscht sei, denn es sei angebrachter, sich selbst, Kunden oder Passanten nicht zu gefährden.

XII. Außenwirkung durch Engagement in der Öffentlichkeit

Die Mitarbeiterinnen und Mitarbeiter sollten ferner einschätzen, wie aus ihrer Sicht die Außenwirkung der Kultur der Genossenschaftsbank zu bewerten ist. Durch Aktivitäten in der Öffentlichkeit kann die Bank versuchen, Kulturbestandteile und damit auch genossenschaftliches Gedankengut nach außen zu transportieren. Bankkunden sollen veranlaßt werden, zu gerade dieser Bank zu wechseln. Die Einschätzung der öffentlichen Aktivitäten der Genossenschaftsbank wirkt schließlich auch auf das Selbstbild, das jeder Mitarbeiter nach außen weitervermittelt. Um die Außenwirkung der Kultur beschreiben zu können, wurde eine Frage nach den „Aktivitäten der Bank in der Öffentlichkeit“ gestellt, wobei zur Mitgliedschaft in Verbänden (sowohl als Organisation Bank als auch personengebunden durch Repräsentanten), zur Förderung regionaler Künstler und zu karitativen Hilfsaktionen wertend Stellung genommen werden konnte (Abbildung 35).

Abbildung 35: Engagement der Bank in der Öffentlichkeit nach *Hauptstelle* und *Zweigstellen*

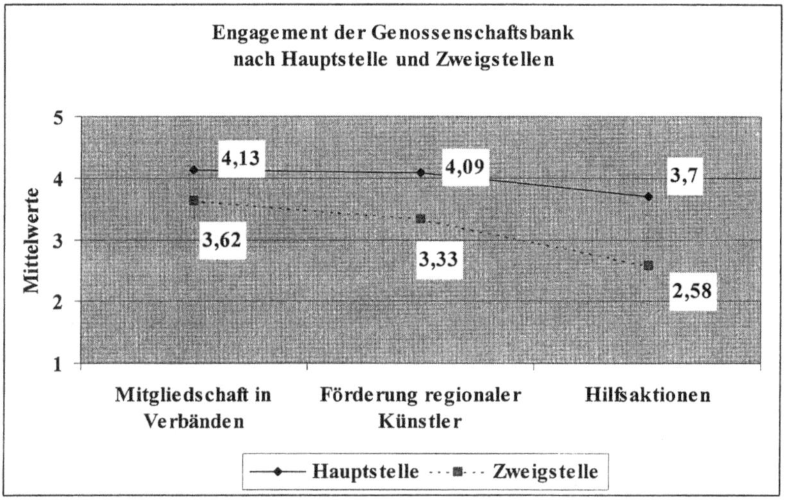

Die Auswertung ergibt, daß einige Mitarbeiterinnen und Mitarbeiter nicht sagen konnten, ob derartige Förderaktivitäten vorliegen: Vier Befragte bewerteten die Mitgliedschaft in Verbänden nicht, weil sie nicht wußten, ob Mitgliedschaften bestehen, fünf Personen war nicht bekannt, ob regionale Künstler gefördert werden, und acht Befragte konnten keine Bewertungen zu Hilfsaktionen abgeben. Bei der Berechnung der jeweiligen Mittelwerte wurden diese Antworten unter „weiß nicht" vermerkt, und die Stichprobe wurde um diese Antworten verringert. Die Auswertung erfolgte getrennt für die Subgruppen Hauptstelle und Zweigstellen und die Abteilungen mit und ohne Kundenkontakt. Im Ergebnis liegen die Bewertungen der Mitarbeiterinnen und Mitarbeiter der Hauptstelle höher (Mittelwerte 4,13, 4,09 und 3,7) als die der Befragten in den Zweigstellen (Mittelwerte 3,62, 3,33 und 2,58).

Ein ähnliches Gefälle zeigt sich auch bei der Auswertung nach den Subgruppen mit und ohne Kundenkontakt (Abbildung 36). Hier halten die Befragten ohne Kundenkontakt das Engagement für ausgeprägter (Mittelwerte 4,38, 3,88 und 3,67) als ihre Kollegen mit Kundenkontakt.

Abbildung 36: Engagement der Bank in der Öffentlichkeit nach Abteilungen *mit* und *ohne Kundenkontakt*

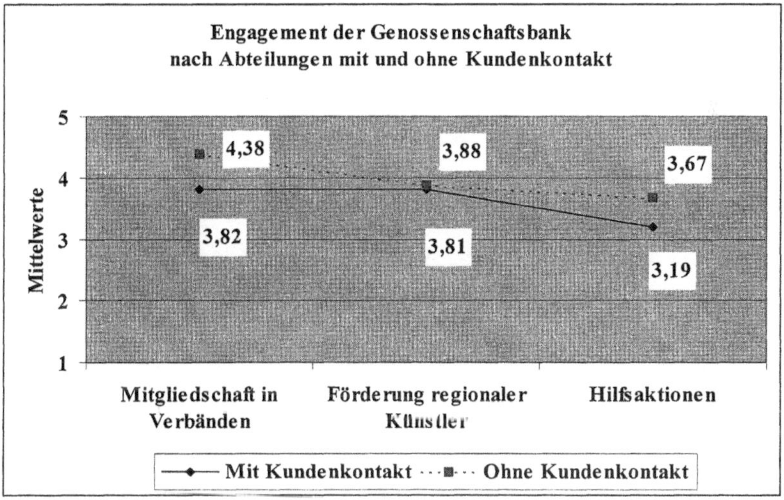

Obwohl nicht alle Befragten Bewertungen für die vorgegebenen Aktivitätsbereiche durchführen konnten, zeigte sich bei der ergänzenden offenen Frage nach Beispielen für andere Aktivitäten ein ausgeprägter Wissensstand der Mitarbeiterinnen und Mitarbeiter. Benannt wurden Volksradfahren (dreizehn Befragte), Volkswandern (acht Befragte), Kundenveranstaltungen bzw. Vortragsreihen für Kunden (fünf Befragte) und Schulprojekte (fünf Befragte). Von zwei Befragten wurde auf die Mitwirkung an Berufsinformationstagen und auf die Ausschreibung von Jugendwettbewerben hingewiesen. Drei Mitarbeiterinnen und Mitarbeiter gaben die Gewinnsparlose als Förderquelle der genossenschaftlichen Banken an, aus deren Erlösen Spenden an gemeinnützige Zwecke gingen. Zur

Zeit fördere die Bank eine Spendenaktion zum Aufbau einer Organisation, in der die Pflege von behinderten Kindern und Unterstützung ihrer Angehörigen erfolgen soll (zwei Befragte).

I. Analyse und Bewertung der Untersuchungsergebnisse

I. Zeitgemäßheit der genossenschaftlichen Werte

Das Selbstverständnis einer genossenschaftlichen Bank als „Partner des Mittelstandes“ geht auf die Ursprünge des Genossenschaftsgedankens zurück. Die befragten Mitarbeiterinnen und Mitarbeiter der Genossenschaftsbank können sich mit diesem Wert identifizieren und vergeben hohe Bewertungen (Mittelwert insgesamt 4). Die Beschäftigten mit langer Beschäftigungsdauer empfinden dies am ausgeprägtesten. Wie bereits der Festschrift der Genossenschaftsbank zum 75-jährigen Bestehen entnommen werden konnte, geht die Gründung der Bank auf den Zusammenschluß von Landwirten und Bürgern des Mittelstandes der Gemeinde zurück. Auch im aktuellen Geschäftsbericht wirbt die Bank damit, daß ihre zentrale Aufgabe seit jeher die Förderung des unternehmerischen Mittelstandes ist: „In einer Zeit der weltwirtschaftlichen Veränderungen braucht der mittelständische Firmenkunde eine Geschäftsverbindung, die auf Vertrauen und Partnerschaft beruht.“ Die Selbstdarstellung der Genossenschaftsbank in ihren Publikationen paßt also zu der erfragten heutigen Bewertung dieses Wertes durch die Mitarbeiterinnen und Mitarbeiter.

Den Wert „Dienstleister und Förderer für unsere Mitglieder“ empfinden die Befragten nicht mehr so ausgeprägt. Ihre Bewertungen führen zu einem durchschnittlichen Mittelwert (2,95). Die Mitgliederförderung galt Ende des neunzehnten Jahrhunderts als oberster Zweck jeder Genossenschaftsbank, denn dem einzelnen Mitglied sollten materielle und immaterielle Vorteile verschafft werden. Insbesondere die immateriellen Vergünstigungen treten heutzutage in den Hintergrund. Während Schulze-Delitzsch und Raiffeisen die Bestärkung des Vertrauens in die eigene Kraft jenseits aller Profitorientierung anstrebten und von einer liebevollen brüderlichen Gesinnung sprachen,[308] haben es derartige altruistische Gedanken im heutigen Bankenwettbewerb schwer zu bestehen. Die Formulierungen im aktuellen Geschäftsbericht bestätigen dies, wenn - nach Aussage der Bank - die Kunden zwar zu Nutznießern und Verantwortungträgern der Genossenschaft gemacht werden sollen, sich dieses Ziel aber in erster

---

[308] Vgl. Raiffeisen, F. W., 1887, S. 59, 73 und Kapitel E.III.2.

Linie auf den Erwerb eines Genossenschaftsanteils und die entsprechende Verzinsung dafür bezieht. Der Wert „Dienstleister und Förderer für unsere Mitglieder“ scheint also für die Mitarbeiterinnen und Mitarbeiter heute einiges von seiner früheren Bedeutung eingebüßt zu haben.

Der genossenschaftliche Wert „Mitbestimmung“ erhält unterdurchschnittliche Bewertungen (2,43). Die Mitbestimmung in einer Genossenschaftsbank wird heute durch die Vertreterversammlung wahrgenommen. Durch Wahl in die Vertreterversammlung kann ein Mitglied Gremienarbeit leisten. Weil die Mehrzahl der Mitglieder aber auf dieses Engagement verzichtet, sieht ihre Mitbestimmungsmöglichkeit faktisch äußerst gering aus. Die „Haftungsverpflichtung“ als Versprechen eines Mitgliedes, für seine Bank zu haften, sehen die Befragten für noch geringer an (1,83). Eine leichte Zunahme der Bewertungen liegt nur bei den Befragten mit kurzer Beschäftigungsdauer und bei den über zwanzig Jahre lang Beschäftigten vor. Möglicherweise besteht auch eine Verbindung zwischen den bereits durchgeführten Fusionen in der Vergangenheit der Bank und der heutigen Einstellung der Mitarbeiterinnen und Mitarbeiter zum Wert Haftungsverpflichtung. In der Geschichte der Bank haben Fusionen stattgefunden, die als eine Reaktion auf die geänderten Wettbewerbsbedingungen der Branche zu verstehen sind und als typisch für den Genossenschaftssektor gelten. Der Urwert der Genossenschaft „Einer für alle und alle für einen“ erhält nach dem Urteil der Mitarbeiterinnen und Mitarbeiter einen Mittelwert von nur noch 1,7. Durch die in Zusammenhang mit diesem Wert vorgebrachte Assoziation dreier Befragter mit den „Drei Musketieren des Königs“ wird ein aktueller Bezug hergestellt, denn die Idee des Füreinandereinstehens wird als Werbevorschlag entdeckt. Es kann jedoch gefolgert werden: Das höchste der tradierten genossenschaftlichen Prinzipien ist zwar noch Gegenstand des § 1 Genossenschaftsgesetz, wird jedoch von den befragten Mitarbeiterinnen und Mitarbeitern der Genossenschaftsbank für gering ausgeprägt vorhanden empfunden. Die Befragten können mit diesem Einstehen füreinander im Tagesgeschäft der Bank nicht mehr viel verbinden.

Die Mitarbeiterinnen und Mitarbeiter empfinden also, daß die genossenschaftlichen Werte in der heute gelebten Unternehmenskultur ihrer Bank bei weitem nicht mehr ihre frühere, von Raiffeisen und Schultze-Delitzsch postulierte Bedeutung besitzen. Damit wird die Frage aufgeworfen, ob die genossenschaftlichen Werte nicht Relikte aus einer Zeit sind, in der die gemeinsame Gesinnung noch dem Zusammenschluß zu einer landwirtschaftlichen Zweckgemeinschaft diente. Sind die genossenschaftlichen Werte noch zeitgemäß? Heute befindet sich eine genossenschaftliche Bank im Spannungsfeld zwischen zunehmender Technisierung auf der einen und dem Bedürfnis des Kunden nach menschlichem Kontakt auf der anderen Seite. Die genossenschaftlichen Werte können aber vielleicht den entscheidenden Wettbewerbsvorteil einer Genossenschaftsbank generieren, denn Konkurrenzinstitute, wie Sparkassen oder Großbanken, werden diese Werte nicht anbieten. Dies gilt insbesondere vor dem Hintergrund der Similarität der Produkte und Dienstleistungen innerhalb der Branche. Entschließt sich ein Kunde, seine Geschäfte mit einer Genossenschaftsbank und nicht mit der Konkurrenz abzuwickeln, ist noch offen, ob er auch Mitglied dieser Bank wird. Die Mitgliedschaft kann ihm jedoch die Erlangung sinnstiftender Werte, die er vielleicht in anderem Umfeld vermißt, bieten. Wird ein Kunde durch den Erwerb eines Anteils Mitglied bei einer Genossenschaft, erhält er neben den materiellen Vorzügen auch Zugang zu dem gemeinsamen Gedankengut und den Wertvorstellungen der Bank. Als Genossenschaftsmitglied kann er also nicht nur Produkte und Dienstleistungen in Anspruch nehmen, sondern darüber hinaus auch noch am genossenschaftlichen Sinn partizipieren.

II. Aussage des Werteprofils der Genossenschaftsbank

Für die erfragten achtzehn Einzelwerte zu den Verhaltensweisen und Gefühlen der Mitarbeiterinnen und Mitarbeiter während der Arbeit liegen die Bewertungen vor. Neben den Mittelwerten für die gesamte Stichprobe konnten subgruppenspezifische Mittelwerte herausgefunden werden. Zu diesen Subgruppen innerhalb der Genossenschaftsbank zählen Hauptstelle, Zweigstellen, Front-Office-Bereich und Back-Office-Bereich. Ein Vergleich der Mittelwerte der Subgruppen (Abbildungen 19 und 20) zeigt, daß die Mitarbeiterinnen und Mitarbeiter der Hauptstelle von den achtzehn bewerteten Aussagen in fünfzehn Fällen in ihrer Bewertung höher liegen als die Mitarbeiterinnen und Mitarbeiter der Zweigstellen. Die Befragten der Hauptstelle empfinden also fünfzehn Werte ausgeprägter als die Befragten der Zweigstellen. Ein ähnliches Verhältnis liegt bei den Bewertungen der Abteilungen mit und ohne Kundenkontakt vor.

Abbildung 37: Werteprofil der Genossenschaftsbank nach den Empfindungen und Bewertungen aller Befragten

Hohe Bewertung	Toleranz	Die Toleranz gegenüber Ambivalenz, also gegenüber der Andersartigkeit eines Kollegen, wird innerhalb der Genossenschaftsbank als ausgeprägt vorhanden empfunden. Die eigene Persönlichkeit muß nach Aussage der Befragten im Umgang mit Kollegen nicht versteckt werden (4,38).
▲	Kooperations-bereitschaft	Die Kooperationsbereitschaft in der eigenen Abteilung wird von den Befragten für ausgesprochen hoch empfunden (4,35). Dagegen wird die Kooperationsbereitschaft in der Bank insgesamt nur durchschnittlich ausgeprägt bewertet (3,05) (genannte Gründe: Wettbewerbsdruck, Zielvereinbarungen).
	Funktions-orientierung	Innerhalb der Bank werden die Aufgabengebiete und Verantwortungsbereiche als klar und übersichtlich gegliedert empfunden (4,3).
	Termindruck (Aktionismus)	Die Befragten bewerten die Terminvorgaben, die sie bei ihrer Arbeit einzuhalten haben, als hoch (4,28).
	Fehler machen dürfen	Nach den Bewertungen der Befragten werden innerhalb der Bank menschliche Fehler zugelassen, so daß aus ihnen gelernt werden kann (4,03).
	Entscheidungen unter Zeitdruck	Die Befragten empfinden den Zeitdruck, um Entscheidungen zu treffen, während ihrer Arbeit als ausgeprägt (3,98). Vor allem die Back-Office- und Hauptstellenmitarbeiter unterstreichen dies.
	Kunden-orientierung	Die Kundenorientierung der Bank wird von allen Befragten überdurchschnittlich hoch bewertet (3,8).
	Problem-bewältigung	Daß man über berufliche Probleme offen reden kann, bestätigten die Befragten mit überdurchschnittlichen Bewertungen (3,75). Dies gilt besonders für die Befragten ohne Kundenkontakt.
	Mitarbeiter-förderung	Die Mitarbeiterförderung wird von den Befragten als ausgeprägt angesehen (3,7). Niedrigere Bewertungen machten langjährige Mitarbeiterinnen und Mitarbeiter im Kundenkontakt.
	Aufgeschlossen-heit für Ideen	Die Veränderungs- und Lernbereitschaft wird innerhalb der Bank für überdurchschnittlich bewertet (3,68). Andererseits führt die signalisierte Offenheit eines Vorgesetzten nach Angaben der Befragten nicht automatisch zur Umsetzung ihrer Ideen.
	Bürokratisierung	Der Grad der Bürokratisierung von Abläufen innerhalb der Bank wird für durchschnittlich bewertet (3,23).
	Informations-offenheit	Die Informationsoffenheit innerhalb der Bank, also inwiefern sich die Befragten von ihren Kollegen gut oder schlecht unterrichtet fühlen, wird durchschnittlich bewertet (3,15).
	Offene und sachliche Konfliktlösung	Die offene und sachliche Konfliktlösung bzw. Konsensfähigkeit empfinden die Befragten innerhalb der Bank für durchschnittlich ausgeprägt (3,03).
	Einbeziehung privater Probleme	Über private Probleme wird nach Meinung der Befragten nur selten geredet (2,7).
▼	Unternehmerisches Denken	Der Wert Unternehmerisches Denken erhält unterdurchschnittliche Bewertungen (2,65). Lediglich die Befragten in leitenden Positionen sahen für sich diesen Wert als zutreffend an.
	Konkurrenzdruck	Der Konkurrenzdruck gegenüber den direkten Kollegen wird für gering bewertet (2,05).
Niedrige Bewertung	Hierarchie-betonung (siezen, duzen)	Die Hierarchiebetonung wird in Anwesenheit von Kunden höher bewertet (Siezen vor dem Kunden 4,55) als bei Gesprächen mit Kollegen, wenn keine Kunden anwesend sind (Siezen nicht vor Kunden 1,88).

Der Mittelwertevergleich zeigt hier, daß die Bewertungen der Mitarbeiterinnen und Mitarbeiter ohne Kundenkontakt bei zwölf der vorgenommen achtzehn Aussagen höher liegen als bei den Mitarbeiterinnen und Mitarbeitern mit Kundenkontakt. Die kulturellen Werte werden also auch innerhalb der Subgruppe ohne Kundenkontakt ausgeprägter empfunden. Als Ergebnis läßt sich folgende Tendenz festhalten:

- Die Bewertungen der Befragten der Hauptstelle liegen tendenziell höher als die Bewertungen der Zweigstellen und
- die Bewertungen der Befragten ohne Kundenkontakt liegen tendenziell höher als die Bewertungen der Befragten mit Kundenkontakt.

Aus den Antworten aller Befragten zu den Verhaltensweisen und Gefühlen während der Arbeit läßt sich ein Werteprofil für die Genossenschaftsbank aufstellen (Abbildung 37 oben). Dieses Werteprofil führt die erfragten Werte der Kultur auf und ist nach der Höhe der Mitarbeiterbewertungen (Mittelwerte über die gesamte Stichprobe aus Abbildung 18) sortiert. Hervorzuheben ist, daß die Einteilung in hohe und niedrige Bewertung keine Klassifizierung in „gut“ oder „schlecht“ darstellt, sondern lediglich die Intensitäten der einzelnen Werte aufgreift. Das Werteprofil der Genossenschaftsbank läßt sich nun analysieren und bewerten:

Für die Unternehmenskultur der Genossenschaftsbank bedeutet ein hoher Wert für das *Annehmen und Ertragen von Ambivalenz*, daß - zumindest in den meisten Fällen - jeder Mensch wahrgenommen wird, wie er sich gibt bzw. wie er in seiner Persönlichkeit auftritt.[309] Eine höhere Toleranzschwelle und Freiraum für den einzelnen in bestimmten Managementbereichen lassen größere Leistungsfähigkeit entstehen.[310] Die Mitarbeiterinnen und Mitarbeiter können ihre Individualität auch während der Arbeitszeit leben. Daß die *Kooperationsbereitschaft* in der eigenen Abteilung für ausgesprochen hoch empfunden wurde, in der Bank insgesamt aber nach Aussage der Befragten nur durchschnittlich ausge-

---

[309] Zu den Grundprämissen zum Wesen von Wirklichkeit und Wahrheit vgl. auch Schein, E. H., 1995, S. 91 ff. und Kapitel B.IV.

[310] Vgl. Davidson, W. H./Davis, S. M., 1991; Pascale, R. T./Athos, A. G., 1982; Peters, T. J., 1988.

prägt zu sein scheint, könnte in der Organisationsstruktur der Bank begründet liegen: Es bestehen die Subgruppen Hauptstelle, Zweigstellen, mit und ohne Kundenkontakt. Die Mitarbeiterinnen und Mitarbeiter der Subgruppen unterliegen durch die räumliche Entfernung zwischen den Zweigstellen untereinander und zur Hauptstelle erschwerten Bedingungen, wenn sie persönlich kommunizieren und kooperieren möchten. Besonders die Befragten im Kundenkontakt empfinden Defizite bei der Kooperation und benennen als Grund den gestiegenen Wettbewerbsdruck durch Zielvereinbarungen. Die Befragten empfinden weiterhin, daß die *Verantwortungsbereiche* innerhalb der Genossenschaftsbank klar und übersichtlich gegliedert sind. Es kann als ein typisches Merkmal der Bankenbranche angesehen werden, daß die Kompetenzen für die Gewährung von Kontoüberziehungen, Krediten oder Sonderkonditionen übersichtlich strukturiert werden. Die Notwendigkeit klarer Verantwortungsbereiche liegt auch in dem Sicherheitsstreben einer Bank und ihrer Kundschaft insgesamt begründet. Deshalb kann eine ausgeprägte *Funktionsorientierung* zur Unternehmenskultur einer Bank „passen" - sofern dem einzelnen Freiräume für Verantwortung offen gehalten werden. Sinnvolle Kompetenzregelungen erleichtern die Zusammenarbeit, sofern sie nicht zu starren Regulierungen führen.[311]

Ein Rückblick auf die historische Entwicklung des Bankenwesens und den früheren Bankbeamten läßt erkennen, daß eine zu starke Bürokratisierung zu einem negativen Wettbewerbsfaktor in der heutigen Zeit werden kann. Die Bewertungen der Befragten zum Grad der *Bürokratisierung* führen zu durchschnittlichen Werten, die keinen unmittelbaren Änderungsbedarf notwendig erscheinen lassen. Allerdings verwiesen zwei Mitarbeiter auf die *„ständig neuen Anweisungen des Organisationshandbuches"*, die für sie regulierenden Charakter besäßen. Bei der Erfragung der *Informationsoffenheit* in der Bank fühlen sich die Mitarbeiterinnen und Mitarbeiter in der Hauptstelle informierter als ihre Kollegen in den Zweigstellen. Gründe hierfür liegen wahrscheinlich in den kürzeren Wegen innerhalb der Hauptstelle, die persönliche Kontakte ermöglichen. Durch die räumlichen Distanzen der Zweigstellen zur Hauptstelle und der Zweigstellen untereinander können notwendige Informationen nicht immer

---

[311] Als ein Krankheitssymptom der typischen Bankenkultur sieht Wever das „... zwangsneurotische Verlangen, sich immer und überall persönlich abzusichern" (Wever, U. A./Besig, H.-M., 1995, S. 21).

rechtzeitig weitergegeben werden. Die von Deal und Kennedy in ihrer Kulturtypologie benannten Merkmale einer typischen Bankkultur (bürokratisch-langsamer Informationsfluß und Perfektion und Absicherung bei der Durchführung von Tätigkeiten) konnten also in der Genossenschaftsbank wiedergefunden werden, werden von den Befragten jedoch nur als durchschnittlich ausgeprägt empfunden.

Die Mitarbeiterinnen und Mitarbeiter geben an, daß kurzfristige Aktionen in allen Abteilungen der Bank an der Tagesordnung seien. Die hohe Ausprägung dieses Wertes ergibt sich aus dem Dienstleistungscharakter einer Bank und kann sich darüber hinaus in dem Grad der Kundenorientierung äußern. Außerdem läßt sich der Wert *Termindruck* im Zusammenhang mit dem gleichfalls ausgeprägt vorhandenen Wert *Entscheidungen unter Zeitdruck* interpretieren. Da beide Werte in Ergänzung zueinander stehen, bestätigen die Mitarbeiterbewertungen, daß zügiges Handeln und Erfüllung des Kundenwunsches innerhalb der Genossenschaftsbank üblich sind. Auch der Wert *Kundenorientierung* stellt einen ausgeprägt vorhandenen Wert dar - und zwar sowohl in den Bankpublikationen nach außen dargestellt als auch von den befragten Mitarbeiterinnen und Mitarbeitern hier so empfunden. Zur Erfüllung von Kundenwünschen würde die Hälfte der Befragten sogar die Arbeit für Vorgesetzte liegen lassen. Verglichen mit der Kundenorientierung wird die *Mitarbeiterorientierung* der Genossenschaftsbank - das Engagement der Geschäftsführung für die Mitarbeiterinnen und Mitarbeiter - von den Befragten geringer eingestuft. Die niedrigsten Bewertungen erfolgten durch Befragte mit langer Beschäftigungsdauer. Andererseits gaben die Befragten ohne Kundenkontakt an, intensive Fachschulungen erfahren zu haben. Das Ergebnis zeigt, daß Unterstützungsmaßnahmen durch fachliche Schulungen nach Meinung der Mitarbeiterinnen und Mitarbeiter ausgeprägter angeboten werden als persönliche Schulungen (Rhetorik-Seminare oder Verkaufsschulungen).

Nach Empfinden der Mitarbeiterinnen und Mitarbeiter werden *menschliche Fehler in der Bank zugelassen* und nicht negativ bewertet. Desweiteren herrscht *kein Klima der Angst* vor, in dem die Mitarbeiterinnen und Mitarbeiter schon Fehler machen aus Angst davor, fehlerhaft zu arbeiten. Da nur in einem angstfreien Raum Kreativität aufkommen kann, bestehen in der Genossenschaftsbank bereits die Voraussetzungen für ein kreativitätsförderndes Klima. Allerdings können Kunden durch Beschwerden über unfreundliche Bedienung oder schlechte Beratung einen Sanktionsmechanismus in Gang setzen, der auf den einzelnen Mitarbeiter zurückwirkt. Deshalb sehen die Befragten ohne Kundenkontakt diesen Wert auch wesentlich entspannter. Die Befragten empfinden weiterhin, daß *über berufliche Probleme offen geredet* werden kann. Lediglich die Mitarbeiterinnen und Mitarbeiter im Kundenkontakt geben an, daß sich dies schwer realisieren lasse. Daß die Befragten im Kundenkontakt auch seltener über *Privates* sprechen, läßt sich durch ihre Eingebundenheit in die Kundenberatung erklären. Die Mitarbeiterinnen und Mitarbeiter ohne Kundenkontakt haben nicht die kontinuierliche Anwesenheit des Kunden um sich und sind eher in der Lage, private Erlebnisse nebenbei zu erzählen. Sie müssen nicht darauf achten, ob Kunden ihre Unterhaltung mitverfolgen. Die *offene und sachliche Konfliktlösung* innerhalb der Bank (zwischen Vorgesetzten und Mitarbeitern) wird von den Befragten als nur durchschnittlich empfunden. Nach Empfinden der Befragten besteht zwar die grundsätzliche Bereitschaft der Vorgesetzten, ein offenes Ohr für die Ideen ihrer Mitarbeiter zu haben, jedoch sieht die Hälfte aller Befragten Verbesserungsmöglichkeiten bei der Umsetzung eingebrachter Mitarbeiterideen.

Der Wert *unternehmerisches Denken* drückt sich in einem spezifischen Verantwortungsbewußtsein aus, das eine Mitarbeiterin oder ein Mitarbeiter über die eigene Abteilung hinaus empfindet. Ein unternehmerisch denkender Bankangestellter ist in der Lage, ganzheitlich zu denken, Entscheidungen selbständig zu treffen und darüber hinaus die getroffenen Entscheidungen in einen Kostenrahmen zu setzen.[312] Alle Befragten in leitenden Positionen bestätigten mit ihren Bewertungen, unternehmerisches Denken internalisiert zu haben. Innerhalb der Subgruppen Hauptstelle und ohne Kundenkontakt ist das ganzheitliche Denken am ausgeprägtesten spürbar. Im Gegensatz hierzu gaben Befragte ohne Leitungsfunktionen niedrigere Bewertungen ab. Diese Mitarbeiterinnen und Mitarbeiter können oft aufgrund ihres Aufgabengebietes weniger ganzheitliches Denken praktizieren. Als typische Vertreter des unternehmerischen Denkens können deshalb die Führungskräfte der Bank angesehen werden. Der *Konkurrenzdruck* gegenüber den Kollegen wird von allen Befragten als gering angege-

---

[312] Zur inhaltlichen Bestimmung des unternehmerischen Denkens als Teil des Anforderungsprofils eines Bankangestellten in der heutigen Zeit vgl. auch Kapitel E.II.

ben. Werden die Antworten hierzu nach der Position des jeweiligen Befragten innerhalb der Bank ausgewertet, ergeben sich unterschiedliche Bewertungen. Da in die Mitarbeiterbefragung alle Hierarchien - vom Auszubildenden und Kassierer bis zur Zweigstellen-, Gruppen-, Marktbereichsleitung und dem Vorstand - (stichprobenhaft) miteinbezogen wurden, ergibt sich ein differenziert ausgedrücktes Konkurrenzempfinden gegenüber den Kollegen. Unter Einbeziehung von Position und Aufgabengebiet der Befragten kann der Schluß gezogen werden: Je mehr leitende Funktionen eine Mitarbeiterin oder ein Mitarbeiter ausübt, desto weniger Konkurrenzdruck empfindet er gegenüber den Kollegen. Darüber hinaus kann der Wert Konkurrenzdruck im Zusammenhang mit der *Kooperationsbereitschaft* in der eigenen Abteilung interpretiert werden, die die Befragten ebenfalls hoch bewerteten: Weil wenig Konkurrenzdruck zwischen den Mitarbeiterinnen und Mitarbeiter besteht, ist möglicherweise die Kooperationsbereitschaft hoch. Während das Siezen vor dem Kunden mehrheitlich praktiziert wird, verhalten sich die Mitarbeiterinnen und Mitarbeiter, wenn kein Kunde anwesend ist, offensichtlich lockerer und persönlicher. Die Gegenwart eines Kunden hat also Einfluß auf das Verhältnis der Kollegen untereinander, dieses wird dann förmlicher. Außerdem könnte durch das Siezen vor dem Kunden versucht werden, die Seriosität der Bankleistung zu unterstreichen. Insgesamt zeugen die Bewertungen der Mitarbeiterinnen und Mitarbeiter von einer eher *förmlichen Umgangsweise* miteinander, die in Analogie zum Kleidungsstil und zu den branchentypischen Werten[313] wie Verschwiegenheit oder Seriosität zu sehen ist.

III. Sprache, Kommunikation und erzählte Geschichten als Ausdruck der Unternehmenskultur

Die Mitarbeiterinnen und Mitarbeiter der *Wertpapierabteilung*, der *Kreditabteilung* und des *Homebanking/Internet-Bereichs* konnten als Träger einer spezifischen Bankensprache identifiziert werden. Sie bilden dadurch drei weitere Subgruppen innerhalb der Genossenschaftsbank, die sich neben den funktions-

---

[313] Ganz im Gegensatz zu nordischen (Ikea) oder amerikanischen Unternehmen (Hewlett-Packard), in denen neue Mitarbeiterinnen und Mitarbeiter vom ersten Arbeitstag ihre Kollegen duzen *sollen*.

gebundenen Subgruppen Hauptstelle, Zweigstellen und Abteilungen mit und ohne Kundenkontakt herauskristallisiert haben. Bei den Subgruppen nach dem Kriterium Sprache übt die jeweils benutzte Fachsprache eine abgrenzende Wirkung gegenüber den abteilungsfremden Kollegen aus.

Als weitere sprachliche Ausdrucksform der Unternehmenskultur konnten *banktypische Witze* herausgefunden werden. Die von den Mitarbeiterinnen und Mitarbeitern erzählten Witze handeln von Bankbegebenheiten oder verfügen über eine enge Anlehnung an die Bankensprache. Die genannten Witze werden nun aufgeführt und interpretiert:

1. Kommt ein Kunde in die Bank, geht zur Kasse und sagt: „Guten Tag, ich möchte gerne von meinem Konto 30.000,- DM abheben." „Ja", sagt der Kassierer, „einen Moment bitte". Nachdem er dem Kunden jeden Geldschein einzeln vorgezählt hat, sagt der Kunde: „Danke, Sie können das Geld jetzt wieder einzahlen, ich wollte nur mal nachsehen, ob noch alles da ist."

Der Witz ironisiert das Kunden-Bankmitarbeiter-Verhältnis, indem der Kassierer erst die gewünschte Auszahlungssumme vorzählt und anschließend „der Dumme" ist, weil er das Geld wieder einzahlen und zurücknehmen soll. Auch der Kunde wird dargestellt, als ob er nicht wisse, daß das Geld auf seinem Konto „Buchgeld" ist. Dies könnte allerdings auch eine Anspielung auf die Vertrauenswürdigkeit der Bank sein, da der Kunde sich vergewissern will, ob sein Geld noch da ist. Es handelt sich um einen kurzen und harmlosen Witz, der banktypisches Geschehen pointiert aufgreift.

2. Kommt ein Kunde zur Sparkasse und sagt: „Guten Tag, ich möchte mir für diesen Euroscheck Bargeld geben lassen." Sagt der Bankangestellte: „Ja, dann füllen Sie den Scheck mal aus und unterschreiben ihn unten." „Nein, das möchte ich nicht", sagt daraufhin der Kunde. Der Mitarbeiter versucht es noch mehrere Male und sagt immer wieder: „Sie müssen schon den Scheck ausfüllen, sonst können wir Ihnen kein Geld dafür geben." Schließlich sagt der Kunde: „Gut, wenn Sie mir kein Geld geben wollen, dann gehe ich eben zur Volksbank." Der Kunde geht zur Volksbank, steht nun dort am Schalter und sagt wieder: „Ich möchte, daß Sie mir für diesen Euroscheck Bargeld geben." „Ja", sagt diesmal der Angestellte, „dann füllen sie den Scheck mal

aus und unterschreiben ihn." „Nein, unterschreiben, das mache ich nicht", sagt der Kunde wieder. Nachdem auch hier der Wortwechsel wiederholt hin und her gegangen ist, bückt sich der Bankangestellte, holt einen Baseballschläger unter dem Tresen hervor und haut dem Kunden damit auf den Kopf. Der Kunde zuckt unter dem Schlag zusammen, füllt daraufhin den Scheck ordnungsgemäß aus und erhält sein Geld. In den nächsten Tagen taucht der Kunde wieder bei der Sparkasse auf. Der Mitarbeiter dort spricht ihn auf die Angelegenheit mit dem Euroscheck erneut an: „Und, haben Sie bei der Volksbank ihr Geld bekommen?" „Ja, selbstverständlich", sagt daraufhin der Kunde, „da ist ja auch die Beratung überzeugender!"

Im zweiten Witz wird auf die Konkurrenzbeziehung zwischen den genossenschaftlich organisierten Banken und den Sparkassen angespielt, die miteinander im Wettbewerb um die Kunden stehen und versuchen, die jeweils bessere Leistung zu erbringen. Inhalt des Witzes ist somit auch das Abwerben von Kunden von der Konkurrenz. Vorliegend schließt die Genossenschaftsbank besser ab als die Sparkasse, denn der Kunde tätigt seine Scheckeinlösung dort. Abschließend erklärt der Kunde dem Sparkassenmitarbeiter noch, wie zufrieden er mit den Leistungen der Volksbank war. Allein die Beratungsmethode ist hier etwas eigentümlich, aber „überzeugender" als bei der Sparkasse. Die Argumente kamen mit der „Holzhammermethode" durch einen Schlag auf den Kopf und nicht durch verbale Ausführungen zustande, so daß die Verkaufsmethoden der Genossenschaftsbank ironisiert werden.

3. Klopft ein Kunde bei der Deutschen Bank an. Sagt der Bankangestellte daraufhin: „Herein, wenn´s kein Schneider ist!"

Auch der dritte Witz bezieht sich auf einen bestimmten Bankentypus: die Deutsche Bank. Er ist kurz gehalten und beinhaltet die Anspielung auf den Konkurs des Immobilienhändlers Schneider (und die Reaktion Hilmar Koppers darauf: „Peanuts"). Der umgangssprachliche Slogan „Herein, wenn´s kein Schneider ist" wird auf die damaligen Ereignisse bezogen. Wird dieser Witz nun von dem Mitarbeiter einer Genossenschaftsbank erzählt, drückt sich darin auch kritische Distanz und Abgrenzung zur Großbank aus. Als „zeitlose" Deutung dieses Witzes könnte ferner daran gedacht werden, daß die Deutsche Bank - anders als die

Genossenschaftsbank - sich nicht in erster Linie dem Handwerker (Schneider), sondern der Industrie verpflichtet fühlt.

4. Betritt ein ungewaschener Mann mit schmutzigen, zerrissenen Kleidern die Bank und sagt zu der adretten Mitarbeiterin am Schalter: „Ich möchte bei Ihrer Scheiß-Bank ein Scheiß-Konto eröffnen." Daraufhin sagt die Bankangestellte irritiert: „Was möchten Sie?" – „Ich möchte bei Ihrer Sch...-Bank ein Konto eröffnen", sagt der Mann ungeduldig. Immer noch verunsichert fragt die Bankangestellte: „Was möchten Sie?" – „Ich möchte bei Ihrer Sch...-Bank ein Sch...-Konto eröffnen, das habe ich Ihnen doch bereits zwei Mal gesagt." Die Bankangestellte holt den Zweigstellenleiter hinzu, der nun seinerseits den Kunden fragt: „Was möchten Sie?" Der Kunde antwortet wieder: „Ich habe 5 Millionen im Lotto gewonnen und will bei Ihrer Sch...-Bank ein Sch...-Konto eröffnen." Daraufhin antwortet der Zweigstellenleiter: „Wie, und die Schlampe hier vorne konnte Ihnen nicht weiterhelfen?"

Der vierte Witz spricht sowohl das Kunden-Mitarbeiter-Verhältnis als auch das Mitarbeiter-Vorgesetzten-Verhältnis in der Genossenschaftsbank an. Auffallend sind die abwertende Wortwahl und das Sprachniveau, auf denen der Witz basiert. Die erste Anspielung in dem Witz gilt dem Hinweis, einen Kunden nicht nach seiner Kleidung zu beurteilen, denn diese kann über die finanzielle Potenz täuschen. Das äußere Auftreten des Kunden führt, verbunden mit seinen Äußerungen, zu Irritationen bei der Mitarbeiterin am Schalter, so daß diese ihren Vorgesetzten in das Kundengespräch einbindet. Als der Zweigstellenleiter hinzutritt, nimmt das Geschehen am Schalter eine unerwartete Wende, denn der Kunde ergänzt seine Äußerungen um den entscheidenden Zusatz „Ich habe 5 Millionen im Lotto gewonnen". Daraufhin stellt sich der Vorgesetzte nicht vor seine Mitarbeiterin, sondern „fällt ihr in den Rücken" und assoziiert sich mit dem Kunden auf einem gemeinsamen Sprachniveau, indem er nun von der „Schlampe nebenan" spricht. Die abwertende Reaktion des Vorgesetzten in diesem Witz könnte eine Anspielung auf Probleme innerhalb der Vorgesetzten-Mitarbeiter-Verhältnisse der Bank sein. Die Aussage lautet dann: „*Für unsere Kunden tun wir alles, wenn sie uns ihr Geld bringen*", und bezogen auf die Werte der Genossenschaftsbank möglicherweise sogar: „*Kundenorientierung geht vor Mitarbeiterorientierung*". Besonderes Gewicht erhält der Witz noch dadurch, daß er zwischen den Zweigstellen als Bildwitz, also mit Zeichnungen versehen, per Fax weitergeleitet worden war. Außerdem wurde er von fünf Zweigstellenmitarbeitern erzählt.

5. Legt ein Kunde ein rohes Ei und ein Kondom auf den Banktresen. Was will er? - Sein Konto bis Ostern überziehen.

Der fünfte Witz (zweimal erzählt) verbindet den banktypischen Begriff der „Kontoüberziehung" mit Assoziationen aus dem sexuellen Bereich, witzig untermalt mit der Frage der Symbolhaftigkeit, die ein rohes Ei in diesem Zusammenhang haben könnte. Anschließend folgt die Lösung des Wortspiels mit „der Überziehung des Kontos bis Ostern". Auch dieser Witz kursierte innerhalb der Zweigstellen, da er zweimal erzählt worden ist.

6. Kommt ein Bankräuber in die Bank, geht zum Kassierer und sagt: „Guten Tag, können Sie mir auf eine 45er Magnum rausgeben?"

Im sechsten Witz wird das Thema eines drohenden Banküberfalls aufgegriffen, hier in der Form, als ob der Überfall eine ganz alltägliche Handlung des Kassierers auslösen würde. Es wird versucht, die angsterzeugende Geldübergabe an einen bewaffneten Bankräuber ins Lächerliche zu ziehen. Der umgangssprachliche Begriff „des Rausgebens von Wechselgeld auf eine bestimmte Geldsumme" wird bagatellisierend eingesetzt. Der Witz stellt eine typische Situation aus dem Bankenalltag - die man natürlich nicht herbeiwünscht - ironisierend dar und dient dazu, die Angst vor einem möglichen Überfall herunterzuspielen.

7. Aufgeregt kommt die Sekretärin zum Bankdirektor und ruft: „Der Hauptkassierer ist verschwunden!" Daraufhin sagt der Bankdirektor: „Um Gottes Willen, dann kontrollieren Sie sofort den Geldschrank!" Die Sekretärin kommt nach drei Minuten zurück und sagt: „Dort ist er auch nicht!"

In diesem letzten Witz geht es erneut um pekuniäre Defizite: Weil der Kassierer verschwunden ist, soll der Tresor kontrolliert werden. Gleichzeitig wird das *Vorgesetzten-Mitarbeiter-Verhältnis* beschrieben, diesmal in Bezug auf den Bankdirektor und seine Sekretärin. Die ironische Komponente liegt in der Reaktion der Sekretärin, die zwar die Anweisung ihres Vorgesetzten ausführt - aber mit einer anderen Intention, als der gemeinten.

Für ein *Graffiti* konnte nur ein einziges Beispiel von den Befragten genannt werden. Hieraus kann gefolgert werden, daß Graffitis eher untypisch für die Mitarbeiterinnen und Mitarbeiter der Genossenschaftsbank (und vielleicht auch für die Bankenbranche insgesamt) sind, um ihren Unmut zu äußern. Das Graffiti „*Orga = Orgasmus*" beinhaltet die Kritik an Bürokratisierungstendenzen durch die Ausgabe von Organisationsanweisungen. Mit dem Graffiti wird auf die Häufigkeit der Verbreitung von Rundschreiben durch die Organisationsabteilung angespielt. Die große Anzahl von Rundschreiben dürfte den Urheber dieses Graffiti dazu animiert haben, die begriffliche Verbindung von Organisation mit dem sprachlich ähnlichen Ausdruck sexuell-biologischer Befriedigung zu wählen.

Wenn Sprache das Medium ist, mit dem Inhalte transportiert werden, kann *Kommunikation* als Ausdrucksform verstanden werden, um eine Nachricht zwischen Menschen zu übermitteln. Für wie durchlässig die Mitarbeiterinnen und Mitarbeiter die Kommunikationswege innerhalb der Genossenschaftsbank empfinden, wurde bereits durch den Wert Informationsoffenheit erläutert. Die Bewertungen ergaben für Informationsoffenheit einen durchschnittlichen Mittelwert. Weiterhin hat die interne Informationspolitik innerhalb der Genossenschaftsbank nicht dazu geführt, daß allen Mitarbeiterinnen und Mitarbeitern das *Engagement in Verbänden*, die *Unterstützung von Künstlern* oder die *Durchführung von Hilfsaktionen* hinreichend bekannt sind (niedrige Bewertungen und teilweise keine Antworten der Befragten). Insbesondere in den Subgruppen Zweigstellen und den Abteilungen mit Kundenkontakt besteht nach Empfinden der Befragten größerer Informationsbedarf über die Aktivitäten der Bank in der Öffentlichkeit. Viele Befragte konnten allerdings zusätzliche Beispiele für Einzelaktivitäten der Genossenschaftsbank beisteuern.

Zur Häufigkeit der gewählten *Kommunikationswege* innerhalb der Genossenschaftsbank zeigt sich als Ergebnis: Die Befragten empfinden, daß innerhalb der Bank am häufigsten telefoniert wird, gefolgt von der persönlichen Kommunikation und der schriftlichen durch Notizen auf Zetteln. Sehr selten werden nach Auffassung der Befragten formelle Schreiben abgefaßt (durch die Abteilung Organisation und Controlling), und auch das Faxgerät gilt bei den Befragten als restriktives Medium, um Informationen weiterzuleiten. Daß das Faxgerät zur Übersendung informeller Mitteilungen (z.B. von Bildwitzen) dennoch genutzt wird, bedeutet, daß informelle Kontakte innerhalb der Bank über räumliche Distanzen hinweg bestehen können.

Die *Kommunikationsqualität* zwischen den Subgruppen Hauptstelle und Zweigstellen wird von Seiten der Zweigstellenmitarbeiter als schlechter empfunden als von Seiten der Befragten der Hauptstelle. Auch bei dem Vergleich der Subgruppen mit und ohne Kundenkontakt ergeben sich Unterschiede, denn hier bewerteten die Befragten im Front-Office-Bereich ihre Kommunikationsbeziehungen zu den Kollegen des Back-Office-Bereiches als niedrig. Für diese Divergenzen könnte eine Rivalität zwischen Praktikern und Theoretikern oder „Machern“ und „Denkern“ verantwortlich sein. Das Kommunikationsverhalten und Kommunikationsklima in der eigenen Abteilung werden dagegen einheitlich als ausgesprochen positiv empfunden.

Innerhalb der Mitarbeiterschaft ist ein großer Fundus an Positiv- und Negativgeschichten vorhanden. Die Spannbreite reicht von den glorifizierten Erlebnissen der eingeschworenen Gemeinschaft im Gründungsgebäude - mit denen sich junge Beschäftigte heute nicht mehr identifizieren können - über Showeinlagen auf Betriebsfesten bis zu verbalen Übergriffen in Form von Kundengeschichten. Das Erzählen von Kundengeschichten ermöglicht beispielsweise, den unangenehmen Charakter von Beschwerden distanziert zu verarbeiten. Die erzählten Begebenheiten lassen erkennen, wie schwer es fällt, Beschwerden nicht als persönlichen Angriff aufzufassen und Kunden nicht gleich als Querulanten abzustempeln. Setzt ein Vorgesetzter Beschwerden als Druckmittel gegenüber seinen Mitarbeitern ein, erzeugt dies ablehnende Verhaltensweisen auf Mitarbeiterseite. Ein weiteres Geschichtensegment greift das Fehlverhalten von Mitarbeitern und daraus resultierende Konsequenzen auf. Hiermit wird auf die Bedeutung des Wertes Ehrlichkeit für die Unternehmenskultur der Genossenschaftsbank hingewiesen. Von jedem Bankmitarbeiter wird erwartet, daß er ehrlich ist und keine Gelder veruntreut. Einen Hinweis auf Bürokratisierungstendenzen gibt die Geschichte der fingierten Organisationsrundschreiben. Gleichzeitig offenbart das Rundschreiben zum organisierten Streik autoritäre Verhaltensweisen mancher Vorgesetzten, denn die Betreffenden wurden bewußt falsch informiert.

Vier Geschichten beinhalten Erlebnisse von Auszubildenden. Im Mittelpunkt der Auszubildendengeschichten stehen die „Prüfungen", die ein neuer Auszubildender innerhalb der Genossenschaftsbank zu absolvieren hat. Der Neuling erhält in seinen ersten Arbeitstagen den Auftrag, eine Stornokurbel oder einen Zinsfuß innerhalb der Bank zu besorgen. Diese Art von Prüfung wird möglich, weil der Auszubildende mit banktypischen Begriffen konfrontiert wird, die er noch nicht einordnen kann. Innerhalb der Kulturanalyse erhält diese Prüfung die Funktion eines *Initiationsritus*. Nach bestandener Prüfung ist der Auszubildende als neues Unternehmensmitglied anerkannt und gehört offiziell dem Kreis der Mitarbeiterinnen und Mitarbeiter an. Kennzeichen eines Initiationsritus ist, daß dem Neuankömmling das widerfährt, was die älteren Auszubildenden früher auch durchleben mußten. Grundlage ist ein immanenter Generationenvertrag. Jede Auszubildendengeneration wird auf die Probe gestellt und gibt die Prüfung an die nachfolgenden Lehrjahre weiter. Die von den Auszubildenden veranstalteten Initiationsprüfungen beinhalten keine Ausübung von Zwang. Der Neuling muß weder während der Prüfung konkrete Normen praktizieren, noch wird ihm anschließend ein bestimmtes Verhalten aufoktroyiert. Bei der Geschichte über den Auszubildenden, der in der Spielhalle seine Mittagspause verbringt, liegt die Ironie darin, daß dieser sein privates Geld verspielt, während von ihm erwartet wird, daß er als Bankangestellter mit dem Geld seiner Kunden verantwortungsbewußt umgeht. Die Geschichte des Auszubildenden, der Briefe zur Hauptpost in der Stadt bringt und nicht zur unternehmensinternen Poststelle, beruht wiederum auf dem Verständnisproblem der speziellen Bankensprache, die sich einem neuen Unternehmensmitglied erst nach und nach erschließen kann.

IV. Bedeutung von Interaktionen, Vorbildern und Ereignissen in der Vergangenheit

Die Befragung hat ergeben, daß die Einführungsmaßnahmen der Genossenschaftsbank keinen Zwangscharakter besitzen. Dennoch wird mit dem Eintritt in ein neues Unternehmen stets ein *Prozeß der Entkulturation* von bisherigen Gewohnheiten und Überzeugungen in Gang gesetzt.[314] Beispielsweise können bereits die banktypischen Kleidungsnormen als Teil der Einführungsmaßnahmen gesehen werden, um den neuen Mitarbeiter an die eigene Kultur zu gewöhnen, denn das bisherige Aussehen wird *entkulturiert.* Die Bewertungen der Befragten haben gezeigt, daß gezielte Einarbeitungsmaßnahmen für neue Mitarbeiterinnen und Mitarbeiter eher restriktiv angeboten werden. Die meisten Befragten gaben an, durch Kollegen eingearbeitet worden zu sein und auf learning by doing zurückgegriffen zu haben. Besonders unterstützt sahen sich viele Befragte während der Einarbeitungsphase durch ihren Ausbilder. Darüber hinaus bewerten die Mitarbeiterinnen und Mitarbeiter alle erfragten Einarbeitungsmaßnahmen (Einführungsseminar, Schulung, Mentor/Patenschaft, Einweisung durch Kollegen und learning by doing) für die eigene Bank als geeignet und sinnvoll. Einige Mitarbeiterinnen und Mitarbeiter befürworten das Konzept des Paten und wünschen sich die Einführung der Paten- oder Mentorenschaft. Im Gegensatz zu den Einarbeitungsmaßnahmen wird die Mitarbeiterförderung nur als durchschnittlich ausgeprägt empfunden. Die Bewertungen zeigen, daß insbesondere bei Persönlichkeitsschulungen und bei der Förderung weiblicher Angestellter Nachholbedarf besteht.

Die geringe Teilnahmehäufigkeit der Befragten mit einer Beschäftigungsdauer unter drei Jahren an ritualisierten *Gemeinschaftsveranstaltungen* liegt darin begründet, daß seit ihrem Eintritt in die Bank kein Betriebsfest veranstaltet worden ist. Während in Eigeninitiative organisiserte Treffen der Mitarbeiterinnen und Mitarbeiter regelmäßig stattfinden (wie Geburtstagsfeier, Weihnachtsfeier, Bowlingabend oder Musicalbesuch), besteht für die Ausrichtung eines Betriebsfestes nach Empfinden der Befragten Nachholbedarf, und zwar sowohl hinsichtlich der Regelmäßigkeit als auch hinsichtlich der Konzeption.

Das Vorhandensein von Persönlichkeiten mit Vorbildcharakter bestätigten mehr als die Hälfte aller Befragten, sowohl für die Vergangenheit als auch heute. Ein früheres Vorstandsmitglied nimmt für die Hälfte der Befragten die Rolle einer

---

[314] Japanische Zustände, wie das Singen der Firmenhymne oder die Rezitation von Firmenprinzipien liegen in der Genossenschaftsbank bei weitem nicht vor. Über Einführungsmaßnahmen in japanischen Banken berichtet ausführlich Rohlen. Vgl. Rohlen, T. P., 1974, S. 35 ff.

Gründerpersönlichkeit ein, zum einen wegen seiner langjährigen Verbundenheit mit der Genossenschaftsbank und zum anderen wegen der wirtschaftlichen Entwicklung, die die Bank unter seiner Einflußnahme zu verzeichnen hatte. Als Schlüsseleigenschaft dieser Person nennen die Befragten, daß der Betreffende *vorgelebt* habe, was er von seinen Mitarbeitern verlange. Die Mitarbeiteräußerungen haben weiterhin gezeigt, daß die Befragten und ihre Vorbilder sich häufig aus der gleichen Altersgruppe rekrutieren. Beispielsweise konnten sich die jüngeren Befragten mit einem Vorstandsmitglied auch deshalb identifizieren, weil derjenige als Vertreter der jüngeren Generation gilt.

Ein Mitarbeiter benannte jedoch auch ein Gegenbeispiel, welche Person er für sich nicht als Vorbild empfindet. Er erzählte von einer Situation, in der er sich von einem Vorgesetzten ignoriert fühlte. Obwohl das Erlebnis bereits einige Zeit zurück lag, war dem Mitarbeiter seine Enttäuschung anzumerken. Versucht man im Rahmen der Kulturanalyse einen Zusammenhang zwischen dem hier empfundenen *Vorgesetzten-Mitarbeiter-Verhältnis* und dem Inhalt eines erzählten Witzes herzustellen, weist der Witz das typische Merkmal einer „protestierenden Subkultur“[315] auf. Der in den Zweigstellen kursierende und von fünf Befragten wiedergegebene Witz des „Kunden mit zerrissenen Kleidern, der ein Konto eröffnen möchte“, beschreibt die gleichen negativen Verhaltensmuster zwischen Vorgesetztem und Mitarbeiter. Es besteht also ein ausgeprägtes Bewußtsein darüber, wie sich einzelne Vorgesetzte gegenüber ihren Mitarbeiterinnen und Mitarbeitern verhalten. Da die geschilderten Erlebnisse auf Mitarbeiterseite mit positiven oder negativen Emotionen verbunden sind, wirken sie motivationsfördernd oder -hemmend. Werden diese Erlebnisse als Geschichten oder Anekdoten verpackt innerhalb der Bank weitererzählt, können im Falle negativer Arbeitserlebnisse Enttäuschungen verarbeitet werden. Deshalb ist der aktive Hinweis auf „Schattenseiten“ - im täglichen Miteinander während der Arbeit und im Rahmen dieser Kulturbefragung - weitaus produktiver als Ergebenheit in eine scheinbar hoffnungslose Situation.

Als einschneidende Ereignisse in der Geschichte der Genossenschaftsbank empfinden die Mitarbeiterinnen und Mitarbeiter vor allem die Fusionen, die zu veränderten Organisationsstrukturen und Abläufen geführt haben. Die Äußerungen

---

[315] Vgl. Neuberger, O./Kompa, A., 1987, S. 107 und Kapitel D.III.3.

der Befragten weisen darauf hin, daß viele Befragte heute noch über ein ausgeprägtes Bewußtsein verfügen, welcher *Ursprungsbank* sie angehören.

V. Verhaltensregeln als bewußte Grundprämissen der Unternehmenskultur

Die vorliegende Kulturanalyse impliziert schließlich den Versuch, die Grundprämissen - als Essenz der genossenschaftlichen Kultur - aufzudecken.[316] Weil die Grundannahmen größtenteils unbewußt vorhanden sind, ist es für die Mitarbeiterinnen und Mitarbeiter nur schwer möglich, diese zu benennen. Die Ergebnisse stellen deshalb das bewußt vorhandene und artikulierbare Unternehmensverständnis dar. Die von den Befragten benannten Verhaltensregeln oder Essentials werden in Zitatform wiedergegeben (Abbildung 38).

Nach Aussagen der Mitarbeiterinnen und Mitarbeiter gilt innerhalb der Bank die Grundregel, daß die Kundenorientierung in den Mittelpunkt des täglichen Bankgeschäftes zu stellen ist (insbesondere bei den Beschäftigten im Kundenkontakt). Bereits bei der Erfragung des Werteprofils empfanden die Befragten den Wort Kundenorientierung für hoch.

Abbildung 38: Verhaltensregeln als bewußte Grundprämissen der Kultur

Verhaltensregeln in der Genossenschaftsbank
1. „Der Kunde steht im Mittelpunkt!“
2. „Mach es nicht an Deinem Vorgesetzten vorbei!“
3. „Kritik sollte nicht laut ausgesprochen werden!“
4. „Richte Dich danach, wie die Arbeitsabläufe in Deiner Abteilung üblich sind!“
5. „Trage das Outfit eines Bankers!“

---

[316] Vgl. Schein, E. H., 1995, S. 33, 55, 142 ff; Dierkes, M., 1988, S. 565; Krulis-Randa, J. S., 1984, S. 360; Gagliardi, P., 1986, S. 129; Calori, R./Sarnin, P., 1991, S. 50, Rohrmoser, H., 1997, S. 27 ff.

Desweiteren gilt das ungeschriebene Gesetz, einen Vorgesetzten in der Hierarchie nicht zu übergehen. Dies ist ein Hinweis auf eine ausgeprägte Funktionsorientierung und auf klare Kompetenzregelungen innerhalb der Bank. Die notwendige Einbindung von Vorgesetzten kann aber auch ein Signum für eine starre Strukturierung der Arbeitsabläufe sein. Falls die Mitarbeiterinnen und Mitarbeiter wenig Freiräume besitzen, Abläufe auf „ihre", vielleicht manchmal unkonventionelle Weise zu erledigen, wird von vornherein ausgeschlossen, daß neue Methoden entdeckt werden, die wiederum die gesamten Organisationsabläufe verbessern können. Die hier vermittelte Hierarchiebetonung ist jedoch an anderer Stelle der Befragung nicht in dieser Intensität bestätigt worden.[317] Es kann deshalb davon ausgegangen werden, daß innerhalb der Bank - differenziert nach Abteilungen und Vorgesetzten - beide Ausprägungsformen üblich sind: strikte Einhaltung hierarchischer Strukturen und weiter gefaßte Kompetenzregelungen. Die Verhaltensregel, Kritik nicht laut auszusprechen, deutet auf autoritäre Elemente innerhalb der Führung hin. Mitarbeiterinnen und Mitarbeiter, die ihre positive und negative Kritik offen äußern, sind für die Bank jedoch wertvoller als diejenigen, die dies unterlassen, zunehmend unzufrieden sind und schließlich „abwandern". Jeder Beschäftigte sollte sich mit seinen Ideen und Vorschlägen ernst genommen fühlen. Schließlich gibt es in den einzelnen Abteilungen bzw. Zweigstellen der Bank gewohnheitsmäßige Arbeitsabläufe, auf deren Einhaltung in diesen Subgruppen besonderer Wert gelegt wird. Die Verfahrensabläufe innerhalb der Genossenschaftsbank scheinen also in einzelnen Abteilungen unterschiedlich gehandhabt zu werden.

---

[317] Im Gegensatz hierzu sahen die Mitarbeiterinnen und Mitarbeiter wenig Notwendigkeit in der Einhaltung von Hierarchien (Mittelwert insgesamt 3,85 für hierarchie*übergreifende* Kommunikation).

J. Fazit

Ausgangspunkt der vorliegenden Arbeit war, eine Kulturuntersuchung in einer Genossenschaftsbank durchzuführen, um neue Erkenntnisse zur Kulturforschung im Bankenwesen beizusteuern. Kennzeichnend für die bisherigen Untersuchungen zu Kultur ist, daß die verwendeten Methoden uneinheitlich sind und teilweise Defizite aufweisen. In meiner Arbeit stelle ich eine eigene Methode zur Untersuchung von Unternehmenskultur vor, die sich aus Beobachtung und Befragung zusammensetzt. Abschließend soll untersucht werden, inwieweit sich meine Methode in die theoretischen Grundlagen zu Unternehmenskultur und in die bisherige empirische Forschung eingliedern läßt und in welchen Punkten sie die theoretische und empirische Diskussion weiterführen kann. Ein Ziel der empirischen Forschung ist, die gewonnenen Erkenntnisse in die Praxis hineinzutragen und dort zu einer Verbesserung realer Situationen und Prozesse beizutragen. Deshalb sollen mögliche Handlungsimplikationen für die Genossenschaftsbank vorgestellt werden. Dies geschieht vor dem Hintergrund, daß eine zielgenaue und direkte Veränderung von Kultur nur schwer möglich ist.

I. Einordnung meiner Untersuchungsmethode in die theoretischen Grundlagen und die bisherige empirische Forschung

Meiner Kulturuntersuchung liegt das theoretische Konzept von Schein zugrunde. Wie bereits Berger und Luckmann in ihrer Veröffentlichung zu den Ursprüngen der Institutionalisierung Mitte der sechziger Jahre, bezieht sich auch Schein Anfang der achtziger Jahre in seinem Kulturkonzept auf die Entstehung von Kultur durch Gruppenbildung. Durch die Interaktion in der Gruppe entsteht menschlicher Umgang miteinander und damit Unternehmenskultur: Der *Homo sapiens* ist zugleich auch *Homo socius*.[318] Schein verwendet die verhaltensmäßigen, emotionalen und kognitiven Elemente der psychologischen Arbeitsweise aller Gruppenmitglieder, um hieraus seine Definition zu entwickeln. Durch die Integration seines Definitionsansatzes in meine Arbeit ließ sich eine brauchbare

---

[318] Vgl. Berger, P. L./Luckmann, Th., The Social Construction of Reality, 1966/1999; Schein, E. H., 1995, S. 62.

Arbeitsdefinition finden, bei der die Grundprämissen einer Gruppe von Menschen und das gemeinsame Lernen der Gruppenmitglieder in den Mittelpunkt gestellt werden. Aufbauend auf Scheins Drei-Ebenen-Modell konnten die Kulturebenen, Kulturelemente und mögliche Erhebungsformen einander zugeordnet werden, woraus meine Untersuchungsmethode (Beobachtung und Befragung) entstanden ist.

Das interpretative und das funktionalistische Kulturkonzept boten als theoretische Grundlagen weitere Erklärungen zur Einordnung von Unternehmenskultur. Während die Vertreter des interpretativen Konzepts Kultur bewahren und beschützen möchten, verstehen sich die Vertreter des funktionalistischen Ansatzes als Kulturmanager mit der Intention, Kultur beliebig zu verändern. Mit den gegensätzlichen Standpunkten beider Konzepte haben sich in den letzten Jahren insbesondere Schreyögg und Krell beschäftigt. Schreyögg bezieht sich kritisch auf die von den Puristen vertretene Ansicht, Kultur sei ein „schutzbedürftiger authentischer Lebensraum“.[319] Seiner Auffassung nach bedarf es, bevor Kultur zu einem schutzbedürftigen Objekt erklärt werden kann, der Erschließung und Beschreibung der Kultur, die geschützt werden soll. „Jede Kulturanalyse, egal ob sie von innen heraus oder von außen geleistet wird, muß nämlich das Selbstverständliche zum Gegenstand der Reflexion machen und damit zwangsläufig seiner Selbstverständlichkeit berauben.”[320] Jeder Erschließungsprozeß von Kultur stellt einen Eingriff in diese dar. Man kann daher nicht auf der einen Seite Unternehmenskultur zum Studienobjekt erklären und auf der anderen Seite ihre Unversehrtheit als moralisches Prinzip postulieren, was ein der anthropologischen Forschung längst bekanntes Paradoxon ist. Da das funktionalistische Konzept die Möglichkeiten und das interpretative Konzept die Grenzen eines Kulturmanagements offenlegt, lassen sich meiner Auffassung nach beide Konzepte als Synthese zusammenführen. Vor diesem Hintergrund gehe ich auf die Möglichkeiten und Grenzen der Veränderbarkeit von Kultur ein und stelle mögliche Handlungsimplikationen für die Genossenschaftsbank vor.

---

[319] Um mit den Worten von Krell zu sprechen, wenden sich die Puristen an die Pragmatiker mit der Botschaft "Hände weg!" (Krell, G., 1991, S. 73); vgl. auch Krell, G., 1994, S. 248, Schreyögg, G., 1988, S. 155 ff.

[320] Schreyögg, G., 1988, S. 157.

Innerhalb der empirischen Kulturforschung gelten die Untersuchungen von Deal und Kennedy sowie Peters und Waterman als beispielhaft; sie wurden Mitbegründer einer neuen Unternehmenskulturbewegung. Beide Kulturuntersuchungen sprechen im Zeitalter der Reagonomics (angebotsorientierten Wirtschaft) nach einem Jahrzehnt wirtschafts-, innen- und weltpolitischen Siechtums das wiedererwachte Vertrauen in Amerikas Wirtschaft an.[321] Trotz der herausgefundenen Defizite bei den Vorgehensweisen ihrer Untersuchungen (keine Offenlegung der Methode, ausschließliche Befragung der Geschäftsführung, keine Betrachtung von Sub- oder Kontrakulturen, nur qualitative Auswertung der Ergebnisse), ist ihre Referenzfunktion für die Kulturforschung bis heute unbestritten.

Meine Untersuchungsmethode von Kultur kann als eine Fortführung der theoretischen und empirischen Diskussion verstanden werden: Erstens wird auf der Grundlage des theoretischen Konzeptes von Schein eine Methode angewandt, die die Defizite der Vorgehensweisen von Deal und Kennedy sowie Peters und Waterman zu vermeiden versucht. Zweitens zeichnet sich meine Methode durch Übertragbarkeit aus. Das Beobachtungsraster, um die kulturellen Artefakte zu beschreiben, und der Fragebogen, um die persönliche Mitarbeiterbefragung durchzuführen, lassen sich modifizieren und übertragen - *sowohl auf andere Banken als auch auf Unternehmen anderer Branchen*. Wendet man meine Methode an, erhält man die Ist-Kultur eines Unternehmens - wobei die Ist-Kultur als die von den Mitarbeiterinnen und Mitarbeitern empfundene und bewertete Kultur zu verstehen ist.

II. Möglichkeiten und Grenzen der Veränderbarkeit von Unternehmenskultur

Zum Abschluß der Arbeit stellt sich die Frage, welche Schlußfolgerungen aus den empirischen Ergebnissen - der Ist-Unternehmenskultur - gezogen werden können. Damit verbindet sich die Frage nach den Möglichkeiten und Grenzen der Veränderbarkeit von Unternehmenskultur. Ansatzpunkt für Überlegungen

[321] Vgl. Neuberger, O./Kompa, A., 1987, S. 14.

zur Veränderbarkeit von Kultur bildet die meiner Untersuchung zugrundeliegende Arbeitsdefinition von Unternehmenskultur als „ein Muster gemeinsamer Grundprämissen, das die Gruppe bei der Bewältigung ihrer Probleme externer Anpassung und interner Integration erlernt hat, das sich bewährt hat und somit als bindend gilt; und das daher an neue Mitglieder als rational und emotional korrekter Ansatz für den Umgang mit diesen Problemen weitergegeben wird."[322] Es läßt sich an dieser Stelle wiederholen, daß im Zentrum dieser Definition die komplexen Lernprozesse einer Gruppe und der prozessuale Charakter des Lernens stehen. „Kultur ist ... kein Lehr-, sondern ein Lernprozeß."[323] Grundlage einer Unternehmenskultur sind das übereinstimmende Denken und Handeln der Unternehmensmitglieder, welches erlernt werden. Sämtliche im Unternehmen ablaufenden Prozesse lassen sich als gemeinsames Erfahrungslernen bezeichnen, bei dem erfolgreich angewandte Annahmen von der Gruppe und den einzelnen Unternehmensmitgliedern übernommen und ergänzt werden. Deshalb können Veränderungen innerhalb der Genossenschaftsbank nicht allein durch formale Beschlüsse des Vorstandes herbeigeführt werden. Es ist nicht ausreichend, Organisationsstrukturen zu ändern und Organisationsrundschreiben zu verteilen. Unternehmenskultur kann nur innerhalb eines langfristigen Organisationsentwicklungsprozesses beeinflußt werden.[324] Diese Entwicklungsprozesse werden gefördert, sobald ein Mensch Freiräume besitzt und selbst entscheiden kann, wie er vorgegebene Ziele verwirklicht. Durch das Einräumen von Freiräumen entstehen kreative Lösungen. Laufen diese Prozesse auf allen Hierarchieebenen gleichzeitig ab, findet ein „gemeinsames Lernen der Organisation und ihrer Mitglieder"[325] oder ein Lernen in der Gruppe statt. Kulturveränderungen können deshalb nur über *langandauernde Lernprozesse* und über *Verhaltensänderungen der Menschen* erfolgen, denn die Unternehmenskultur ist der „widerstandsfähigste (rigideste) Aspekt eines jeden Sozialsystems"[326].

---

[322] Schein, E. H., 1995, S. 25.

[323] Sandner, K., 1988, S. 659. Vgl. Schein, E. H., 1995, S. 20 u. S. 25. Dierkes, M., 1988, S. 554 ff.; Gagliardi, P., 1986, S. 117 ff. und Kapitel B.V.

[324] Vgl. Bosch, G./Kohl, H./Schneider, W., 1995, S. 222; Wiegand, M., 1996, S. 434.

[325] Bosch, G./Kohl, H./Schneider, W., 1995, S. 221.

[326] Cohen, A. R., Fink, St. L., Gadon, H., Willits, R. D., 1996, S. 522.

Menschen widersetzten sich nicht generell dem Wandel. Menschen reagieren erst skeptisch, wenn sie die Folgen des Wandels als negativ empfinden. Sogar eine langersehnte Beförderung bedeutet eine Veränderung, weil sie als Gegenleistung verlangt, daß etwas aufgegeben wird, damit man „vorankommt". Die Empfindung von Bedrohung durch Wandel ist ein einzigartiges Produkt aus dem Eigenbild einer Person und der Situation, in der sie sich gerade befindet. Was der eine als spannende Chance empfindet, stellt für den anderen einen Verlust dar. Deshalb kann es leichter sein, Menschen zu Veränderungen zu bringen, wenn sie selbst gerade Störgefühle mittleren Ausmaßes haben und ihnen die gegenwärtigen Situation unangenehm ist. Dagegen werden die Mitarbeiterinnen und Mitarbeiter, die mit der Art, wie die Dinge liegen, zufrieden sind, sich Veränderungen widersetzen, die spannungsverschärfend wirken könnten. Sogar diejenigen, welche unter den gegenwärtigen Umständen leiden, hängen manchmal am Status quo, weil dieser erkennbare Sicherheit bietet. Erfahrungswerte haben gezeigt, daß Menschen mit Extremempfindungen besonderer Zufriedenheit oder starker Unzufriedenheit sich am ehesten weigern, Veränderungen zu akzeptieren: „Es erscheint oft so, daß sie in ihren wenig produktiven Arbeitsmustern verharren, das gleiche fruchtlose Verhalten fortsetzen, auch wenn ihnen das nichts hilft. ... Diejenigen, die lediglich mittlere Spannung und Unbehagen verspüren, reagieren am positivsten auf Veränderungen."[327] Zur Einleitung von Veränderungsmaßnahmen haben Peters und Waterman herausgefunden: Erhalten die Mitarbeiterinnen und Mitarbeiter, die Änderungen vollziehen sollen, klare und eindeutige Botschaften der Geschäftsführung über die Gründe der Veränderung und darüber, daß der Wandel unvermeidbar sein wird, können sie sich besser damit abfinden. Mit ihrer achten Grundtugend ("Simultaneous Loose-Tight properties") beschreiben sie die Möglichkeit, Veränderungserfolge durch ein Management des Widerspruchs zu verwirklichen - durch straffe Führung auf der einen und große Selbständigkeit auf der anderen Seite.[328]

Kann innerhalb des Unternehmens herausgefiltert werden, in welchen Abteilungen (und bei welchen Mitarbeiterinnen und Mitarbeitern) bereits Veränderungsbereitschaft besteht, bietet sich hier der Ansatzpunkt für Veränderungen. Enthu-

---

327 Cohen, A. R., Fink, St. L., Gadon, H., Willits, R. D., 1996, S. 490 und 491.

328 Vgl. Peters, Th. J./Waterman, R. H., 1984, S. 363ff. und Kapitel C.II.

siasmus auf hoher Ebene, beispielsweise durch die Überzeugung, wie spannend es sein wird, wenn die Veränderungen erst einmal realisiert sind, kann Menschen bewegen, die Erschwernisse des Änderungsprozesses auf sich zu nehmen. Wandel wird möglich, wenn bestehende Strukturen aufgebrochen werden und die Menschen innerhalb des Unternehmens motiviert werden, Neuerungen aktiv mitzugestalten. Nur durch Akzeptanz können Veränderungen nach und nach realisiert werden.[329] Deshalb ist der *Prozeßcharakter des Durchlebens von Situationen* entscheidend. Wenn ein Mensch die Veränderungen internalisiert hat, wird er von sich aus danach handeln. Sobald bestimmte Verhaltensweisen und Einstellungen für alle Mitarbeiterinnen und Mitarbeiter zur Selbstverständlichkeit geworden sind, brauchen sie nicht mehr in Einzelheiten vorgeschrieben zu werden. Grundprämissen manifestieren sich in einer gemeinsamen Einstellung. Vor den engen Grenzen der Veränderbarkeit von Unternehmenskultur werden nun Handlungsimplikationen für die Genossenschaftsbank aufgezeigt.

III. Handlungsimplikationen für die Genossenschaftsbank

Die aus den Ergebnissen der Kulturuntersuchung ableitbaren Handlungsmöglichkeiten für die Genossenschaftsbank werden zusammengefaßt (Abbildung 39) und im einzelnen erklärt. Diese Maßnahmen sind in einen langfristigen Lernprozeß eingebettet zu sehen, der von allen Mitarbeiterinnen und Mitarbeitern der Bank mitgetragen werden sollte. Es sind Vorschläge für mögliche Maßnahmen.

1. Ausformulierung kultureller Leitsätze

Nachdem die Ist-Unternehmenskultur vorliegt, kann überlegt werden, die grundlegenden Bestandteile der Unternehmenskultur der Genossenschaftsbank schriftlich festzuhalten und als kulturelle Leitsätze auszuformulieren. Dieser Vorschlag ist auch deshalb hilfreich, weil die Mitarbeiterinnen und Mitarbeiter zu Beginn der Befragung nicht eindeutig beantworten konnten, was der Begriff Unternehmenskultur für sie bedeutet. Durch eine Veröffentlichung kultureller Leitsätze könnten alle Beschäftigten der Bank erfahren, was die eigene Kultur

---

[329] Mit den Grenzen der *Planbarkeit* von Kultur hat sich ausführlich Schmidt befaßt. Vgl. Schmidt, C.-H., 1995.

ausmacht. Bei diesem Vorhaben ist allerdings zu beachten, daß die vorliegende Ist-Kultur durch die Bewertungen und Empfindungen der Mitarbeiterinnen und Mitarbeiter der Bank entstanden ist. Diese Ist-Kultur kann von der Soll-Kultur, die die Geschäftsführung sich wünscht, erheblich abweichen.

Abbildung 39: Zusammenfassung der Handlungsimplikationen

Handlungsmöglichkeiten für die Genossenschaftsbank
1. Ausformulierung kultureller Leitsätze zur Unternehmenskultur der Bank
2. Aktivierung der genossenschaftlichen Werte
3. Förderung der Kundenorientierung
4. Ausbau eines professionellen Beschwerdemanagements einschließlich regelmäßiger Kundenbefragungen
5. Ausbau von Job-Rotation zur Verbesserung der Informationsoffenheit und Kommunikation
6. Herausgabe einer Mitarbeiterzeitschrift
7. Einsatz des internen Mail-Systems als Kommunikationsforum
8. Gründung eines Organisationsbereichs Unternehmenskommunikation
9. Ausbau des betrieblichen Vorschlagswesens
10. Einführung von Umsatzbeteiligung der Mitarbeiterschaft
11. Ausbau der Mitarbeiterförderung (insbesondere von Persönlichkeitsschulungen und von Frauenförderung)
12. Einführung von Patenschaften (Mentoren oder Paten für Neueinsteiger)
13. Umstrukturierung des Einführungsseminars für Seiteneinsteiger
14. Schaffung von Handlungsfreiräumen durch Management by Delegation (Delegation von Verantwortung)
15. Neuplanung des Betriebsfestes in regelmäßigen Abständen
16. Ausgabe eines kleinen Feieretats je Mitarbeiter zur freien Verwendung in der Abteilung
17. Förderung der Aktivitäten und Infrastruktur einer Betriebssportgemeinschaft

Deshalb sollte eine mögliche Diskrepanz zwischen der Ist- und der Soll-Kultur bei der Ausformulierung von Leitsätzen einbezogen werden. Beispielsweise könnte dieser Unterschied in Mitarbeiterbesprechungen oder Führungskräftezirkeln aufgearbeitet und das Ergebnis dieser Diskussionen bei der Veröffentlichung der kulturellen Leitsätze berücksichtigt werden.

2. Aktivierung genossenschaftlicher Werte

Um die genossenschaftliche Tradition zeitgemäß zu leben, könnte die Bank versuchen, die genossenschaftlichen Werte zu aktivieren. Die vor hundertfünfzig Jahren aufgestellten genossenschaftlichen Empfehlungen von der liebevollen brüderlichen Gesinnung bis zur Uneigennützigkeit der Mitglieder können heute anachronistisch wirken. Mögliche Maßnahmen einer zeitgemäßen Belebung der genossenschaftlichen Werte sind in Abbildung 40 aufgeführt.

Abbildung 40: Maßnahmen zur Aktivierung der genossenschaftlichen Werte

Genossenschaftliche Werte	**Mögliche Maßnahmen**
Partner der mittelständischen Kundschaft	Die Zielgruppe der mittelständischen Kundschaft als tradierte Zielgruppe könnte verstärkt (durch Werbung) angesprochen werden.
Dienstleister und Förderer für unsere Mitglieder	Die materielle Förderung der Mitglieder durch hohe Verzinsung des Genossenschaftsanteils und andere Zins- und Konditionenvergünstigungen sollte beibehalten werden. Bei der immateriellen Förderung könnte ein Abrücken von dem alten, altruistischen Gedanken der „brüderlichen Gesinnung" vielleicht hin zur „soliden geschäftlichen Basis" überlegt werden.
Mitbestimmungsmöglichkeit	Die mit der Mitbestimmung verbundenen Rechte einschließlich der Möglichkeit, sich in die Vertreterversammlung wählen zu lassen, könnten den Kunden ausführlich angeboten und erklärt werden. So kann der Kunde erkennen, daß er als Mitglied auch etwas innerhalb der Bank bewirken kann.
„Einer für alle und alle für einen"	Der anachronistische Slogan könnte neu aufbereitet zu Werbezwecken genutzt werden, z.B. unter Verwendung der „Drei Musketiere".
Haftungsverpflichtung	Kunden könnten detailliert darüber aufgeklärt werden, daß die Haftung für jedes Mitglied nur eingeschränkt besteht, da die Risiken durch gemeinsame Haftungsfonds aufgefangen werden.

3. Förderung der Kundenorientierung

Falls es im Interesse der Genossenschaftsbank liegt, die Intensität ihrer Kundenorientierung in der Zukunft weiter zu fördern, kann versucht werden, die Unverwechselbarkeit und Individualität der eigenen Bankprodukte zu erhöhen. Mittels positiver Anthropomorphismen, also der Übertragung menschlicher Eigenschaften auf Nichtmenschliches, können Bankkunden veranlaßt werden, sich emotional stärker mit ihrem Institut zu identifizieren.[330] Hiermit wird eine Verbindung zwischen dem bedienenden Menschen und dem offerierten Produkt hergestellt. Werden persönliche Eigenschaften (z.B. durch die Werbung) auf Produkte übertragen, gestalten sich Mensch, Produkt, Leistung und Kultur zu einer Einheit.

4. Ausbau eines professionellen Beschwerdemanagements

Langfristig kann sich außerdem ein professionelles Beschwerdemanagement auf die Kundenzufriedenheit positiv auswirken, wozu die regelmäßige Durchführung von Kundenbefragungen zählt.

5. Ausbau von Job-Rotation

Sollen kundenfern eingesetzte Mitarbeiterinnen und Mitarbeiter verstehen lernen, wie ihre Kollegen im Kundenkontakt den Wert Kundenorientierung *leben*, kann der temporäre Einsatz am Schalter - durch Job-Rotation - ihnen helfen, die Verhaltensweisen ihrer Kollegen im Kundenkontakt nachzuvollziehen.[331] Auch neu eingestellte Mitarbeiterinnen und Mitarbeiter können für eine gewisse Zeit (in Form eines Trainee-Programms) durch Job-Rotation die Chance erhalten, unterschiedliche Aufgabenbereiche, Strukturen und ihre Kollegen kennenzulernen. Die Schaffung von Brückeninstitutionen, wozu Job-Rotation zählt, führt zu einer Verbesserung der *Informationsoffenheit* zwischen den Subgruppen der Bank.

6. Herausgabe einer Mitarbeiterzeitschrift

Das Selbstbild der Mitarbeiterschaft über das Engagement in der Öffentlichkeit (Mitgliedschaft in Verbänden, Förderung regionaler Künstler oder Hilfsaktionen) kann über durchlässigere Informationswege verbessert werden. Zur Reali-

---

[330] Vgl. Langenheder, W., 1986, S. 14.

[331] Vgl. Schumacher, H./Tödtmann, C., 1996, S. 112-120.

sierung gehört die rechtzeitige Bekanntmachung aktueller Aktionen innerhalb der gesamten Mitarbeiterschaft, z.B. durch Rundschreiben. Die regelmäßige Publikation einer Mitarbeiterzeitschrift (von Mitarbeitern für Mitarbeiter) kann ein zusätzliches Forum für bankinterne Informationen schaffen.

7. Einsatz des internen Mail-Systems
Das bankinterne Mailing-System, welches von einigen Befragten als das „schwarze Brett von heute" tituliert wurde, könnte darüber hinaus als offizielles Kommunikationsforum eingesetzt werden.

8. Gründung eines Organisationsbereichs Unternehmenskommunikation
Um die Kommunikation zwischen den funktionsgebundenen Subgruppen der Genossenschaftsbank durchlässiger zu gestalten, kann der Aufbau eines neuen Organisationsbereichs Unternehmenskommunikation verfolgt werden. Die Abteilung Unternehmenskommunikation könnte zwischen dem Bereich Personal, dem Vorstand und den Mitarbeiterinnen und Mitarbeitern aller Abteilungen der Bank koordinieren.[332] Um bestehende Kommunikationsstrukturen zu verändern, müssen die in der Vergangenheit erworbenen und bisher angewandten Mechanismen verändert werden. Die Mitarbeiterinnen und Mitarbeiter müssen neu lernen und umlernen. Es ist viel schwieriger, etwas zu „ver-lernen", also sich etwas abzugewöhnen, als etwas Neues „dazu-zulernen". Kommunikation ist ein wichtiger Teilbereich der gelebten Unternehmenskultur. Ein Organisationsbereich Unternehmenskommunikation kann zum Initiator und Koordinator neuer Kommunikationsformen und -wege innerhalb der Genossenschaftsbank werden. Durch eingeübte Kommunikationsmechanismen kann beim einzelnen Mitarbeiter Akzeptanz für neue Verhaltensweisen erreicht werden, woraus dann wiederum Veränderungen resultieren können. Angegliedert werden könnte an die Abteilung Unternehmenskommunikation die Steuerung von Personalentwicklungsmaßnahmen für alle Mitarbeiterinnen und Mitarbeiter.[333] Die Personalentwicklungsplanung bis hin zur individuellen Laufbahnplanung ist ein Mittel zur

---

[332] Mit dem Aufbau einer funktionierenden *Kommunikationskultur* hat sich Wever innerhalb der Hypo-Bank über den langen Zeitraum von 17 Jahren befaßt. Vgl. Wever, U. A./Besig, H.-M., Unternehmens-Kommunikation als Lernprozeß, 1995.

[333] Kommunikationsentwicklung und Personalentwicklung können als „Geschwister" angesehen werden. Vgl. Wever, U. A./Besig, H.-M., 1995, S. 94.

gezielten Leistungsstimulation und Vermeidung von Fluktuation.[334] Darüber hinaus ist eine enge Zusammenarbeit der Abteilung Kommunikation mit der Werbeabteilung sinnvoll, da die Außendarstellung der Bank durch Werbung die Vermittlung unternehmenskultureller Inhalte umfaßt - wenn beispielsweise die genossenschaftlichen Werte zeitgemäß für Werbemaßnahmen genutzt werden sollen. Deshalb ist die Aufgabe einer Abteilung Unternehmenskommunikation die langfristige Koordination der Kommunikation und fortwährende Analyse der Unternehmenskultur. Besonderes Gewicht erhält diese Aufgabe vor dem Hintergrund der Fusionen in der Vergangenheit der Bank, deren Auswirkungen heute nach Empfinden der Mitarbeiterinnen und Mitarbeiter noch spürbar sind.

Zur Verbesserung der interpersonalen Kommunikation können also neue Kommunikationsformen eingeübt werden. Auch der Wert „Offene und sachliche Konfliktlösung“ kann durch Veränderung der Kommunikation beeinflußt werden. Zielorientierung ist die Schaffung von Kommunikationsstrukturen, die Offenheit, Ehrlichkeit bzw. Authentizität und persönliche Akzeptanz beinhalten. Eine vertrauensvolle Kommunikation ist erreichbar, wenn sich die Mitarbeiterinnen und Mitarbeiter persönlich öffnen. Doch durch persönliche Offenheit wird ein Mensch verwundbar: „Wer vertraut, ist verwundbar. Wer sich abgrenzt, um sich zu schützen, weckt kein Vertrauen. Vertrauen ist die riskante Vorleistung des Stärkeren.“[335] Erzeugbar ist Vertrauen nur durch die Vorleistung eines Menschen, der sich traut zu vertrauen - wissend darum, daß er enttäuscht werden kann. Jeder Mensch wird für sich selbst entscheiden müssen, wann er bereit ist, zu vertrauen und wann nicht. Ohne Enttäuschungen ist dieser Weg nicht beschreitbar. Für die Beziehung zwischen Vorgesetzten und Mitarbeitern bedeutet dies, daß der Vorgesetzte - als der hierarchisch Stärkere - an-

---

[334] Vgl. Wischerhoff, P., 1998, S. 28-30. Ausschlaggebend ist letztlich das *Menschenbild*, das allen personalplanerischen Aktivitäten zugrunde liegt (der Mensch als Leistungsträger, Bedürfnisträger, Entscheidungsträger und als Individuum).

[335] Höhler, G., 1999, S. 226. Höhler erweitert ihren Ansatz einer *Vertrauenskultur* noch mit: „Intrigen laufen sich tot, wo Vertrauen gilt.“ „Wo Vertrauen herrscht, herrscht Motivation.“ und „Wo Vertrauen gilt, gibt es kein Sinnproblem.“ (Höhler, G., 1999, S. 117.) Zu ähnlichen Ergebnissen kommt auch Seidel in seiner Untersuchung über das *Fusionsmanagement in Genossenschaftsbanken*: „Mitarbeiter, die intern keine Vertrauensbeziehung erlebt haben, können diese auch nicht nach außen gegenüber den Mitgliedern (oder den Kunden) kommunizieren.“ Vgl. Seidel, M. 1994, S. 57, 58.

fangen könnte, Vertrauen aufzubauen. Zwischenmenschlich entgegengebrachtes Vertrauen wirkt sich langfristig positiv auf die Unternehmenskultur aus. Selbst wenn diese Erkenntnis idealistische Züge trägt, kann die Vergegenwärtigung dieses Zusammenhangs helfen, die Vorgesetzten-Mitarbeiter-Verhältnisse innerhalb der Genossenschaftsbank zu verbessern. Daß diese Veränderungen erstrebenswert sind, zeigt auch das Vorhandensein der Grundregel „Kritik sollte nicht laut ausgesprochen werden“ innerhalb der Bank.

9. Ausbau des betrieblichen Vorschlagswesens
Innerhalb der Genossenschaftsbank kann außerdem nach den Gründen geforscht werden, warum Mitarbeiterideen nicht sofort umgesetzt werden (Wert „Aufgeschlossenheit für neue Ideen“). Hierzu zählt die Überprüfung der Kompetenzregelungen innerhalb der Bank, um festzustellen, wem die Entscheidung obliegt, Neuerungen zu institutionalisieren. Die zentralen Fragen lauten: Wer entscheidet darüber, ob Änderungen von Abläufen oder Inhalten vorgenommen werden? Welche Wege kann eine Mitarbeiterin oder ein Mitarbeiter beschreiten, um Veränderungen vorzuschlagen und einzuleiten? Diese Fragen können auch in (Führungskräfte-) Besprechungen diskutiert werden. Flankierend kann das bereits eingeführte betriebliche Vorschlagswesen als Instrument zur Generierung von Innovationen und Erhöhung der Mitarbeitermotivation in der Bank gefördert werden.[336] Ein funktionierendes Vorschlagswesen ermöglicht allen Angestellten eine unkomplizierte Einreichung ihrer Ideen als Verbesserungsvorschläge. Weiterhin gelten Fristen, innerhalb derer die Vorschläge von der Geschäftsführung zu begutachten sind. Dem vorschlagenden Mitarbeiter wird also in jedem Fall geantwortet. Für einen realisierten Verbesserungsvorschlag erhält der Einreicher eine Geldprämie. Die Bank verfügt auf der anderen Seite durch die Vorschlagsrealisierung über die in Geld bewerteten Einsparungen, die um ein Vielfaches über den gezahlten Prämien liegen. Alle Unternehmensangehörigen müssen aber auch wissen, daß es diese Möglichkeit der Ideenverwertung gibt und wie sie ihre Ideen einreichen können. Werbemaßnahmen für das Vorschlagswesen können seine Publizität innerhalb der Mitarbeiterschaft erhöhen. Der Ausbau des betrieblichen Vorschlagswesens kann sich zudem förderlich auf die Zusammenarbeit zwischen Mitarbeitern und Vorgesetzten auswirken. Auch das Vorhandensein der Grundregel „Mach es nicht an Deinem Vorgesetzten

---

[336] Vgl. Bontrup, Heinz-J./Wischerhoff, P., 1999, S. 10 ff.

vorbei" spricht für die Förderung von Mitarbeiterideen durch das Vorschlagswesen.

10. Einführung von Umsatzbeteiligung für die Mitarbeiterschaft
Um unternehmerisches Denken bei Mitarbeiterinnern und Mitarbeitern zu erzeugen, können monetäre Anreize wie Umsatzbeteiligung - so ein Mitarbeitervorschlag - eingeführt werden. Typische Vertreter des unternehmerischen Denkens sind die Führungskräfte innerhalb der Bank. Es gibt jedoch Mitarbeiterinnen und Mitarbeiter, die aufgrund ihres Aufgabengebietes kein ganzheitliches Denken praktizieren können. Deshalb wird es nicht für alle Mitarbeiterinnen und Mitarbeiter möglich sein, diesen Wert zu leben. Außerdem kann durch finanzielle Anreize nur die extrinsische Motivation der Angestellten erhöht werden. Die intrinsische Motivation bleibt unberührt. Ist ein Mensch extrinsisch motiviert, arbeitet er überwiegend, um Geld zu verdienen. Erst durch intrinsische Motivation erlebt der einzelne den Zustand der Befriedigung oder Erfüllung mit der ausgeübten Tätigkeit. Intrinsische Motivation kann mit dem positiven Erleben des Handelns gleichgesetzt werden.[337] Dieses Gefühl des Gefallens und des zeitgleichen Aufgehens in der Arbeit ist nicht durch äußere Anreize erzeugbar.

11. Ausbau der Mitarbeiterförderung
Durch eine systematische Mitarbeiterförderung - auch unter frauenspezifischen Gesichtspunkten - kann die Bank das „Mitdenken" ihrer Angestellten schulen.

12. Einführung von Patenschaften
Die bisherigen Einarbeitungsmaßnahmen für neue Mitarbeiterinnen und Mitarbeiter können durch die Einführung von Mentoren- oder Patenschaften ausgebaut werden. Hierbei sind unterschiedliche Mentoren-Modelle möglich: Zum einen kann der Neueinsteiger an seinem ersten Arbeitstag bereits einen Paten zugewiesen bekommen. Nach einer anderen Variante sucht sich die Mitarbeiterin oder der Mitarbeiter selbst seinen Mentor nach einer kurzen Einarbeitungsphase aus einem Pool von möglichen Betreuern aus.

---

337 Vgl. Wischerhoff, P., 2001, S. 202-218; auch Nerdinger, F. W., 1995, S. 52.

13. Umstrukturierung des Einführungsseminars für Seiteneinsteiger
Darüber hinaus könnte das für die Gruppe der Auszubildenden konzipierte einwöchige Einführungsseminar in abgewandelter Form auch für Seiteneinsteiger, also Wechsler aus anderen Unternehmen, genutzt werden.

14. Schaffung von Handlungsfreiräumen durch Delegation von Verantwortung
Sollen bürokratische Elemente innerhalb der Organisation abgebaut werden, können beispielsweise Arbeitsabläufe verkürzt und zusätzliche Handlungsfreiheiten - die Selbständigkeit und Experimentierfreude fördern - geschaffen werden. Kreativität selbst läßt sich jedoch nicht verordnen. Kreativität entsteht, wenn Spielräume bestehen, d.h. angstfreie, hierarchiearme Räume, in denen offen experimentiert werden kann.[338] Aus der Schaffung von Handlungsfreiräumen für den einzelnen können Verbesserungen bisheriger Organisationsabläufe resultieren (Einsatz des Führungsprinzips Management by Delegation). Gleichzeitig erhöht dies die Motivation der Mitarbeiterinnen und Mitarbeiter. Die Arbeitsbeziehungen zwischen Vorgesetzten und Mitarbeitern können durch die Übertragung von Handlungsfreiräumen an die Mitarbeiter verbessert werden (Hinweis auf den erzählten Witz über das Mitarbeiter-Vorgesetzten-Verhältnis). Innerhalb der Genossenschaftsbank werden jedoch auch zukünftig die für das Bankgeschäft typischen förmliche Kompetenzregelungen - die Branchenfremde möglicherweise als zu bürokratisch ansehen - notwendig bleiben, wenn Kreditlinien und Kontoüberziehungen gewährt und ordnungsgemäß abgesichert sein sollen.

15. Neuplanung des Betriebsfestes in regelmäßigen Abständen
Ein Betriebsfest neuer Prägung könnte durch ein lockeres Ambiente, z.B. in einer Scheune, Freiräume zur inoffiziellen Begegnung schaffen, die während der Arbeit über räumliche Distanzen hinweg nicht zu realisieren sind. Gleichfalls sollte ein konstanter zeitlicher Rhythmus gewahrt werden. Der emotionale Charakter einer Zeremonie - des Betriebsfestes - hilft, Beziehungen herzustellen, die zwischen den Subgruppen Hauptstelle und Zweigstellen oder mit und ohne Kundenkontakt ansonsten nur schwer entstehen können. Der im Arbeitsleben vernachlässigte Spieltrieb des *homo ludens* wird aktiviert und befriedigt.[339] Den

---

[338] Vgl. Wever, U. A./Besig, H.-M., 1995, S. 21.
[339] Vgl. Dandridge, Th. C., 1986, S. 160.

von den Befragten wiederholt benannten Problemen in der Zusammenarbeit nach den Fusionen könnte durch ein Kennenlernen der anderen entgegengewirkt werden. Das Zusammengehörigkeitsgefühl der Mitarbeiterschaft kann sich durch regelmäßige Gemeinschaftsveranstaltungen verbessern.

16. Ausgabe eines Feieretats für jeden Mitarbeiter
Zur Förderung der Mitarbeitergemeinschaft ist darüber hinaus denkbar, daß jede Abteilung einen kleinen Feieretat jährlich zur Verfügung gestellt bekommt, den die Mitarbeiterinnen und Mitarbeiter nach eigenen Überlegungen nutzen können: zur Ausrichtung von Abendessen, Fahrradtouren, Ausflügen oder ähnlichen Veranstaltungen. Eine Auszahlungsvariante hierbei ist, daß jeder Beschäftigte einen bestimmten Geldbetrag erhält, der dem kollektiven Feier-Zweck dient. Indem jeder Beschäftigte über sein Feiergeld verfügt, wird er sich noch mehr dafür interessieren, in welche gemeinsame Veranstaltung investiert wird. Der einzelne wird in den Planungsprozeß integriert und motiviert, gemeinschaftlich zu denken.

17. Förderung der Aktivitäten und Infrastuktur der Betriebssportgemeinschaft
Es sollte weiterhin im Interesse der Geschäftsführung liegen, die seit Jahrzehnten bestehende Sportgemeinschaft nicht eingehen zu lassen. Auch hier können gezielte Fördermaßnahmen sich langfristig positiv auf die Unternehmenskultur der Bank auswirken. Beispiele sind neben Werbung für die Sportgruppen eine finanzielle Förderung und Unterstützung der Infrastruktur durch Anmietung einer Sporthalle.

IV. Ausblick: Besteht die Notwendigkeit einer Entwicklung zu einer Einheitskultur?

Zu Beginn der Kulturuntersuchung ist davon ausgegangen worden, daß innerhalb der Genossenschaftsbank Sub- oder Kontrakulturen vorhanden sein können. Die Unhaltbarkeit des Glaubens an eine homogene Unternehmenskultur vieler Kulturforscher konnte in der eigenen Untersuchung nachgewiesen werden: Neben den funktionsgebundenen Subgruppen Hauptstelle, Zweigstellen, Abteilungen mit und Abteilungen ohne Kundenkontakt ließ sich die bankspezifische Sprache als Ursache für Subkulturen herausfinden. Durch ihre spezielle

Fachsprache grenzen sich die Mitarbeiterinnen und Mitarbeiter der Wertpapierabteilung, der Kreditabteilung und der Homebanking/Internet-Abteilung gegenüber abteilungsfremden Kollegen ab. Die in der Genossenschaftsbank entdeckten Subkulturen weisen jedoch keine „conflict aspects" zur „surrounding dominant culture" im Sinne von Yinger auf und sind deshalb nicht als Kontrakulturen zu verstehen.[340] Es stellt sich noch die Frage, wie mit den aufgedeckten Subkulturen in der Genossenschaftsbank umgegangen werden soll: Besteht die Notwendigkeit einer Entwicklung zu einer Einheitskultur?

Bestrebungen, Subkulturen autoritär zu unterbinden, bewirken lediglich, daß bei den Mitarbeiterinnen und Mitarbeitern Widerstände erzeugt werden. Darüber hinaus kann sich sogar Gegenteiliges entwickeln: Durch die Ausübung von Zwang können neue Subkulturen aufkeimen. Angestrebt werden sollte die Entwicklung eines einheitlichen Zusammengehörigkeitsgefühls. Dieses ist jedoch nicht gleichbedeutend mit einer Einheitskultur. In einer Einheitskultur werden die Mitarbeiterinnen und Mitarbeiter durch Druck zu „Soldaten der Firma"[341] gemacht. Wird versucht, Unternehmenskultur in dieser Weise zu benutzen, besteht die Gefahr einer entpersönlichten Harmonisierung mit Inzucht-Symptomen, denn die Mitarbeiterinnen und Mitarbeiter sollen nach den Vorstellungen der Unternehmensleitung „geklont" werden. Wenn die Unternehmensleitung versucht, in die Persönlichkeit des einzelnen Angestellten einzugreifen, ihn für das Unternehmen *passend* machen will und auf den einzelnen einwirkt, *um ihn zu verändern*, dann liegt ein fragwürdiges Verständnis von Unternehmenskultur vor.

Im Gegensatz hierzu steht der Gedanke des *managing diversity*, der nicht auf die Identifizierung der Andersartigkeit zum Zwecke der Homogenisierung abzielt, sondern auf eine Bewußtmachung und Aufrechterhaltung der Unterschiedlichkeit innerhalb des Unternehmens.[342] *Valuing diversity* bedeutet, daß diejenigen Menschen innerhalb einer Organisation, die vom homogenen Ideal abweichen, nicht bereit sind, sich bedingungslos anzupassen. Jeder Mensch ist

---

[340] Vgl. Yinger, J. M., 1968, S. 61 und Kapitel D.I.

[341] Eswein, M., 1988, S. 95.

[342] Der Begriff *managing diversity* tauchte Anfang der neunziger Jahre in den Veröffentlichungen zur Unternehmenskultur auf. Diskutiert wird der Diversity-Ansatz insbesondere von Krell. Vgl. Krell, G., 1997, S. 51-54.

anders oder *divers* hinsichtlich seiner Stärken und Schwächen.[343] Die ständigen Anpassungsbemühungen führen zu Energieverlusten und verhindern eine Konzentration auf die persönlichen Stärken. Außerdem können homogene Gruppen Probleme zwar schneller lösen, doch inhomogene Teams sind kreativer. Daß diese Grundvoraussetzungen für Kreativität und Akzeptanz von Persönlichkeit und Individualität des einzelnen innerhalb der Genossenschaftsbank vorhanden sind, hat sich durch die hohe Ausprägung des Wertes Toleranz gegenüber Ambivalenz gezeigt. Die Aufrechterhaltung gewachsener Unterschiedlichkeit ermöglicht den Mitarbeiterinnen und Mitarbeitern ein Leben als Persönlichkeit. Zielorientierung ist deshalb keine Angleichung und Unterdrückung der Subkulturen, sondern die Schaffung eines einheitlichen Zusammengehörigkeitsgefühls innerhalb der Mitarbeiterschaft.

Auf der Grundlage der von den Befragten empfundenen Ist-Kultur der Genossenschaftsbank sind Handlungsempfehlungen zur Einleitung eines Erneuerungsprozesses aufgestellt worden. Für die vorgeschlagenen Veränderungsmaßnahmen wird sich konstruktiv auswirken, daß die Mitarbeiterschaft keine Angst hatte, auch kritische Schilderungen beizusteuern. Voraussetzung für die Umsetzung sind Aufgeschlossenheit beim Vorstand und Kommunikationsfähigkeit bei den Mitarbeiterinnen und Mitarbeitern. So wie in Stammesgesellschaften die lokalen Autoritäten, wie König, Häuptling und Priester, nicht umgangen werden konnten, ist innerhalb der Genossenschaftsbank die Unterstützung durch den Vorstand erforderlich, indem dieser die Kulturproblematik zu seinem Thema macht. Die Auswirkungen der Fusionen sind nach dem Empfinden der Befragten heute noch spürbar. Ein neues Zusammengehörigkeitsgefühl in der Mitarbeiterschaft ist nicht auf Anordnung einführbar, sondern das Ergebnis einer Entwicklung im Zeitverlauf. Diese Entwicklung sollte mit Pragmatismus vorangetrieben werden, ohne daß sich die Führungsebene dem Trugschluß hingibt, dieser Prozeß vollziehe sich leicht. Das neue Gefühl der Zusammengehörigkeit ist jedoch realisierbar und bleibt keine unerreichbare, gefühlvolle Vision. Je mehr sich der einzelne Mensch im Gesamtsystem Unternehmung von der Vergangenheit löst, die Struktur und Inhalte der neuen Gesamtbank von heute akzeptiert und sich mit den Werten und Zielen der Gemeinschaft identifiziert, kann ein neues Zusammengehörigkeitsgefühl aufkommen und wird - fast unbe-

---

[343] Vgl. auch Thomas; R. R., 1992, S. 131.

merkt - wachsen. Insbesondere bedarf es aber des Vorlebens dieses neuen Bewußtseins durch Führungspersönlichkeiten. Gleichzeitig sollten tradierte Wurzeln des Unternehmens nicht vergessen werden. Eine Rückbesinnung auf die Gründungszeit kann einige Überzeugungen heute erklären, weil eine gedankliche Verbindung zwischen dem heutigen Ist-Zustand und den Anfängen der Bank von damals gezogen wird. Bleibt dieses Band zur Vergangenheit bestehen, wozu auch eine Aktivierung der genossenschaftlichen Werte und ein zeitgemäßes Umsetzen dieser Werte zählen, werden das Zusammengehörigkeitsgefühl der Mitarbeiterinnen und Mitarbeiter gekräftigt und die Gesamtunternehmenskultur der Genossenschaftsbank gestärkt.

Wird abschließend die Frage nach der *idealen Kultur* gestellt, so beginnt diese dort, wo der Mensch in den Mittelpunkt des Unternehmens gestellt wird. Realisierungsmöglichkeiten liegen in einer Rahmenkultur, die virulente Subkulturen zuläßt, damit der dialektische Prozeß im Unternehmen erhalten bleibt. Daneben tritt die Fähigkeit der Mitarbeiterinnen und Mitarbeiter zu Selbsthilfe und Selbstoptimierung, also die der Autopoiese. Erst das in der Autopoiese liegende, vorübergehende Unangepaßtsein eines Menschen ermöglicht es, neue Handlungsalternativen zu erfassen, zu reflektieren und unter ihnen auszuwählen. Veränderungen werden nicht durch Anpassung erreicht, sondern durch die Schaffung von Freiräumen, die Kreativität wachsen lassen. Gegen eingefahrene Strukturen und Denkweisen vorzugehen, erfordert Mut. Aber es lohnt sich - für den Menschen und das Unternehmen.

Anhang

Beobachtungsraster zur Beschreibung der Artefakte von Unternehmenskultur

1. Unternehmenspublikationen

- Festschriften
- Aktueller Geschäftsbericht

2. Außenarchitektur

- Fassade
- Stockwerkzahl
- Farbgestaltung
- Materialien: Stein, Marmor, Spiegelfronten
- Kunsthistorische Bedeutsamkeit
- Selbstbedienungsbereiche für Kunden außerhalb der Banköffnungszeiten

3. Innenarchitektur

- Einheitliche Gestaltung der Hauptstelle und Filialen
- Schalterhalle
- Großraumbüro oder Einzelbüros (mit oder ohne Vorzimmer)
- Vertrauliche Besprechungszonen und -räume
- Materialien: Beton, Glas, Marmor, Teppich, Edelholz, Spiegel
- Qualität von Tischen, Stühlen, Möbeln
- Namensschilder an den Türen (mit oder ohne Funktion bzw. Titel)
- Bilder, Pflanzen, Fotografien
- Arbeitsbedingungen: Lichtverhältnisse (Fensterzahl, Kunstlicht), Klimaanlage, Temperatur, Geräuschpegel, ergonomische Arbeitsplatzgestaltung
- Anordnung technischer Geräte
- Sozialräume

4. Kleidungsstil

- Anzug, Krawatte
- Schmuck (Ohrring, Nasenring)
- Namensschilder an der Kleidung

Mitarbeiterbefragung zur Unternehmenskultur

Fragebogen Nr.

Funktion und Abteilung

Beschäftigungsdauer	
bis 3 Jahre	( )
3 bis 10 Jahre	( )
10 bis 20 Jahre	( )
über 20 Jahre	( )
Alter	
20 bis 30 Jahre	( )
31 bis 40 Jahre	( )
41 bis 50 Jahre	( )
über 50 Jahre	( )
Geschlecht	
weiblich	( )
männlich	( )

☞ In der folgenden Befragung werde ich Ihnen zur Unternehmenskultur Ihrer Bank Fragen stellen. Bitte antworten Sie, was Ihnen jeweils spontan einfällt. Es geht um Ihre subjektive Einschätzung!

1. Der Begriff Unternehmenskultur ist zum Modewort geworden. Jeder benutzt ihn, aber keiner kann damit etwas Konkretes anfangen. Was bedeutet der Begriff Unternehmenskultur für Sie?

☞ Die Befragung geht nun weiter mit geschlossenen Fragen: Sie können auf einer Skala zwischen 1 und 5 bewerten (von gering ausgeprägt bis stark ausgeprägt)!

2. Was verbinden Sie mit dem Begriff Genossenschaft innerhalb Ihrer Bank?

	wenig zutreffend				**sehr zutreffend**
	1	**2**	**3**	**4**	**5**
Partner der mittelständischen Kundschaft	( )	( )	( )	( )	( )
Dienstleister und Förderer für unsere Mitglieder	( )	( )	( )	( )	( )
Mitbestimmungsmöglichkeit	( )	( )	( )	( )	( )
"Einer für alle und alle für einen"	( )	( )	( )	( )	( )
Haftungsverpflichtung	( )	( )	( )	( )	( )

3. Bitte bewerten Sie die nachfolgenden Aussagen von wenig zutreffend bis sehr zutreffend für Ihre Verhaltensweisen während der Arbeit!

3.1. Gegenüber meinen direkten Kollegen empfinde ich geringen Konkurrenzdruck.

wenig zutreffend					sehr zutreffend
	1	2	3	4	5
	( )	( )	( )	( )	( )

3.2. Die Kooperationsbereitschaft der Kollegen an meinem speziellen Arbeitsplatz halte ich für ausgeprägt.

wenig zutreffend					sehr zutreffend
	1	2	3	4	5
	( )	( )	( )	( )	( )

3.3. Die Kooperationsbereitschaft in der Bank insgesamt halte ich für ausgeprägt.

wenig zutreffend					sehr zutreffend
	1	2	3	4	5
	( )	( )	( )	( )	( )

3.4. Es kommt oft vor, daß ich Entscheidungen unter Zeitdruck treffen muß.

wenig zutreffend					sehr zutreffend
	1	2	3	4	5
	( )	( )	( )	( )	( )

3.5. Die Abläufe innerhalb unserer Bank werden von mir immer konsequent eingehalten.

wenig zutreffend				sehr zutreffend
1	2	3	4	5
( )	( )	( )	( )	( )

3.6. Damit ein Kundenwunsch sofort erfüllt werden kann, lasse ich auch Arbeit für Vorgesetzte liegen.

wenig zutreffend				sehr zutreffend
1	2	3	4	5
( )	( )	( )	( )	( )

3.7. Ich habe Aufgaben zu bearbeiten, die schnell abgewickelt werden müssen.

wenig zutreffend				sehr zutreffend
1	2	3	4	5
( )	( )	( )	( )	( )

3.8. Ich fühle mich innerhalb der Bank als „Unternehmer", weil es mir ermöglicht wird, über mein Aufgabengebiet hinaus zu denken und zu handeln.

wenig zutreffend				sehr zutreffend
1	2	3	4	5
( )	( )	( )	( )	( )

3.9. Mein Verantwortungsbereich innerhalb der Bank ist klar definiert.

wenig zutreffend				sehr zutreffend
1	2	3	4	5
( )	( )	( )	( )	( )

3.10. Beim Ausbau meines Fachwissens werde ich von der Bank gefördert.				
wenig zutreffend				sehr zutreffend
1	2	3	4	5
( )	( )	( )	( )	( )

3.11. Ich fühle mich von anderen Mitarbeiterinnen und Mitarbeitern immer rechtzeitig und umfassend informiert.				
wenig zutreffend				sehr zutreffend
1	2	3	4	5
( )	( )	( )	( )	( )

3.12. Wenn ich neue Ideen habe, finde ich ein offenes Ohr bei meinem Vorgesetzten.				
wenig zutreffend				sehr zutreffend
1	2	3	4	5
( )	( )	( )	( )	( )

3.13. Ich spreche selten über private Probleme mit meinen Kollegen.				
wenig zutreffend				sehr zutreffend
1	2	3	4	5
( )	( )	( )	( )	( )

3.14. Über berufliche Probleme kann ich mit meinen Kollegen offen reden.				
wenig zutreffend				sehr zutreffend
1	2	3	4	5
( )	( )	( )	( )	( )

3.15. Ich habe keine Angst vor Konsequenzen, wenn ich bei meiner Arbeit einen Fehler mache.

wenig zutreffend					sehr zutreffend
	1	2	3	4	5
	( )	( )	( )	( )	( )

3.16. Ich kann in der Bank offen Konflikte ansprechen, weil eine sachliche Konfliktlösung bei uns möglich ist.

wenig zutreffend					sehr zutreffend
	1	2	3	4	5
	( )	( )	( )	( )	( )

3.17. Ich brauche meine Persönlichkeit in der Bank im Umgang mit Kollegen nicht zu verstecken.

wenig zutreffend					sehr zutreffend
	1	2	3	4	5
	( )	( )	( )	( )	( )

3.18. Meine Kollegen spreche ich üblicherweise mit Nachnamen an, weil darauf in unserer Bank besonderer Wert gelegt wird.

Vor Kunden

wenig zutreffend					sehr zutreffend
	1	2	3	4	5
	( )	( )	( )	( )	( )

Nicht vor Kunden

wenig zutreffend					sehr zutreffend
	1	2	3	4	5
	( )	( )	( )	( )	( )

4. Können Sie sich an einen banktypischen Witz erinnern, der Ihnen in der letzten Zeit in der Bank von Kollegen erzählt worden ist?

Ja	Nein	Weiß nicht
( )	( )	( )

Können Sie einen Witz nennen?

5. Sind Ihnen in Ihrer Bank schon mal anonyme Tür- oder Tischkrickeleien oder Zettel mit Sprüchen aufgefallen (z.B. in Toiletten- oder Pausenräumen)?

Ja	Nein	Weiß nicht
( )	( )	( )

Kennen Sie ein Beispiel für ein Graffiti?

6. Wie zutreffend ist es, daß innerhalb Ihrer Bank bestimmte Ausdrücke benutzt werden, die für Kunden oder Außenstehende unverständlich sind?

wenig zutreffend					sehr zutreffend
	1	2	3	4	5
	( )	( )	( )	( )	( )

Können Sie Beispiele für bankspezifische Ausdrücke nennen?

7. Warum werden Ihrer Meinung nach bestimmte Fachausdrücke in Ihrer Bank benutzt?

	wenig zutreffend				sehr zutreffend
	1	2	3	4	5
Zur bewußten Abgrenzung von Bankfremden	( )	( )	( )	( )	( )
Weil sie einfach üblich sind	( )	( )	( )	( )	( )

Aus welchen Gründen vielleicht noch?

8. Auf welchem Weg kommunizieren Sie innerhalb der Bank insgesamt mit den anderen Mitarbeiterinnen und Mitarbeitern?

	1	2	3	4	5
	selten				oft
persönlich	( )	( )	( )	( )	( )
telefonisch	( )	( )	( )	( )	( )
schriftlich durch formelle Schreiben	( )	( )	( )	( )	( )
schriftlich durch Notizen auf Zetteln	( )	( )	( )	( )	( )
Fax	( )	( )	( )	( )	( )

9. Wie findet Ihrer Meinung nach die Kommunikation zwischen der Hauptstelle und den Zweigstellen der Bank statt?

	wenig zutreffend				sehr zutreffend
	1	2	3	4	5
oft	( )	( )	( )	( )	( )
reibungslos	( )	( )	( )	( )	( )
hierarchieübergreifend	( )	( )	( )	( )	( )
effektiv	( )	( )	( )	( )	( )

10. Wie findet Ihrer Meinung nach die Kommunikation zwischen Mitarbeiterinnen und Mitarbeitern mit und ohne Kundenkontakt statt?

	wenig zutreffend				sehr zutreffend
	1	2	3	4	5
oft	( )	( )	( )	( )	( )
reibungslos	( )	( )	( )	( )	( )
hierarchieübergreifend	( )	( )	( )	( )	( )
effektiv	( )	( )	( )	( )	( )

11. Wie empfinden Sie in Ihrer speziellen Abteilung die Kommunikation der anderen Mitarbeiterinnen und Mitarbeitern Ihnen gegenüber?

	wenig zutreffend				sehr zutreffend
	1	2	3	4	5
offen	( )	( )	( )	( )	( )
locker	( )	( )	( )	( )	( )
persönlich	( )	( )	( )	( )	( )
Private Worte fallen	( )	( )	( )	( )	( )
klar und direkt	( )	( )	( )	( )	( )
freundlich	( )	( )	( )	( )	( )

12. Wieviel Unterstützung wird Ihnen durch Schulung oder Weiterbildung angeboten?

	wenig	Unterstützung			viel
	1	2	3	4	5
Fachliche Schulungen zur Weiterqualifizierung	( )	( )	( )	( )	( )
Persönlichkeitstraining	( )	( )	( )	( )	( )

13. Wenn Sie sich an Ihre ersten Arbeitstage bei der Bank zurückerinnern: Welche Form der Einarbeitung gab es für Sie als neue Mitarbeiterin oder neuer Mitarbeiter?

	Ja	Nein	Weiß nicht
Einführungsseminar	( )	( )	( )
Schulung	( )	( )	( )
Mentor oder Paten	( )	( )	( )
Einweisung durch Kollegen	( )	( )	( )
„learning by doing"	( )	( )	( )

Gab es andere besondere Maßnahmen an Ihren ersten Arbeitstagen?

14. Welche Form der Einarbeitung halten Sie für besonders geeignet für ein neues Unternehmensmitglied, um innerhalb Ihrer Bank mit neuen Aufgaben und Menschen vertraut zu werden?

	wenig geeignet				gut geeignet
	1	2	3	4	5
Einführungsseminar	( )	( )	( )	( )	( )
Schulung	( )	( )	( )	( )	( )
Mentor oder Paten	( )	( )	( )	( )	( )
Einweisung durch Kollegen	( )	( )	( )	( )	( )
„learning by doing"	( )	( )	( )	( )	( )

15. Wie oft haben Sie an Gemeinschaftsveranstaltungen für alle Mitarbeiterinnen und Mitarbeiter der Bank teilgenommen?

	nie				immer
	1	2	3	4	5
Betriebsfest	( )	( )	( )	( )	( )
Jubiläumsfeier für Mitarbeiterinnen und Mitarbeiter	( )	( )	( )	( )	( )

Gibt es andere Gemeinschafts- oder Abteilungsveranstaltungen, an denen Sie teilgenommen haben?

16. Welchen Stellenwert haben diese Gemeinschaftsveranstaltungen für Sie?

	wenig zutreffend				sehr zutreffend
	1	2	3	4	5
Pflichtveranstaltung	( )	( )	( )	( )	( )
Freiwilliges Vergnügen	( )	( )	( )	( )	( )

17. Wie stark ausgeprägt sind Ihrer Meinung nach die Aktivitäten der Bank in der Öffentlichkeit?

	wenig	ausgeprägt		stark		Weiß nicht
	1	2	3	4	5	
Mitgliedschaft in Verbänden	( )	( )	( )	( )	( )	( )
Förderung regionaler Künstler	( )	( )	( )	( )	( )	( )
Hilfsaktionen	( )	( )	( )	( )	( )	( )

Fallen Ihnen noch andere Aktivitäten Ihrer Bank in der Öffentlichkeit ein?

18. Gibt es innerhalb der Bank eine Persönlichkeit, die Sie für sich als Vorbild ansehen?

Es gab in der Vergangenheit eine Person in der Bank, die ich für mich als Vorbild ansehe.

Ja	Nein	Weiß nicht
( )	( )	( )

Es gibt heute eine Person in der Bank, die ich für mich als Vorbild ansehe.

Ja	Nein	Weiß nicht
( )	( )	( )

Ergänzungen zu der Vorbildpersönlichkeit?

☞ Die letzten drei Fragen haben keine vorgegebenen Antworten. Bitte erzählen Sie und ich schreibe mit!

19. In jedem Unternehmen gibt es ungeschriebene Gesetze, die nicht offiziell gelten, an die sich aber dennoch jeder *gewohnheitsmäßig* hält, etwa in der Art: *"Das machen wir grundsätzlich so" oder "Bei uns ist es üblich, daß ....".*

Können Sie so ein Gesetz oder so eine Regel benennen?

20. Können Sie mir ein Ereignis in der Vergangenheit Ihrer Bank nennen - das Sie miterlebt haben oder von dem Sie gehört haben - welches Ihrer Meinung nach großen Einfluß auf die Bank genommen hat?

21. Wenn Sie die Fusion in der Vergangenheit der Bank als besonderes Ereignis ansehen: Welche Auswirkungen hat die Fusion auf Ihre Tätigkeit bei der Bank gehabt?

22. Können Sie sich an positiv oder negativ ausgeschmückte Geschichten erinnern, die in der Bank kursieren und Ihnen erzählt worden sind?

☞ Vielen Dank für Ihre Bereitschaft, mir zu antworten!

Abkürzungsverzeichnis

AG	Aktiengesellschaft
Aufl.	Auflage
Bd.	Band
ca.	circa
Diss.	Dissertation
GenG	Genossenschaftsgesetz
ff.	fortfolgende
Hrsg.	Herausgeber
Jg.	Jahrgang
KWG	Kreditwesengesetz
Nr.	Nummer
Sp.	Spalte
SpKG	Sparkassengesetz
u.a.	unter anderem
u.s.w.	und so weiter
vgl.	vergleiche
z.B.	zum Beispiel

Abbildungsverzeichnis

Literaturverzeichnis

Adorno, T. W.: Studien zum autoritären Charakter, Frankfurt 1973.

Aktouf, O.: Wie Manager und Arbeiter sich selbst und einander in Organisationen sehen, in: Organisationsentwicklung, 4/1985, S. 27-50.

Allaire, Y./Firsirotu, M. E.: Theories of organisational culture, in: Organization Studies, 5/3/1984, S. 193-226.

Atteslander, P.: Methoden der empirischen Sozialforschung, 8. Aufl., Berlin, New York 1995.

Atteslander, P./Fürstenau, U./Maurer, A.: Verlust der Repräsentativität durch mangelnde Zentralität: Ein Instrumentenexperiment, in: Soziale Welt, 3/1993, S. 1-20.

Baumgarten, F.: Berufs- und sozialpsychologische Untersuchungen an Arbeitern, Zürich 1956.

Beer, M.: Organization Change and Development. A Systems View, Dallas 1980.

Benölken, H./Winkelmann, A.: Zielgruppen-Management im Privatkundengeschäft, in: Die Bank, 8/1988, S. 438-444.

Bentner, A./Beck, Ch.: Organisationskultur erforschen und verändern: ein Methodenrepertoire zur qualitativen Analyse und praktischen Beratung, Frankfurt a.M., New York 1997.

Berger, P. L./Luckmann, T.: Die gesellschaftliche Konstruktion der Wirklichkeit. Eine Theorie der Wissenssoziologie, Frankfurt a.M. 1999 (Erstausgabe: The Social Construction of Reality, New York 1966).

Berkel, K.: Unternehmenskultur und Ethik, Heidelberg 1997.

Betsch, O.: Eine Neuausrichtung des Privatkundengeschäfts ist unabdingbar, in: FAZ vom 11.1.1999, S. 25.

Bickmann, R./Schad, M.: Integratives Management. Das Ende des Thomas-Prinzips, München 1995.

Bitsch, H.-U.: Corporate Design: Drei Case Studies, in: Bachinger, R. (Hrsg.): Unternehmenskultur, Ein Weg zum Markterfolg, Frankfurt a.M. 1990, S. 94-102.

Boeker, W.P.: Organizational origins: Entrepreneurial and environmental imprinting at the time of founding, in: Carroll, G. (Hrsg.): Ecological models of organization, New York 1988, S. 33-51.

Bontrup, H.-J./Wischerhoff, P.: Betriebliches Vorschlagswesen - Mit dem betrieblichen Vorschlagswesen zum Ideen- und Innovationsmanagement, Verbreitungsgrad im Mittelstand, eine branchenübergreifende Studie, Münster, Recklinghausen 1999.

Bonus, H.: Das Selbstverständnis moderner Genossenschaften, Rückbindung von Kreditgenossenschaften an ihre Mitglieder, Tübingen 1994.

Bortz, J./Döring, N.: Forschungsmethoden und Evaluation, 2. vollständig überarbeitete und aktualisierte Auflage, Berlin, Heidelberg, New York 1995.

Bosch, G./Kohl, H./Schneider, W. (Hrsg.): Handbuch Personalplanung, ein praktischer Ratgeber, Köln 1995.

Breisig, Th.: Unternehmenskultur: Vom kometenhaften Aufstieg eines Schlagwortes ... oder: Was hoch steigt, fällt bekanntlich tief!, in: Zeitschrift für Organisation, 59/1990, S. 93-100.

Büschgen, H. E.: Entwicklungslinien im Umweltszenario der Banken, in: Rheinisches Genossenschaftsblatt, 10/1989, S. 351-358.

Büschgen, H. E.: Entwicklungslinien und Zukunftsperspektiven der Geldvermögensbildung aus Bankensicht, in: Die Bank, 3/1984, S. 104-113.

Bundesverband der Deutschen Volksbanken und Raiffeisenbanken (BVR): Bericht und Zahlen 1998, Neuwied 1998.

Calori, R./Sarnin, P.: Corporate Cultures and Economic Performance: A French Study, in: Organization Studies, 12/1991, S. 49-74.

Cohen, A. R., Fink, St. L., Gadon, H., Willits, R. D.: Wirkungsvolles Verhalten in Organisationen, Stuttgart 1996.

Cramer, J. E.: Technik in der Anlageberatung - was nützt sie dem Kunden?, in: bank und markt, 9/1989, S. 14-19.

Daft, R. L.: Symbols in Organizations: A dual-content framework of analysis, in: Pondy, L.R./Frost, P.J./Morgan, C./Dandridge, T.C. (Hrsg.): Organizational Symbolism, Greenwich, London 1983, S. 199-206.

Dandridge, Th. C.: Ceremony as an Integration of Work and Play, in: Organization Studies, 7/2, 1986, S. 159-170.

Davidson, W. H./Davis, S. M.: Vision 2020 - wie Unternehmen die Zukunft gestalten, Freiburg im Breisgau 1991.

Deal, T./Kennedy, A. A.: Corporate Cultures - The Rites and Rituals of Corporate Life, Addison-Wesley, Reading/Mass. 1982 (deutsch: Unternehmenserfolg durch Unternehmenskultur, herausgegeben und eingeleitet von A. Bruer, Bonn 1987).

Deutschmann, C.: Arbeitszeit in Japan. Organisatorische und organisationskulturelle Aspekte der "Rundumnutzung" der Arbeitskraft, Frankfurt a.M. 1987.

Deutschmann, C.: Mehr Macht und mehr Mitbestimmung sind gleichzeitig nicht zu haben, in: Die Mitbestimmung, Nr. 27/1991, S. 29-34.

Deysson, C.: Kreditwirtschaft: "Deutsche zu provinziell", in: Wirtschaftswoche Nr. 43 vom 21.10.1994, S. 107-110.

Diekmann, A.: Empirische Sozialforschung, Grundlagen, Methoden, Anwendungen, 3. Aufl., Hamburg 1997.

Dierkes, M.: Unternehmenskultur in Theorie und Praxis, Frankfurt 1993.

Dierkes, M.: Unternehmenskultur und Unternehmensführung, Konzeptionelle Ansätze und gesicherte Erkenntnisse, in: Zeitschrift für Betriebswirtschaft, 5-6/1988, S. 554-575.

Dierkes, M./Hoff, A.: Das Humanvermögen in der Sozialbilanz des Unternehmens, in: Schmidt, H. (Hrsg.): Humanvermögensrechnung, Berlin 1982.

Dierkes, M./Rosenstiel, L. von/Steger, U.: Unternehmenskultur in Theorie und Praxis, Konzepte aus Ökonomie, Psychologie und Ethnologie, Frankfurt a.M., New York 1993.

Dill, P.: Unternehmenskultur, Grundlagen und Anknüpfungspunkte für ein Kulturmanagement, Bonn 1987 zugl. Diss. München 1986.

Doughtery, D.: Understanding New Markets for New Products, in: Strategic Management Journal, 11/1990, S. 59-78.

Douglas, M.: Wie Institutionen denken, Frankfurt a.M. 1991.

Draheim, G.: Die Genossenschaft als Unternehmenstyp, 1. Auflage, Göttingen 1952.

Drennan, D.: Veränderung der Unternehmenskultur, London 1993.

Drepper, Ch.: Unternehmenskultur: Selbstbeobachtung und Selbstbeschreibung im Kommunikationssystem Unternehmen, Frankfurt a.M. 1992.

Drumm, H. J.: Probleme der Erfassung und Messung von Unternehmenskultur, in: Dülfer, E. (Hrsg.): Organisationskultur, Phänomen - Philosophie - Technologie, Stuttgart 1988, S. 129-137.

Drumm, H. J.: Von der Unternehmenskultur zur Unternehmensethik: Verführerische strategische Sackgassen der Personalwirtschaftslehre?, in: Akkermann, K.-F./Scholz, H.: Personalmanagement für die 90er Jahre: neue Entwicklungen - neues Denken - neue Strategien, Stuttgart 1991.

Dubinskas, F. A.: Making Time, Ethnographies of High-Technology Organizations, Philadelphia 1988.

Durkheim, E.: Der Dualismus der menschlichen Natur und seine sozialen Bedingungen, in: Jonas, F.: Geschichte der Soziologie, Band 2, Reinbek bei Hamburg 1976.

Durkheim, E.: Über die Teilung der sozialen Arbeit, Frankfurt a.M. 1977.

Dülfer, E.: Eine Einführung in die Diskussion, in: Dülfer, E. (Hrsg.): Organisationskultur, Phänomen - Philosophie - Technologie, Stuttgart 1988, S. 1-20.

Dülfer, E.: Organisationskultur, Phänomen - Philosophie - Technologie, Stuttgart 1988.

Düren, H.: Handelsblatt-Dokumentation 1998, Die 1000 größten Genossenschaftsbanken, Düsseldorf 1998.

Ebers, M.: Der Aufstieg des Themas Organisationskultur in problem- und disziplingeschichtlicher Perspektive, in: Dülfer, E. (Hrsg.): Organisationskultur: Phänomen - Philosophie - Technologie, Stuttgart 1988, S. 23-47.

Ebers, M.: Organisationskultur: Ein neues Forschungsprogramm?, Wiesbaden 1985.

Eswein, M.: Gemeinschaftserziehung in japanischen Betrieben, Frankfurt a.M. 1988.

Faust, H.: Geschichte der Genossenschaftsbewegung, 3. Auflage, Frankfurt a.M. 1977.

Festinger, L.: A Theory of Cognitive Dissonance, New York 1957.

Fischer, G./Rieker, J./Risch, S.: Auf der Couch. Wer Organisationen grundlegend verändern will, muß ihre geheimen Regeln verstehen, in: Manager Magazin 6/1994, S. 182-188.

Fliegner, M.: Verantwortung als Gestaltungskriterium für die Beziehung zwischen Bank und Kunde, Düsseldorf 1987, zugl. Diss. Köln 1987.

Floss, E.: Öffentlichkeitsarbeit im Bankwesen, Frankfurt 1974.

Forndran, H.: Generationenwechsel, in: Sparkasse, 8/1987, S. 322-323.

Frese, E.: Exzellente Unternehmungen – Konfuse Theorien, Kritisches zur Studie von Peters und Waterman, in: Die Betriebswirtschaft, 45. Jg., 5/1985, S. 604-606.

Fürstenberg, F.: Erfolgskonzepte der japanischen Unternehmensführung und was wir daraus lernen, 2. Aufl., Zürich 1981.

Gabele, E./Kirsch, W./Treffert, J.: Werte von Führungskräften der deutschen Wirtschaft, München 1977.

Gagliardi, P.: The Creation and Change of Organizational Culture: A Conceptual Framework, in: Organizational Studies 7/1986, S. 117-134.

Garsten, C.: Outlining the organization – creating culture across boundaries, in: Zeitschrift für Ethnologie, 116, 1991, S. 5-24.

Gesetz betreffend die Erwerbs- und Wirtschaftsgenossenschaften (GenG) in der Fassung der Bekanntmachung vom 19. August 1994.

Gesetz über das Kreditwesen (KWG) in der Fassung der Bekanntmachung vom 30.6.1993.

Gesetz über die Sparkassen sowie über die Girozentrale und Sparkassen- und Giroverbände (SpKG) vom 25. Januar 1995.

Glaser, B. G./Strauss, A. L.: The Discovery of Grounded Theory - Strategies for Qualitative Research, New York 1967.

Glücksburg, K./Ochsner, M.: Unternehmenskultur, Image, Leitbild, Strategie, in: Management Zeitschrift, 6/1989, S. 95-98.

Gotta, M.: Die Rolle des Markennamens im Marketingmix: Global Branding und die Zukunft von Markennamen, in: Gotta, M. (Hrsg.): Brand News, Hamburg 1988, S. 15-18.

Gregory, K. L.: Native-View Paradigms: Multiple Cultures and Organizational Conflicts in Organizations, in: Administrative Science Quarterly, 28/1983, S. 359-376.

Greverus, I.-M.: Kultur und Alltagswelt: eine Einführung in kulturanthropologische Fragestellungen, München 1978.

Griesel, H.: Qualitätspolitik im Wettbewerb der Kreditinstitute, Berlin 1978.

Gurtner, M. W.: Editorial, in: Gottlieb-Duttweiler-Intitut impuls 4/1984, S. 2.

Hahn, O.: Die Bedeutung der menschlichen Qualität innerhalb der Bankleistung, in: Die Bank, 2/1982, S. 56-61.

Hall, E. T.: Beyond Culture, New York 1977.

Händel, W./Patterson, A.: Strukturwandel im Markt für Finanzdienstleistungen, in: Die Betriebswirtschaft, 2/1990, S. 157-169.

Havrylyshyn, B.: Road Maps to the Future, Oxford, England 1980.

Hayes, R./Watts, R.: Corporate Revolution: New Strategies for Executive Leadership, London 1986.

Heber, E. A.: Japanische Industriearbeit, Jena 1912.

Heinen, E.: Unternehmenskultur als Gegenstand der Betriebswirtschaftslehre, in: Heinen, E./Fank, M. (Hrsg.): Unternehmenskultur, Perspektiven für Wissenschaft und Praxis, München, Wien 1997.

Heinen, E./Fank, M.: Unternehmenskultur, Perspektiven für Wissenschaft und Praxis, München, Wien 1997.

Helmers, S.: Beiträge der Ethnologie zur Unternehmenskulturforschung, in: Dierkes, M./Rosenstiel, L. von/Steger, U. (Hrsg.): Unternehmenskultur in Theorie und Praxis, Konzepte aus Ökonomie, Psychologie und Ethnologie, Frankfurt a.M., New York 1993, S. 147-187 *(zit.: Helmers, S., Unternehmenskultur, 1993).*

Helmers, S.: "Wir" und "die" im Unternehmen - Innerorganisatorische Prozesse bei der Technikentwicklung, in: Helmers, S. (Hrsg.): Ethnologie der Arbeitswelt: Beispiele aus europäischen und außereuropäischen Feldern, Bonn 1993, S. 195-227 *(zit.: Helmers, S., Ethnologie der Arbeitswelt, 1993).*

Henzler, R.: Sind die genossenschaftlichen Prinzipien noch zeitgemäß?, in: Aschhoff, G. (Hrsg.): Professor Dr. Reinhold Henzler. Der genossenschaftliche Grundauftrag: Förderung der Mitglieder. Gesammelte Abhandlungen und Beiträge. Frankfurt a.M. 1970, S. 286-300.

Hey, H.: Senioren - ein Kundensegment mit Zukunft. Perspektiven aus der Sicht eines Praktikers, in: Sparkasse, 1/1988, S. 24-28.

Hickman, C. R./Silva, M. A.: Creating Excellence, Managing Corporate Cultures, Strategy, and Change in the New Age, London-Boston-Sydney 1984.

Hiltrop, J.-M.: Strategic Pressures Driving European HRM, in: Management Journal, 11. Jg., Nr. 4, 12/1993, S. 424-434.

Hofstede, G.: Culture`s Consequences, Newbury Park, Californien 1980.

Holleis, W.: Unternehmenskultur und moderne Psyche, Frankfurt a.M. 1987.

Höhler, G.: Herzschlag der Sieger, München 1999.

Huber, K. H.: Einführungsprogramme für neue Mitarbeiter, in: Gaugler, E./Weber, W. (Hrsg.): Handwörterbuch des Personalwesens, 2. Aufl., Stuttgart 1992, Spalte 763-773.

Hüfner, M.: Mehr Mut in der Bankenwerbung - Gedanken zur neuen Werbelinie der Bayerischen Vereinsbank, in: bank und markt, 7/1990, S. 28-29.

Ingenschay, J.: Erscheinungsformen und Auswirkungen der Konzentration im deutschen Universalbankensystem unter besonderer Berücksichtigung der genossenschaftlichen Bankengruppe und der Verbundwirtschaft, Kölner Genossenschaftswissenschaft, Band 16, Regensburg 1992.

Jacobsen, E. P.: Ikea Deutschland GmbH. Einen besseren Alltag für viele Menschen, in: Bachinger, R. (Hrsg.): Unternehmenskultur. Ein Weg zum Markterfolg, Wiesbaden 1990, S. 233-240.

Jaques, E.: The changing culture of factury, London 1951.

Jehle, W.: Das Gesicht der Bank, Basler Skizze zu einem Thema, das nicht mehr ist, was es einmal war, in: Archithese, 2/1981, S. 27-29.

Jelinek, M./Smircich, L./Hirsch, P.: Introduction, A Code of Many Colors, in: Administrative Science Quarterly, 28/1983, S. 331-338.

Jentjes, S.: Führungskräfteentwicklung in Großbanken, ein deutsch-französischer Vergleich, München und Mering 1997, zugl. Diss. Trier 1996.

Kadritzke, U.: Unternehmenskulturen unter Druck, Neue Managementkonzepte zwischen Anspruch und Wirklichkeit, Berlin 1997.

Kaiser, E.: Innovation und Imitation von Bankmarktleistungen, insbesondere im Privatkundengeschäft von Universalbanken, München 1989.

Kasper, H: Organisationskultur - Über den Stand der Forschung, Wien 1987.

Kluckhohn, F. R./Strodtbeck, F. L.: Variations in Value Orientations, New York 1961.

Kobi, J.-M./Wüthrich, H. A.: Unternehmenskultur verstehen, erfassen und gestalten, Landsberg/Lech 1986.

Köpf, G.: Unternehmenskultur in Kreditinstituten, in: bank und markt, 9/1994, S. 27-31.

Körting, M.: Grundtendenzen für Personalentwicklung in Banken, in: Geldinstitute, Heft 5, 1989, S. 98-102.

Krauss, I.: Bankwerbung im Wandel der Zeit, in: Commerzbank AG (Hrsg.): Die Bank - Dienstleister im Wandel, 125 Jahre Commerzbank, Frankfurt a.M. 1994, S. 220-239.

Krell, G.: Managementrolle: Kultureller "Pragmatiker" oder "Purist"?, in: Staehle, W. H.: Handbuch Management, Die 24 Rollen der exzellenten Führungskraft, Wiesbaden 1991, S. 63-84.

Krell, G.: Mono- oder multikulturelle Organisationen? "Managing Diversity" auf dem Prüfstand, in: Kadritzke, U. (Hrsg.): Unternehmenskulturen unter Druck, neue Managementkonzepte zwischen Anspruch und Wirklichkeit, Berlin 1997, S. 47-66.

Krell, G.: Vergemeinschaftende Personalpolitik: normative Personallehren, Werksgemeinschaft, NS-Betriebsgemeinschaft, Betriebliche Partnerschaft, Japan, Unternehmenskultur, München und Mering 1994.

Kreutzer, R./Jugel, St./Wiedmann, K.-P.: Unternehmensphilosophie und corporate identity, Empirische Bestandsaufnahme und Leitfaden zur Implementierung einer corporate identity-Strategie, Arbeitspapier Nr. 40 des Instituts für Marketing, Universität Mannheim 1986.

Kroeber, A. L./Kluckhohn, C.: Culture, a critical review of concepts and definitions, Cambridge 1952.

Krulis-Randa, J. S.: Reflexionen über die Unternehmenskultur, in: Die Unternehmung, 38/1984, S. 358-372.

Krümmel, H.-J.: Produktinnovationen und Prozeßinnovationen im Kreditgeschäft, in: Krümmel, H.-J./Rudolph, B. (Hrsg.): Innovationen im Kreditmanagement, Frankfurt 1985, S. 11-20.

Krupp, G.: Finanzielle Planung. Der Bedarf an Finanzdienstleistungen ändert sich je nach Lebensabschnitt, in: Handelsblatt Nr. 51 vom 13.3.1990, S. B7-B8.

Kubicek, H.: Führungsgrundsätze als Organisationsmythen und die Notwendigkeit von Entmythologisierungsversuchen, in: Zeitschrift für Betriebswirtschaft, 54/1984, S. 4-29.

Lamnek, S.: Qualitative Sozialforschung, Band 1, Methodologie, 3. korrigierte Auflage, Weinheim 1995.

Lamnek, S.: Qualitative Sozialforschung, Band 2, Methoden und Techniken, 3. korrigierte Auflage, Weinheim 1995.

Langenheder, W.: Von Anthropomorphismen und mechanischen Menschenbildern, in: Computer Magazin, 1-2/1986, S. 14-18.

Lattmann, C.: Die verhaltenswissenschaftlichen Grundlagen der Führung des Mitarbeiters, Bern, Stuttgart 1981.

Laurinkari, J.: Die genossenschaftlichen Grundwerte, in: Laurinkari, J. (Hrsg.): Die Prinzipien des Genossenschaftswesens in der Gegenwart, Festschrift für Vesa Laakoonen, Nürnberg 1986, S. 128-146.

Lewin, K.: Feldtheorie in den Sozialwissenschaften, Bern 1963.

Lindesmith, A. R./Strauss, A. L.: Symbolische Bedingungen der Sozialisation. Eine Sozialpsychologie, Teil 1, Düsseldorf 1974.

Linton, R.: Gesellschaft, Kultur und Individuum. Interdisziplinäre sozialwissenschaftliche Grundbegriffe, Frankfurt a.M. 1974.

Lippitt, G. L./Langseth, P./Mossop, J.: Implementing Organizational Change. A Practical Guide to Managing Change Efforts. Second Printing. San Francisco, London 1986.

MacCarthy, E. D.: Knowledge as culture: the new sociology of knowledge, Routledge 1996.

Martin, J.: A Personal Journey: From Integration to Differentiation to Fragmentation to Feminism, in: Frost, P. (Hrsg.): Reframing Organizational Culture, Newbury Park, Californien 1991.

Martin, J.: Can Organizational Culture be Managed?, Introduction, in: Frost, P. J./Moore, L. F./Louis, M. R./Lundberg, C. C./Martin, J. (Hrsg.): Organizational Culture, Beverly Hills 1985, S. 95-98.

Martin, J./Feldman, S./Hatch, J. M./Sitkin, S. B.: The Uniqueness Paradox in Organizational Stories, in: Administrative Science Quarterly, 28/1983, S. 438-453.

Martin, J./Meyerson, D.: Organizational Cultures and the Denial, Channeling and Acknowledgement of Ambiguity, in: Pondy, L. R./Boland, R. J. jr./Thomas, H. (Hrsg.): Managing Ambiguioty and Change, New York 1988.

Masemann, H.: Weiterbildung in Kreditinstituten, Wiesbaden 1990.

Matenaar, D.: Entwicklungstendenzen der Unternehmenskulturforschung, in: Seidel, E./Wagner, D. (Hrsg.): Organisation: Evolutionäre Interdependenzen von Kultur und Struktur der Unternehmung, Wiesbaden 1989, S. 325-338.

Matenaar, D.: Organisationskultur und organisatorische Gestaltung: Die Gestaltungsrelevanz der Kultur des Organisationssystems der Unternehmung, Berlin 1983 (*zit.: Matenaar, D., Organisationskultur, 1983*).

Matenaar, D.: Vorwelt und Unternehmenskultur, vernachlässigte Faktoren in der Organisationstheorie, in: Zeitschrift für Organisation, 1/1983, S. 19-27 (*zit.: Matenaar, D., Vorwelt und Unternehmenskultur, 1983*).

Mayntz, R./Holm, K./Hübner, P.: Einführung in die Methoden der empirischen Soziologie, 5. Auflage, 1978.

McClelland, D. C.: How Motives, Skills, and Values Determine what People Do, in: American Psychologist, 41/1985, S. 812-825.

McClelland, D. C./Atkinson, J. W., Clark, R. A./Lowell, E. L.: The Achievement Motive, New York 1953.

Meffert, H.: Marketing-Management: Anlayse, Strategie, Implementierung, Wiesbaden 1994.

Metz, M.: Das Wesen der menschlichen Qualität und ihre heutige Bedeutung im Bankbetrieb, in: Lehrstuhl für Bank-Betriebswirtschaftslehre, Universität Erlangen-Nürnberg (Hrsg.): Beiträge zum 5. Nürnberger Wirtschaftswissenschaftlichen Symposium, Nürnberg 1982, S. 127-147.

Meyer, A./Mattmüller, R.: Qualität von Dienstleistungen. Entwurf eines praxisorientierten Qualitätsmodells, in: Marketing - Zeitschrift für Forschung und Praxis, 3/1987, S. 187-195.

Mitchell, T. R.: In Search of Excellence versus The 100 best companies to Work for in America: A Question of Perspektives and Values, in: Academy of Management Review, 10. Jg., 2/1985, S. 350-455.

Mohr, H.-M.: Dritte beim Interview. Ergebnisse zu Indikatoren aus dem Bereich Ehe und Partnerschaft mit Daten des „Wohlfahrtssurvey 1984“, Zentralarchiv für empirische Sozialforschung (ZA-Information, 19: 52-71), Köln 1986.

Morgan, G.: Images of Organization, Beverly Hills 1986.

Müller-Gebel, G.: Mitarbeiter in einer modernen Bank, in: Commerzbank AG (Hrsg.): Die Bank - Dienstleister im Wandel, 125 Jahre Commerzbank, Frankfurt a.M. 1994, S. 60-83.

Münkner, H.: Genossenschaftliche Identität und Identifikation der Mitglieder mit ihrer Genossenschaft, Frankfurt a.M. 1990.

Nagel, G.: Durch Firmenkultur zur Firmenpersönlichkeit. Manager entdecken ein neues Erfolgspotential, Landsberg a.L. 1991.

Nerdinger, F. W.: Motivation und Handeln in Organisationen, Stuttgart 1995.

Neuber, F.: Strategien von Landesbanken für den EG-Binnenmarkt, in: Büschgen, H. E. (Hrsg.): Der Finanzdienstleistungsmarkt in der Europäischen Gemeinschaft, Frankfurt a.M. 1990, S. 81-92.

Neuberger, O./Kompa, A.: Wir, die Firma: der Kult um die Unternehmenskultur, Weinheim, Basel, Beltz 1987.

Nicklisch, H.: Die Betriebswirtschaft, 7. Aufl. der Wirtschaftlichen Betriebslehre, Stuttgart 1932.

Nicklisch, H.: Grundfragen für die Betriebswirtschaft, Stuttgart 1928.

Nicklisch, H.: Rede über Egoismus und Pflichtgefühl, in: Zeitschrift für Handelstechnik und Handelspraxis, 8. Jg., 1915/16, S. 101-104.

Niedereichholz, Ch.: Allfinanz - oder mehr? Die Geldwirtschaft auf dem Weg zum Dienstleistungs-Supermarkt, in: Banking & Finance, 1/1989, S. 14-16.

Novak, A.: Die Zentrale: ethnologische Aspekte einer Unternehmenskultur, Bonn 1994, zugl. Diss. Frankfurt a.M. 1994.

o.V.: Corporate Culture - Der Kult um die Unternehmenskultur, in: Wirtschaftswissenschaftliches Studium, 2/1989, S. 73-75 (*zit.: o.V., Corporate Culture, 1989*)

o.V.: Die Bank wird zur Datenbank. Geld allein macht nicht mehr glücklich: Gefragt sind Rat und Information, in: Horizont, Nr. 13, 31.3.1989, S. 9 (*zit.: o.V., Die Bank, 1989*)

o.V.: Wir machen den Weg frei, in: Horizont, 9/1988, S. 1.

Oberbeck, H./Baethge, M.: Computer und Nadelstreifen, Die deutschen Finanzinstitute zwischen dominanter Marktsteuerung und konservativer Geschäftspolitik, in: Soziologisches Forschungsinstitut Göttingen (SOFI), Mitteilungen 2/1989, S. 30-59.

Ochsenbauer, Ch./Klofat, B.: Überlegungen zur paradigmatischen Dimension der Unternehmenskulturdiskussion in der Betriebswirtschaftlehre, in: Heinen, E./Fank, M. (Hrsg.): Unternehmenskultur, Perspektiven für Wissenschaft und Praxis, 2. Aufl., München 1997, S. 67-106.

Olbrich, M.: Die Stärke der Unternehmenskultur, in: Frankfurter Allgemeine Zeitung GmbH: Unternehmenskultur, Corporate Culture (Sonderpublikation), Frankfurt a.M. 1999, S. 38.

Osterloh, M.: Methodologische Probleme einer empirischen Erforschung von Organisationskulturen, in: Dülfer, E. (Hrsg.): Organisationskultur: Phänomen - Philosophie - Technologie, Stuttgart 1988, S. 139-151.

Osthold, P.: Der Kampf um die Seele unseres Arbeiters, Düsseldorf 1926.

Otte, M.: Unternehmenskultur meßbar machen, in: Frankfurter Allgemeine Zeitung GmbH: Unternehmenskultur, Corporate Culture (Sonderpublikation) , Frankfurt a.M. 1999, S. 10.

O'Toole, J.: Vanguard Management. Redesigning the Corporate Future, New York 1985.

Ouchi, W. G.: Theory Z, How American Business can Meet the Japanese Challenge, Mass. 1981.

Pascale, R. T./Athos, A. G.: The art of Japanese Management, Harmondsworth 1981, (deutsch: Geheimnis und Kunst des Japanischen Managements, München 1982).

Patera, M.: Genossenschaftliche Förderbilanz, in: Laurinkari, J. (Hrsg.): Genossenschaftswesen, Hand- und Lehrbuch, Oldenburg 1990, S. 285-301.

Perey, M.-H.: Das Unternehmen als anthropologisches Forschungsfeld, in: Bachinger, R. (Hrsg.): Unternehmenskultur: Ein Weg zum Markterfolg, Frankfurt a.M. 1990, S. 32-39.

Perpeet, W.: Zur Wortbedeutung von "Kultur", in: Brackert, H./Wefelmeyer, F. (Hrsg.): Naturplan und Verfallskritik. Zu Begriff und Geschichte der Kultur, Frankfurt a.M. 1984, S. 21-28.

Peters, T. J.: Kreatives Chaos. Die neue Management-Praxis, Hamburg 1988.

Peters, Th. J./Austin, N.: A Passion für Excellence, The Leadership Difference, New York 1985.

Peters, Th. J./Waterman, R. H.: In Search of Excellence, Lessons of American's Best-run Companies, New York 1982 (deutsch: Auf der Suche nach Spitzenleistungen, Landsberg 1984).

Pettigrew, A. M.: On studying Organisational Cultures, in: Administrative Science Quarterly, 24/1979, S. 570-581.

Pfeffer, J.: Management as Symbolic Action: The Creation and Maintenance of Organizational Paradigms, in: Cummings, L. L./Staw, B. M. (Hrsg.): Research in Organizational Behavior, Vol 3., Greenwich Conn. 1981, S. 1-52.

Pinchot, G.: Intrapreneurship: Why you don't have to leave the corporation to become an entrepreneur, New York 1985.

Pondy, L. R./Mitroff, I. J.: Beyond Open System Models of Organization, in: Staw, B.M. (Hrsg.): Research in Organizational Behavior, 1. Jg., Greenwich Conn. 1979, S. 3-39.

Prätorius, G./Tiebler, P: Ökonomische Literatur zum Thema Unternehmenskultur - Ein Forschungsüberblick, in: Dierkes, M./Rosenstiel, L. von/Steger, U. (Hrsg.): Unternehmenskultur in Theorie und Praxis, Konzepte aus Ökonomie, Psychologie und Ethnologie, Frankfurt a.M., New York 1993, S. 23-89.

Raab, H.-J.: Direktbanken: Das Beratungskonzept, in: Die Bank, 5/1996, S. 280-283.

Raab, S.: Funktionen der Unternehmenskultur: positive Einflüsse auf das Unternehmen, Diss. Göttingen 1989.

Raiffeisen, F. W.: Die Darlehenskassen-Vereine, Fünfte, theilweise umgearbeitete und verbesserte Auflage, Neuwied 1887.

Ravoet, G.: Das Ausmaß des genossenschaftlichen Bankenwesens in Europa, in: IRU-Courier Nr. 2, 8/1994, S. 17-24.

Ringle, G.: Cooperate Culture: In Genossenschaften „gelebte" Werte, Hamburger Beiträge zum Genossenschaftswesen, 14/1994.

Rischar, K.: Personalpolitik im Bankbetrieb, Köln 1989.

Rohlen, T. P.: For Harmony and Strength, Japanese White-Collar Organization in Anthropological Perspektive, Berkeley 1974.

Rohrmoser, H.: Die Veränderung der Unternehmenskultur, Möglichkeiten, Grenzen und empirische Erkenntnisse, München 1997.

Rosen, M.: You asked for it, Christmas at the Bosses` Expense, in: Journal of Management Studies, 25. Jg., 5/1988, S. 463-480.

Rosenstiel, L. von: Unternehmenskultur - einige einführende Anmerkungen, in: Dierkes, M./Rosenstiel, L. von/Steger, U. (Hrsg.): Unternehmenskultur in Theorie und Praxis, Konzepte aus Ökonomie, Psychologie und Ethnologie, Frankfurt a.M., New York 1993, S. 8-22.

Rosenstiel, L. von: Wertkonflikte beim Berufseinstieg. Eine Längsschnittstudie an Hochschulabsolventen, in: Klages, H./Hippler, H. J./Herbert, W. (Hrsg.): Werte und Wandel: Ergebnisse und Methoden einer Forschungstradition, Frankfurt a.M. 1992, S. 333-351.

Rothmayr, A.: Die Stellung des Mitarbeiters im Bankenmarketing und ihre Auswirkungen auf die Mitarbeiterschulung, Diss. Innsbruck 1986.

Rühli, E./Keller, A.: Unternehmenskultur im Züricher Ansatz, in: Wirtschaftswissenschaftliches Studium, 12/1989, S. 685-691.

Rüttinger, R.: Unternehmenskultur: Erfolge durch Vision und Wandel, Düsseldorf, Wien 1986.

Rüttinger, R.: Unternehmenskultur. Neue Dimensionen des Erfolgs, Düsseldorf 1989.

Sackmann, S. A.: Möglichkeiten der Gestaltung von Unternehmenskultur, in: Lattmann, Ch. (Hrsg.): Die Unternehmenskultur, Heidelberg 1990, S. 153-188.

Sackmann, S. A.: Organisationskultur, die unsichtbare Einflußgröße, in: Gruppendynamik, 14, Band 4, 1983, S. 393-406.

Salmony, M./Denck, M. A.: Multibanking: Auf dem Weg zur neuen Bank, in: Harvard Business Manager, 1/1999, S. 66-74.

Sandner, K.: „... von Mythen und Märchen, Kulturpflege und Sinn-Management“, in: Die Betriebswirtschaft, 48. Jg., 5/1988, S. 651-670.

Schein, E. H.: Coming to a New Awareness of Organizational Culture, in: Sloan Management Review, 25. Jg., 2/1984, S. 3-16 *(zit.: Schein, E. H., New Awareness, 1984).*

Schein, E. H.: Culture: The Missing Concept in Organization Studies, in: Administrative Science Quarterly, 41/1996, S. 229-240.

Schein, E. H.: Organizational Culture and Leadership: A Dynamic View, 3. Aufl., San Francisco, Washington, London 1985.

Schein, E. H.: Soll und kann man eine Unternehmenskultur verändern?, in: gdi-Impuls, 2. Jg., 2/1984, S. 31-43 *(zit.: Schein, E. H., Unternehmenskultur verändern, 1984).*

Schein, E. H.: Unternehmenskultur: ein Handbuch für Führungskräfte, Frankfurt a.M., New York 1995 (englisch: Organizational Culture and Leadership, 2. Aufl., San Francisco 1992)

Schein, E. H.: Wenn das Lernen in Unternehmen wirklich gelingen soll, in: Harvard Business Manager 9/1997, S. 61 - 72.

Scheuch, E. K.: Das Interview in der Sozialforschung, in: König, R. (Hrsg.): Handbuch der empirischen Sozialforschung, Band 1, Stuttgart 1967, S. 136-196.

Scherf, D.: Wer möchte schon Gottfried heißen? Was es bedeutet, dem Kind einen Namen zu geben, in: Frankfurter Rundschau, Nr. 223, 26.9.1987, S. M7.

Schmalenbach, E.: Die Betriebswirtschaftslehre an der Schwelle einer neuen Wirtschaftsverfassung, in: Zeitschrift für handelswissenschaftliche Forschung, 22. Jahrgang, 1928, S. 241-251.

Schmid, C.-H.: Planung von Unternehmenskultur, Wiesbaden 1995, zugl. Diss. Stuttgart 1993.

Schnell, R./Hill, P. B./Esser, E.: Methoden der empirischen Sozialforschung, 6. überarbeitete und erweiterte Auflage, München, Wien 1999.

Schneider, G.: Gedanken zur Entwicklung des Privatkundengeschäfts, in: bank und markt, 3/1987, S. 28-33.

Schoch, G.: Unternehmenskultur in Banken, Diss. St. Gallen 1987.

Schönenberg, U.: Handlungskompetenz als Kernstück eines zukünftigen Berufsbildes Bankkaufmann/Bankkauffrau. Neuordnungsvorschläge aus dem Bereich der Landesbanken, in: Sparkasse, 10/1989, S. 455-462.

Schreyögg, G.: Kann und darf man Unternehmenskultur ändern?, in: Dülfer, E. (Hrsg.): Organisationskultur, Phänomen - Philosophie - Technologie, Stuttgart 1988, S. 155-168.

Schreyögg, G.: Mythen in Organisationen: Zwischenbemerkungen zu einer neuen Strömung in der betriebswirtschaftlichen Forschung, in: Bühler, W./Hofmann, M./Malinsky, A.H./Reber, G./Pernsteiner, A.W. (Hrsg.): Die ganzheitlich-verstehende Betrachtung der sozialen Leistungsordnung, Ein Beitrag zur Ganzheitsforschung und -lehre, Festschrift Josef Kolbinger, Wien, New York 1985, S. 153-163.

Schreyögg, G.: Zu den problematischen Konsequenzen starker Unternehmenskulturen, in: Zeitschrift für betriebswirtschaftliche Forschung, 41/1989, S. 94-113.

Schumacher, H./Tödtmann, C.: Abstieg vom Olymp, in: Wirtschaftswoche, Nr. 50, 1996, S. 112-120.

Schulze-Delitzsch, H.: Hermann Schulze-Delitzsch's Schriften und Reden, herausgegeben im Auftrag des Allgemeinen Verbandes der auf Selbsthilfe beruhenden deutschen Erwerbs- und Wirtschaftsgenossenschaften e.V., von F. Thorwart, Berlin 1909.

Schultze, J.: Kundengewinnung und Öffentlichkeitsarbeit der Kreditinstitute. Werbung und Public Relations, Diss. Berlin 1965.

Schuster, L.: Innovationspolitik der Banken - Notwendigkeit oder Modeerscheinung?, in: Zeitschrift für das gesamte Genossenschaftswesen, 2/1986, S. 140-149.

Schuster, L./Widmer, A. W.: Theorie und Praxis der Unternehmenskultur: zur Diskussion der kulturellen Dimension als erfolgsentscheidendem Faktor, in: Zeitschrift für Organisation, 8/1984, S. 489-493.

Schwaab, M.-O.: Die Attraktivität deutscher Kreditinstitute bei Hochschulabsolventen, Stuttgart 1991.

Seidel, M.: Fusionsmanagement in Genossenschaften. Eine empirische Untersuchung zur Umsetzung von Fusionen am Beispiel von Bankgenossenschaften, Stuttgart-Hohenheim 1996, zugl. Diss. Stuttgart 1995.

Siebel, U. R.: Über die Tugenden des Bankers, in: Zeitschrift für das gesamte Kreditwesen, 18/1986, S. 861-864.

Siehl, C.: After the Founder. An Opportunity to manage Culture, in: Frost, P. J./Moore, L. F./Louis, M. R./Lundberg, C. C. et al (Hrsg.): Organizational Culture, Beverly Hills 1985, S. 125-140.

Simon, H.: Mode oder mehr?, in: Frankfurter Allgemeine Zeitung GmbH (Sonderpublikation): Unternehmenskultur, Corporate Culture, Frankfurt a.M. 1999, S. 6.

Simon, H.: Unternehmenskultur - Modeerscheinung oder mehr?, in: Simon, H. (Hrsg.): Herausforderung Unternehmenskultur, Stuttgart 1990, S. 1-11.

Sithi-Amnuai, P.: The Asian Mind, Asia, Spring 1968.

Smircich, L.: Concepts of Culture and Organizational Analysis, in: Administrative Science Quarterly, 28/1983, S. 339-358.

Sölter, A.: Nun kooperiert mal schön. Eine Kooperationsfibel in Lernzitaten mit Humorzutaten, Frankfurt 1973.

Staehle, W. H.: Management: Eine verhaltenswissenschaftliche Perspektive, 7. Aufl., München 1994.

Staw, B. M.: Counterforces to Change, in: Goodman, P. S. and Associates (Hrsg.): Change in Organizations. New Perspektives on Theory, Research, and Practice. San Fransisco 1984, S. 87-121.

Steeger, O.: Führung, die Neunte, in: Manager Magazin, 8/1998, S. 152-157.

Steinmann, H./Schreyögg, G.: Management, Grundlagen der Unternehmensführung; Konzepte, Funktionen und Praxisfälle, 2. Aufl., Wiesbaden 1991.

Stelzner, W.-D.: Der Komplex "Unternehmenskultur" aus der Sicht eines qualitativen Forschungsparadigmas. Eine organisationspsychologische Arbeit mit interdisziplinärem Charakter, Köln 1991.

Stützel, W.: Bankpolitik heute und morgen, 3. Aufl., Frankfurt 1983.

Teuteberg, H.: Geschichte der industriellen Mitbestimmung in Deutschland, Tübingen 1961.

Thomas, R. R.: Beyond Race and Gender: Unleashing the Power of Your Total Workforce by Managing Diversity, New York 1992.

Tönnies, F.: Gemeinschaft und Gesellschaft, Darmstadt 1887/1972.

Trice, H. M./Beyer, J. M.: Studying Organizational Cultures through Rites and Ceremonials, in: Academy of Management Review, 9. Jg., 4/1984, S. 653-669.

Trice, H. M./Beyer, J. M.: The cultures of work organizations, Englewood Cliffs, New York 1993.

Ulrich, P.: Symbolisches Management - Ethisch-kritische Anmerkungen zur gegenwärtigen Diskussion über Unternehmenskultur, in: Lattmann, C. (Hrsg.): Die Unternehmenskultur. Ihre Grundlagen und ihre Bedeutung für die Führung der Unternehmung, Heidelberg 1990, S. 277-302.

Ulrich, P.: Systemsteuerung und Kulturentwicklung, in: Die Unternehmung, 38. Jg., 4/1984, S. 303-325.

Ulrich, P.: Unternehmenskultur, in: Wittmann, W. et al. (Hrsg.): Handwörterbuch der Betriebswirtschaft, 5. Auflage, Stuttgart 1993, Sp. 4351-4366.

Van Maanen, J.: Reclaiming qualitative Methods für Organizational Research: a Preface, in: Administrative Science Quarterly, 24/1979, S. 520-526.

Van Maanen, J./Barley, S. R.: Occupational Communities: Culture and Control in Organizations, in: Staw, B. M./Cummings, L. L. (Hrsg.): Research in Organizational Behavior, 6. Jg., Greenwich, Connecticut 1984.

Vershofen, W.: Wirtschaft als Schicksal und Aufgabe, Wiesbaden 1950.

Vierkandt, A.: Gesellschaftslehre, Stuttgart 1923.

Voigt, K.-I.: Unternehmenskultur und Strategie, Grundlagen des kulturbewußten Managements, Wiesbaden 1996.

Wallraff, G.: Ganz unten, Köln 1985.

Weber, Marcus: Markenpolitik des Bankbetriebes, Grundlagen und empirische Studien, Wiesbaden 1992.

Weber, Max: Wirtschaft und Gesellschaft: Grundriß der Sozialökonomik, III. Abteilung, Tübingen 1922.

Weber, Max: Wirtschaft und Gesellschaft: Grundriß der verstehenden Soziologie, 5. Aufl., Studienausgabe, Tübingen 1972.

Westerlund, G./Sjöstrand, S.-E.: Organisationsmythen, Stuttgart 1981.

Westermann, H.: Das rechtliche Wesen der Erwerbs- und Wirtschaftsgenossenschaften, in: Seraphim, H. J.: Vom Wesen der Genossenschaften und ihre steuerliche Behandlung, Neuwied 1951.

Wever, U. A./Besig, H.-M.: Unternehmens-Kommunikation in der Praxis: dem Erfolg auf der Spur; das Beispiel der Hypo-Bank, Frankfurt a.M.; New York 1995.

Wiebecke, G.: Das Interface zwischen F & E und Marketing: Kulturelle Unterschiede und die bereichsübergreifende Kommunikation, Diss. Zürich 1989.

Wiebecke, G./Tschirky, H./Ulich, E.: Cultural differences at the R&D-Marketing Interface: explaining interdivisional communication barriers, Atlanta 1987.

Wiegand, M.: Prozesse organisationalen Lernens, Wiesbaden 1996, zugl. Diss. Berlin 1995.

Wirtschafts- und Sozialwissenschaftliches Institut: WSI-Tarifhandbuch, Hans-Böckler-Stiftung, Köln 1998.

Wischerhoff, P.: Lernen in der Ausbildung, in: Bontrup, H.-J./Pulte, P.: Handbuch Ausbildung, Berufsausbildung im dualen System, München 2001, S. 195-268.

Wischerhoff, P.: Neue Denkansätze in Personalplanung und -controlling, in: Bontrup, H.-J./Hansen, K.: Problemfelder eines zukunftsorientierten Personalmanagements, Köln 1998, S. 11-45.

Yinger, J. M.: Contraculture and Subculture, in: McNall, S. G.: The Sociological Perspective, Boston 1968, S. 55-70.

Yinger, J. M.: Major social issues: a multidisciplinary view, New York 1978.

Zelewski, St.: Der Informationsbroker, in: Die Betriebswirtschaft, 6/1987, S. 737-748.

Zerche, J.: Konzentration und Kreditgenossenschaften, in: Jokisch, J./Raettig, L./Ringle, G. (Hrsg.): Finanz-, Bank- und Kooperationsmanagement. Beiträge zur Betriebswirtschaftslehre nationaler und internationaler Unternehmungen, Frankfurt a.M. 1989, S. 261-279.

Zügel, W.: Die jungen Erben - eine neue Kundengeneration?, in: Sparkasse, 10/1987, S. 426-428.

Zürn, P.: Vom Geist und Stil des Hauses, Unternehmenskultur in Deutschland, 2. Aufl., Landsberg/Lech 1985.

Eveline Wittmann

Kompetente Kundenkommunikation von Auszubildenden in der Bank

Eine theoretische und empirische Studie zum Einfluß betrieblicher Ausbildungsbedingungen

Frankfurt/M., Berlin, Bern, Bruxelles, New York, Oxford, Wien, 2001. XIII, 329 S., zahlr. Abb. und Tab.
Berufliche Bildung im Wandel. Herausgegeben von Jürgen van Buer. Bd. 2
ISBN 3-631-37900-5 · br. € 50.10*

Diese Arbeit thematisiert im Rahmen theoretischer Analysen und einer explorativen empirischen Studie den Zusammenhang zwischen betrieblichen Ausbildungsbedingungen als spezifischem Entwicklungskontext auf der einen Seite und dem Umgang auszubildender Jugendlicher mit betrieblichen Qualifikationsanforderungen im kommunikativen Kontext der persönlichen Kundenberatung auf der anderen Seite.
Grundüberlegung der Autorin ist, daß berufliche Kundenkommunikation stark durch spezifische Merkmale der Kundenberatungssituation eingeengt sei, insbesondere durch das Merkmal institutioneller Einbindung in die Unternehmung. Auf der Basis der theoretischen Analysen und der empirischen Befunde wird dem Ausbildungsort „Betrieb" eine besondere Relevanz für die Entwicklung eines kompetenten Umgangs mit den Anforderungen der Kundenkommunikation beigemessen; denn dort wird am ehesten die Möglichkeit zu kontextbezogenem Lernen gesehen.

Aus dem Inhalt: Konzeptionen „kommunikativer Kompetenz" und „kommunikativen Handelns" · Kundenkommunikative Anforderungen an die Qualifikation ausgebildeter Bankkaufleute und kommunikativ kompetentes Handeln im Umgang mit Kunden · Qualität betrieblicher Ausbildung unter der Perspektive des Umgangs von Auszubildenden mit kundenkommunikativen Qualifikationsanforderungen · Durchführung und Befunde der empirischen Studie

Druck:
CPI Druckdienstleistungen GmbH
im Auftrag der
Kolibri 360 GmbH
Ferdinand-Jühlke-Str. 7
99095 Erfurt

Kolibri 360 GmbH
Ferdinand-Jühlke-Straße 7
99095 Erfurt, Deutschland
produktsicherheit@kolibri360.de